GESTÃO DEMOCRÁTICA E SERVIÇO SOCIAL

PRINCÍPIOS E PROPOSTAS PARA A INTERVENÇÃO CRÍTICA

EDITORA AFILIADA

Coordenadora do Conselho Editorial de Serviço Social
Maria Liduína de Oliveira e Silva

Conselho Editorial de Serviço Social
Ademir Alves da Silva
Dilséa Adeodata Bonetti (Conselheira Honorífica)
Elaine Rossetti Behring
Ivete Simionatto
Maria Lúcia Carvalho da Silva (*in memoriam*)
Maria Lucia Silva Barroco

Dados Internacionais de Catalogação na Publicação (CIP)
(Câmara Brasileira do Livro, SP, Brasil)

Souza Filho, Rodrigo de
    Gestão democrática e serviço social : princípios e propostas para
a intervenção crítica / Rodrigo de Souza Filho, Claudio Gurgel. —
São Paulo : Cortez, 2016. — (Coleção biblioteca básica de serviço
social ; v. 7)

    ISBN 978-85-249-2499-6

    1. Assistência social - Administração 2. Gestão social 3. Brasil -
Política social 4. Brasil - Políticas públicas 5. Serviço social - Brasil I.
Gurgel, Claudio. II. Título. III. Série.

16-06453   CDD-361.981

Índices para catálogo sistemático:
1. Brasil : Serviço social   361.981

Rodrigo de Souza Filho
Claudio Gurgel

GESTÃO DEMOCRÁTICA E SERVIÇO SOCIAL

PRINCÍPIOS E PROPOSTAS PARA A INTERVENÇÃO CRÍTICA

BIBLIOTECA BÁSICA DE SERVIÇO SOCIAL

VOLUME 7

1ª edição
1ª reimpressão

GESTÃO DEMOCRÁTICA E SERVIÇO SOCIAL: princípios e propostas para a intervenção crítica
Rodrigo de Souza Filho • Claudio Gurgel

Preparação: Ana Paula Luccisano
Revisão: Maria de Lourdes de Almeida
Capa: aeroestúdio
Composição: Linea Editora Ltda.
Assessoria editorial: Maria Liduína de Oliveira e Silva
Editora-assistente: Priscila Flório Augusto
Coordenação editorial: Danilo A. Q. Morales

Nenhuma parte desta obra pode ser reproduzida ou duplicada
sem autorização expressa dos autores e do editor.

© 2016 by Autores

Direitos para esta edição
CORTEZ EDITORA
Rua Monte Alegre, 1074 – Perdizes
05014-001 – São Paulo – SP
Tel.: (11) 3864-0111   Fax: (11) 3864-4290
E-mail: cortez@cortezeditora.com.br
www.cortezeditora.com.br

Impresso no Brasil – julho de 2018

Sumário

Apresentação 9

Introdução 13

PARTE I
PRESSUPOSTOS TEÓRICOS E POLÍTICOS

CAPÍTULO 1 ■ Gestão democrática: significado e determinações
essenciais 27

  1.1 A gestão e sua caracterização em geral 28

  1.2 Gestão na ordem do capital: a burocracia em questão 35

  1.3 Gestão e o processo de democratização: elementos essenciais... 59

CAPÍTULO 2 ■ A gestão no campo da produção social: a empresa
capitalista 79

  2.1 Origem e desenvolvimento da "administração científica" e
clássica: a consolidação do capitalismo e do racionalismo
administrativo 79

    2.1.1 A família racionalista: Taylor e Ford 86

  2.2 Crise do capital, "administração flexível" e toyotismo 104

CAPÍTULO 3 ■ O Estado no capitalismo contemporâneo 124

3.1 O Estado no Capitalismo Contemporâneo.................................... 126

    3.1.1 Crise dos anos 1970: reestruturação do capital e a
contrarreforma do Estado.. 127

    3.1.2 A proposta gerencialista para intervenção social:
a reprodução da força de trabalho realizada pelo
Estado e pelas organizações da sociedade civil.................. 138

3.2 Estado, organizações da sociedade civil e a dinâmica da gestão
no Brasil.. 148

    3.2.1 Razões históricas da imbricação do patrimonialismo e
da burocracia na gestão pública brasileira.......................... 150

    3.2.2 A dinâmica da administração pública no período
1930-1990: principais marcos.. 156

    3.3.3 A proposta neoliberal de contrarreforma administrativa
no Brasil: impacto na gestão pública estatal e na gestão
das OSC... 169

PARTE II

INDICAÇÕES TÉCNICO-OPERATIVAS: DIREÇÃO E ORGANIZAÇÃO

CAPÍTULO 4 ■ Orientações gerais para a intervenção
técnico-operativa 195

4.1 A perspectiva teórico-política de enfrentamento da conjuntura
atual... 198

4.2 As funções gerenciais básicas: direção, organização,
planejamento e controle 205

CAPÍTULO 5 ■ A direção na gestão de políticas, programas e projetos
destinados à reprodução da força de trabalho.................................... 234

5.1 Indicações para o exercício da função direção............................. 234

5.2 Implicações no campo do Estado, da empresa privada e das
organizações da sociedade civil 255

   5.2.1 Implicações no campo do Estado 255

   5.2.2 Implicações no campo da empresa 262

   5.2.3 Implicações nas organizações da sociedade civil 267

CAPÍTULO 6 ■ A função organização na gestão de políticas,
programas e projetos 272

6.1 Indicações para o exercício da função organização 273

6.2 Implicações no campo do Estado, da empresa privada e das
organizações da sociedade civil 292

   6.2.1 Implicações no campo do Estado 292

   6.2.2 Implicações no campo da Empresa privada 298

   6.2.3 Implicações no campo das organizações da sociedade civil 300

Referências bibliográficas 305

Apresentação

A gestão ou administração, da forma trabalhada aqui, remete a uma concepção ampla da temática para poder localizá-la adequadamente na ementa proposta para a matéria Administração e Planejamento em Serviço Social presente nas "Diretrizes Gerais para o Curso de Serviço Social", aprovadas pela Associação Brasileira de Ensino em Serviço Social (1996) e no Documento elaborado pela Comissão de Especialistas de Ensino em Serviço Social/MEC (1999):

> *Administração e Planejamento em Serviço Social*: as teorias organizacionais e os modelos gerenciais na organização do trabalho e nas políticas sociais. Planejamento, e gestão de serviços nas diversas áreas sociais, Elaboração, coordenação e execução de programas e projetos na área de serviço social. Funções de administração e planejamento em órgãos da administração pública, empresas e organizações da sociedade civil (Brasil, 2007).

Nesse sentido, o livro está voltado para contribuir com o projeto de formação profissional que desde a década de 1990 vem orientando as Diretrizes Gerais do Curso de Serviço Social — independente das alterações realizadas pela Câmara de Ensino Superior do Conselho Nacional de Educação (2001) — e a formulação da maioria dos Projetos Pedagógicos dos Cursos (PPC) de Serviço Social.

O Projeto de Formação Profissional, nesses termos, está alinhado ao que se convencionou chamar de Projeto Ético-Político do Serviço Social.

Em síntese, podemos afirmar que o Projeto Ético-Político do Serviço Social, em sua essência, almeja uma intervenção profissional socialmente comprometida com as necessidades das classes subalternas numa perspectiva de ampliação da cidadania e aprofundamento da democracia, visando à superação da ordem do capital. Isso implica dizer que o assistente social deve possuir, por um lado, competência teórica para analisar a realidade social em sua totalidade contraditória, através do reconhecimento da teoria social crítica como substrato teórico e político-cultural, e desenvolver um compromisso ético-político com as classes subalternas, buscando identificar alternativas para a intervenção profissional. Por outro lado, é fundamental que o profissional desenvolva competência técnica que possibilite manipular instrumentos de intervenção social que viabilize ações coerentes com as orientações teórico-metodológicas e ético-políticas propostas (Braz e Teixeira, 2009).

Nesse quadro de compromisso com o projeto de formação profissional, vinculado ao Projeto Ético-Político, procuramos enfrentar vários desafios que o trato da temática da gestão coloca para o seu desenvolvimento.

Muitos destes desafios foram apontados pela professora Rosângela Nair de Carvalho Barbosa (2004). Entendemos que os mais significativos desses desafios foram: a abordagem eclética do tema, que dissocia da teoria crítica as formulações teóricas sobre administração; a fragilidade do tratamento das particularidades da gestão no campo estatal e no campo da esfera privada empresarial; a apresentação das teorias organizacionais descoladas do desenvolvimento do capitalismo; a necessidade de sistematizar a crítica ao gerencialismo e aos modelos da gestão empresarial contemporânea.

Estas questões são discutidas ao longo do livro, buscando oferecer ao leitor uma visão de totalidade dessa temática.

Outro aspecto que merece especial atenção refere-se à inexistência de particularidade do trato da gestão para a área do Serviço Social. Expliquemos: a gestão de políticas, programas, projetos e serviços não se constitui como uma atribuição exclusiva do assistente social, qualquer profissional pode vir a assumir a tarefa da gestão. Nesse caso, o que está em jogo é a concepção de gestão que deve ser empreendida pelo profissional. Poderíamos dizer, então, que a relação entre a gestão e o serviço social refere-se diretamente à subordinação da concepção de gestão ao Projeto Ético-Político da profissão.

Esse foi o sentido, o norte, que orientou a elaboração desse livro.

A questão da administração/gestão, apesar de ter estado desde sempre em nossa formação profissional, ainda carecia de uma formulação crítico-dialética mais consistente, que buscasse apresentá-la em suas determinações efetivas. Pois, inclusive no campo da administração, são escassas as abordagens sobre a temática da gestão que se filiam ao "marxismo ortodoxo", nos termos apresentados por Lukács (1974, p. 15):

> O marxismo ortodoxo não significa, pois, uma adesão sem crítica aos resultados da pesquisa de Marx, não significa uma "fé" numa ou noutra tese, nem a exegese de um livro "sagrado". A ortodoxia em matéria de marxismo refere-se, pelo contrário, e exclusivamente, ao *método* (grifos no original).

Neste sentido, tivemos que trabalhar teoricamente determinados aspectos da administração que imprime certo caráter inovador à temática. Isso, provavelmente, levará o leitor a dedicar um pouco mais de atenção para acompanhar determinadas análises desenvolvidas, por mais que tenhamos procurado fazer uma exposição didática. Obviamente, essa observação não é para justificar possíveis limitações da forma e do conteúdo do trabalho desenvolvido, pelo que antecipadamente nos desculpamos.

Nossa história e compromisso com o debate crítico sobre a temática da gestão vêm de longa data. O amadurecimento teórico sobre o tema — materializado nas comunicações em congressos, pesquisas realizadas e produções publicadas —, aliado, principalmente, à experiência desenvolvida na graduação e na pós-graduação, tanto na área do Serviço Social quanto na da Administração, ministrando disciplinas sobre a temática da gestão, nos ajudou a enfrentar o desafio de elaboração de um livro para a graduação em Serviço Social, para compor a coleção Biblioteca Básica do Serviço Social.

Considerando a temática, entendemos que o livro pode contribuir, também, com a formação de administradores, economistas, pedagogos, psicólogos, profissionais da saúde e cientistas sociais que possuem como uma de suas tarefas profissionais a incumbência de gerir organizações, políticas, programas e projetos. Entendemos que o livro poderá servir, ainda, para profissionais que já atuam na gestão.

Para finalizar essa apresentação, cabe-nos fazer os agradecimentos pessoais e institucionais para aqueles que foram imprescindíveis para a elaboração deste livro.

Em nível institucional, gostaríamos de agradecer à Cortez Editora, na pessoa da Professora Maria Liduína de Oliveira Silva, responsável editorial pela área de Serviço Social, pela honra que nos foi concedida ao nos convidar para escrever este livro. À Faculdade de Serviço Social da Universidade

Federal de Juiz de Fora pelo afastamento concedido ao Professor Rodrigo de Souza Filho, para a realização de estágio pós-doutoral no período entre agosto/2015 e janeiro/2016, sem o qual não seria possível a dedicação necessária para a efetivação deste trabalho, e ao Programa de Pós-graduação em Administração, PPGAd, da Universidade Federal Fluminense por ter aceitado a realização do referido estágio.

Para começar os agradecimentos pessoais, devemos reconhecer o papel de incentivador do Professor José Paulo Netto. Desde as discussões acerca do projeto que deu origem ao livro, até as considerações feitas sobre os capítulos centrais da obra, o Professor José Paulo apoiou de forma franca e amiga a realização deste trabalho. A ele, nossos agradecimentos. Aos professores e companheiros de trabalho Elcemir, Cláudia e Malu pelas leituras, contribuições e incentivo. Dispensável registrar que nenhum deles tem qualquer responsabilidade pelas formulações presentes no livro.

Aos amigos e familiares que acompanharam todo o processo oferecendo apoio material e emocional, só nos resta tentar recompensá-los adiante.

Esperamos que o livro cumpra sua função e contribua de forma efetiva para a formação de profissionais que venham a atuar, no campo da gestão, comprometidos com o fortalecimento do processo de democratização. Boa leitura!

Juiz de Fora e Rio de Janeiro, fevereiro de 2016

Rodrigo de Souza Filho
Claudio Gurgel

Introdução

1. Questões preliminares de ordem teórica

Esta Introdução tem como objetivo esclarecer aspectos teóricos que consideramos fundamentais para que os leitores se aproximem do conteúdo do livro com mais clareza de seus fundamentos.

Situar a perspectiva com a qual abordamos o tema da gestão, indicando aspectos relativos às suas dimensões constitutivas (teórico-metodológica, ético-política e técnico-operativa) e, a partir dessa localização, explicitar a relação entre o projeto profissional de um gestor democrático e o projeto institucional da organização em que atua são os objetivos deste item.

Em seguida, trabalhamos aspectos teórico-metodológicos com o objetivo de demarcar, por um lado, os alicerces de nossa concepção acerca da categoria administração/gestão e, por outro lado, apontar a orientação que conduziu nossa interlocução com autores não marxistas, principalmente Weber.

Percorramos, então, estas trilhas.

1.1 A abordagem sobre o tema da Gestão

O objetivo do livro é apresentar uma visão ampla sobre o fenômeno da administração/gestão a partir da perspectiva teórico-metodológica materialista dialética, ético-política transformadora e técnico-operativa comprometida com o fazer profissional.

A reflexão apresentada no livro sobre a questão da gestão não está voltada apenas para discutir a gestão social e/ou gestão pública, temáticas presentes cada vez com mais destaque no campo das ciências sociais, em geral, e, particularmente, no serviço social e nas chamadas ciências administrativas.

A questão da gestão social sob uma orientação crítica ao padrão neoliberal é um campo teórico, ainda em construção e, em decorrência, com diferentes perspectivas em disputa. As principais formulações, presentes hoje no debate, se aproximam da perspectiva do filósofo alemão Jürgen Habermas e/ou do pós-modernismo do cientista político Boaventura de Sousa Santos e incidem, principalmente, ainda que não exclusivamente, sobre a gestão/administração pública e/ou das organizações da sociedade civil sem fins lucrativos. Por isso, nossas formulações, apesar de dialogarem com algumas reflexões desses campos (relação da gestão com a democracia e a questão da participação, por exemplo) e com alguns de seus principais autores (Fernando Tenório e Ana Paula Paes e Paula), não se enquadram ao que hegemonicamente vem se desenvolvendo nessa área de produção.[1]

Inicialmente, a administração/gestão é tratada neste livro de forma análoga ao que Marx realizou nos *Grundrisse* em relação à produção, ou seja, em seu nível mais abstrato. Trabalhamos com a *administração em geral* (nível de abstração mais elevada), para desvelar sua particularidade no capitalismo e determinar suas expressões concretas em cada tipo de organização existente (estatal, empresarial e organizações da sociedade civil).

Portanto, não nos referimos à gestão/administração apenas do Estado, responsável pela elaboração e implementação de políticas públicas. As organizações da sociedade civil e as empresas capitalistas são objetos, também, de nossa reflexão sobre a gestão/administração. Do mesmo modo, não nos limitamos a debater apenas a dinâmica da gestão/administração no que se refere às ações destinadas ao social (políticas, programas, projetos sociais), apesar de serem estas ações nosso foco principal de atenção.

---

1. Uma análise das diferentes perspectivas de gestão social presentes na literatura pode ser encontrada em Miguel Rivera Peres Jr. e José Roberto Pereira *Abordagens teóricas da Gestão Social: uma análise de citações exploratórias* (In: Cad. EBAPE.BR, v. 12, n. 2, 2014). Na área do Serviço Social merecem destaques o livro organizado por Elizabeth Melo Rico e Raquel Raichelis, *Gestão social; uma questão em debate* (São Paulo. EDUC: IEE, 1999) e o livro de Maria do Carmo Brant de Carvalho, *Gestão social e trabalho social: desafios e percursos metodológicos* (São Paulo, Cortez, 2014).

Nossa preocupação está voltada, no geral, para a gestão/administração na perspectiva da democratização,[2] independente do espaço sócio-ocupacional em que os gestores atuam. Assim, definimos a finalidade que pretendemos imprimir ao processo de gestão, seja no campo público ou no campo privado (com ou sem fins lucrativos).

A segunda questão que cabe fazer referência diz respeito à relação entre a concepção de gestão proposta e a intervenção profissional do gestor democrático.

Essa questão é análoga a que tem sido discutida no âmbito do serviço social acerca das relações estabelecidas entre as dimensões teórico-metodológicas, ético-políticas e técnico-operativas da profissão (Iamamoto, 1999 e 2007; Guerra, 1995 e Santos, 2010). A preocupação central encontra-se em desvelar as diferentes dimensões constitutivas do fazer profissional. Essa preocupação é enfrentada a partir da orientação presente no Projeto Ético-Profissional, pautado no materialismo dialético e na orientação de superação da ordem burguesa, e nos dilemas da intervenção profissional no contexto do capitalismo contemporâneo. Como compreender a relação entre conhecimento teórico, orientação ético-política e intervenção prático-profissional no contexto do capitalismo? Eis a questão.

Vamos nos deparar com essa problemática também no âmbito da gestão democrática, na medida em que trabalhamos com as dimensões teórico-metodológicas, aportadas no materialismo dialético; ético-políticas, na perspectiva da contribuição à superação da ordem do capital; e técnico-operativas imediatamente inseridas na dinâmica do capitalismo contemporâneo, formando uma unidade dialética de diversos.

A questão aludida aparece neste livro na medida em que estabelecemos a relação entre a concepção teórica e política da gestão democrática (Parte I) e a intervenção dos gestores (Parte II). Ao fazer tal relação, procuramos indicar proposições teóricas e políticas para que os gestores, comprometidos com a democratização, possam vislumbrar possibilidades de intervenção, nas diferentes organizações em que porventura venham a atuar (Estado, empresa e organizações da sociedade civil).

---

2. Este tema, em suas determinações essenciais será tratado no capítulo 1.

A relação entre a dimensão teórica e política orientadora da gestão democrática com sua dimensão interventiva, na forma tratada no livro, procura evitar duas ordens de problemas.

Em primeiro lugar, buscamos impedir a identificação entre o Serviço Social como área de conhecimento e como profissão. A forma como Mota (2013) aborda essa questão se adéqua de modo preciso às reflexões que fizemos sobre gestão:

> Essas dimensões possuem vínculos e se referem à realidade objetiva, porém encerram distinções: enquanto a produção teórico-intelectiva pode não materializar respostas imediatas às demandas da prática profissional, o exercício profissional, também ele referenciado por aquela produção, mobiliza outras mediações e instrumentalizações que são inerentes ao mundo do cotidiano, das ações institucionais e das condições objetivas sob as quais se dá a efetivação de políticas e projetos sociais. Nesse sentido, não há nenhuma hierarquia ou dicotomia, mas a existência de patamares diferenciados da intervenção social [...].

Continuando, a autora entende que o argumento da identidade ou da complementariedade, entre a dimensão teórica e política e a dimensão interventiva,

> [...] revelaria uma compreensão no mínimo enviesada da relação entre teoria e prática [...], subtraindo desta a relação de unidade. Unidade esta que, sendo contraditória, é passível de negações e afirmações, como postula um dos fundamentos da dialética materialista.

A segunda questão que procuramos evitar, através da abordagem desenvolvida, e que está diretamente relacionada à problemática anterior, refere-se ao tratamento tecnicista das indicações técnico-operativas.

Neste sentido, evitamos que o trato da gestão democrática ficasse subordinado à exigência das condições atuais de produção e reprodução da ordem burguesa e/ou fosse formulado como um instrumento voltado para oferecer respostas imediatas e manualescas para a intervenção profissional na área, no contexto do pragmatismo reinante:

> [...] a nova face desse pragmatismo surge sob o argumento do conhecimento aplicado à prática, do necessário ecletismo em face das problemáticas sociais emergentes, da adoção de conceitos instrumentais que assumem, equivocada-

mente, a condição de categorias teóricas e a recorrência a metodologias de ação e procedimentos de padronização da ação profissional nos manuais institucionais, autoexplicativos, com centralidade na lógica gerencial (Mota, 2014, p. 701)

No entanto, não nos furtamos a apresentar indicações técnico-operativas que consideramos poder contribuir para a "construção de uma unidade entre os princípios teórico-metodológicos e políticos e o campo do exercício profissional" (Mota e Amaral, 2014, p. 38).

A distinção entre objetivos institucionais e objetivos profissionais é o terceiro aspecto a ser mencionado.

Em relação a essa questão, o nosso propósito foi o de oferecer sugestões para os gestores que pretendem imprimir uma direção democrática à sua intervenção. O público a que se destina o livro é principalmente, ainda que não exclusivamente, o profissional da gestão e/ou aqueles que se preparam/estudam para exercer a profissão. Nosso objetivo é o de contribuir para o fortalecimento da luta democrática no interior da organização, de forma que essa intervenção possa, também, colaborar com processos de democratização para além do espaço institucional. O gestor democrático, portanto, pode não se enquadrar na perspectiva da gestão da instituição em que está vinculado, vivendo, assim, a contradição entre sua proposta de gestão e à da organização.

As condições objetivas para a implementação da gestão democrática na atual conjuntura são restritas, mas essas condições não impedem o gestor de assumir a opção política democrática. Ao assumir essa opção, o gestor atuará no limite das condições existentes, porém visando tensioná-las para superá-las e/ou contribuir para a sua superação.

As indicações propostas neste livro buscam contribuir com as ações dos gestores que, mesmo em condições adversas, contrariando a finalidade da gestão proposta pela organização, venham a assumir a perspectiva democrática. Ou seja, estamos tratando da autonomia relativa do gestor frente à organização.

Conforme destaca Iamamoto (2007), ao se referir à problemática no campo do Serviço Social, mas que pode ser relacionada ao debate da gestão, esta autonomia

> [...] é condicionada pelas lutas hegemônicas presentes na sociedade que alargam ou retraem as bases sociais que sustentam a direção social projetada pelo assistente social [gestor] ao seu exercício, permeada por interesses de classes e

grupos sociais, que incidem nas condições que circunscrevem o trabalho voltado ao atendimento de necessidades de segmentos majoritários das classes trabalhadoras (Iamamoto, 2007, p. 415).

Além desses elementos, a autonomia relativa está determinada também pela condição de trabalhador assalariado do gestor. Essa situação posiciona o gestor na tensão entre o seu projeto de gestão e o projeto de gestão da organização que realiza a compra de sua força de trabalho, a qual ele se encontra subordinado. Essas circunstâncias devem ser enfrentadas pelo gestor democrático.

A clareza sobre essas condições permite ao gestor sair da posição do "fatalismo" ou do "messianismo" e atuar reconhecendo os limites e possibilidades da intervenção no contexto da organização e da conjuntura social mais ampla. Recorremos, mais uma vez a Iamamoto, que esclarece a questão de forma cristalina:

> Assim, um desafio é romper as unilateralidades presentes [...] com vieses ora fatalista, ora messiânicos [...]. As primeiras superestimam a força e a lógica do comando do capital no processo de (re)produção, submergindo a possibilidade dos sujeitos de atribuírem direção às suas atividades. Com sinal trocado, no viés voluntarista, a tendência é silenciar ou subestimar os determinantes histórico-estruturais objetivos que atravessa o exercício de uma profissão, deslocando a ênfase para a vontade política do coletivo profissional, que passa a ser superestimada, correndo-se o risco de diluir a profissionalização na militância *stricto sensu* (Iamamoto, 2007, p. 417).

As problemáticas, sublinhadas de forma introdutória, relacionadas à abordagem sobre o tema da gestão foram enfrentadas ao longo do livro, mesmo que não tenham sido explicitadas em todos os momentos. Porém, toda a lógica de construção da temática dedicou atenção em determinar com precisão nossa concepção de gestão democrática, articular dialeticamente as diferentes dimensões (teórico-metodológica, ético-política e técnico-operativa) constitutivas da proposição da gestão democrática e explicitar as tensões entre os objetivos do gestor democrático e aqueles da instituição na qual atua.

Vejamos agora breves comentários acerca do método utilizado para esclarecermos algumas questões do desenvolvimento teórico que foi realizado ao longo do livro.

GESTÃO DEMOCRÁTICA E SERVIÇO SOCIAL

1.2 Observações acerca do método: o tratamento da *administração em geral* (Paro) e da *burocracia e patrimonialismo* (Weber)

A perspectiva teórico-metodológica utilizada para o desenvolvimento da temática da gestão foi o materialismo dialético.

Não vamos neste espaço nos dedicar a aprofundar e/ou a polemizar sobre os elementos e as dimensões que constituem o método da teoria social[3]. Iremos, apenas, abordar questões que são essenciais para o entendimento de determinadas formulações que serão apresentadas ao longo do livro.

Para Marx, conhecer é revelar as conexões internas, as contradições e o movimento da realidade objetiva; é reproduzir mentalmente a dinâmica do real. Ao criticar a ilusão hegeliana de "conceber o real como resultado do pensamento", por não perceber que "as determinações abstratas levam à reprodução do concreto por meio do pensamento", Marx afirma que o método de "ascender do abstrato ao concreto é somente o modo do pensamento de se apropriar do concreto, de reproduzi-lo como concreto mental [pensado]. Mas de forma alguma é o processo de gênese do próprio concreto" (Marx, 2011, p. 54-55). Ou, como afirma Marx em passagem do Posfácio à segunda edição de *O capital*:

> Por sua fundamentação, meu método dialético não só difere do hegeliano, mas é também a sua antítese direta [...]. Para mim, pelo contrário, o ideal não é nada mais que o material, transposto e traduzido na cabeça do homem (Marx, 1996a, p. 140).

Conforme esclarece Netto (2009, p. 685), "o conhecimento teórico é, nesta medida, para Marx, o conhecimento do concreto, que constitui a realidade, mas que não se oferece imediatamente ao pensamento".

Nas palavras de Marx (2011, p. 54):

> O concreto é concreto porque é a síntese de múltiplas determinações, portanto, unidade da diversidade. Por essa razão, o concreto aparece no pensamento como processo de síntese, como resultado, não como ponto de partida, não

---

3. Para uma introdução a este debate, sugerimos o trabalho desenvolvido por Netto (2009). Convém também destacar que nas referências bibliográficas dos trabalhos de Netto (2009) encontramos uma vasta sugestão bibliográfica para o aprofundamento da temática.

obstante seja o ponto de partida efetivo e, em consequência, também o ponto de partida da intuição e da representação.

Conhecer, portanto, implica realizar um procedimento de abstração[4] para que esta "síntese de múltiplas determinações" seja depurada em seus elementos constitutivos para, em seguida, identificar as relações, conexões e contradições existentes entre eles. Ato contínuo, deve-se recompor, por via do pensamento, o concreto em sua totalidade, constituindo o concreto pensado, ou seja, o concreto reproduzido mentalmente. A partir desse momento, faz-se a viagem de volta ao concreto.

Os elementos constitutivos da realidade ou determinações do real, que são identificados pelo processo de abstração, são as bases da construção das categorias, sem as quais o conhecimento não poderá ser efetivado.

> Como em geral em toda a ciência histórica e social, no curso das categorias econômicas é preciso ter presente que o sujeito [objeto que se pretende conhecer], aqui a moderna sociedade burguesa, é dado tanto na realidade como na cabeça, e que, por conseguinte, *as categorias expressam formas de ser, determinações de existência,* com frequência somente aspectos singulares, dessa sociedade determinada [...] (Marx, 2011, p. 59; grifos nossos).

A reprodução mental do real requer um procedimento de abstração que permita, também, produzir categorias abstratas que possam, inclusive, expressar elementos que são comuns/universais à manifestação de um determinado fenômeno em qualquer época histórica. Marx considera esses tipos de categorias como abstrações razoáveis, pois, ao apenas identificar os elementos comuns do fenômeno, não desvincula a categoria abstrata da realidade. O pensador alemão explicita essa questão quando trata da *produção em geral.* Apesar de longa, a citação a seguir esclarece de forma definitiva a questão.

> A *produção em geral* é uma abstração, mas uma abstração razoável, na medida em que efetivamente destaca e fixa o elemento comum, poupando-nos assim da repetição. Entretanto, esse *Universal,* ou o comum isolado por comparação,

---

4. De acordo com Netto (2009, p. 684), "a abstração é a capacidade intelectiva que permite extrair da sua contextualidade determinada (de uma totalidade) um elemento, isolá-lo, examiná-lo; é um procedimento intelectual sem o qual a análise é inviável."

é ele próprio algo multiplamente articulado, cindido em diferentes determinações. Algumas determinações pertencem a todas as épocas; outras são comuns a apenas algumas. [Certas] determinações serão comuns à época mais moderna e à mais antiga. Nenhuma produção seria concebível sem elas; todavia, se a língua mais desenvolvida tem leis e determinações em comum com as menos desenvolvidas, a diferença desse universal e comum é precisamente o que constitui seu desenvolvimento. As determinações que valem para a produção em geral têm de ser corretamente isoladas de maneira que, além da unidade [...] não seja esquecida a diferença essencial. Em tal esquecimento repousa, por exemplo, toda a sabedoria dos economistas modernos que demonstram a eternidade e a harmonia das relações sociais existentes [...] (Marx, 2011, p. 41; itálico no original.)

A *produção em geral*, no sentido em que Marx está desenvolvendo, expressa os elementos comuns/universais que estão presentes em qualquer tipo de produção historicamente existente. O método permite que, através do processo de abstração, depure-se o fenômeno das determinações que não são comuns às diferentes épocas históricas, para que se mantenham apenas aquelas comuns e que constituem as determinações do objeto que está sendo analisado. Esses elementos constitutivos, em termos comuns e universais, do objeto, formam sua dimensão *em geral,* uma abstração razoável. Essa abstração servirá para capturar as diferenças específicas dos fenômenos em cada momento histórico. Portanto, a diferença entre os elementos comuns e aqueles que particularizam o fenômeno num dado momento histórico não pode ser esquecida. São esses elementos diferenciados que podem caracterizar o fenômeno na sua relação com o universal e, dessa forma, possibilitar o conhecimento em sua totalidade (universal, particular e singular). Isso é o que permite compreender a *produção em geral* e as produções historicamente determinadas. Por exemplo: a produção feudal e a produção capitalista.

Esse mesmo procedimento teórico foi realizado por Paro (2006) para analisar a *administração em geral*. Posteriormente, saturamos de determinações históricas a *administração em geral*, para reproduzirmos mentalmente a dinâmica da administração capitalista. Este foi o caminho teórico-metodológico que percorremos no Capítulo 1, para tratarmos da *administração em geral* e da *administração capitalista*.

Outro aspecto do método que se coloca como essencial, para deixarmos claros os procedimentos adotados para desenvolvermos o tema da gestão, refere-se à interlocução de marxistas com produções e autores não marxistas.

Como o concreto é uma síntese de múltiplas determinações, uma totalidade contraditória e aberta, algumas dessas determinações podem ser "descobertas" por pesquisadores não marxistas. Obviamente, quem não está vinculado à abordagem materialista-dialética da realidade não apreende a realidade enquanto totalidade. No entanto, pode fornecer (a nós marxistas) elementos fundamentais — apesar de parciais e, muitas vezes, arbitrários em sua formulação geral — para uma compreensão totalizadora da realidade em análise.

Nesse sentido, é essencial para o pesquisador marxista colocar-se aberto à interlocução com as produções de intelectuais não marxistas. Esse movimento deve ser entendido como o processo de interlocução com as ciências sociais, não para relativizar métodos e verdade, nem tampouco para cair no ecletismo, mas para apreender com mais determinações a realidade. Ou seja, a interlocução pode nos levar a apurar aspectos da realidade que nos escaparam ou que no confronto de ideias sejam superados dialeticamente, permitindo-nos maior aproximação com a verdade. Coutinho explicita essa posição:

> Fundamental, vejam bem, parece-me ser, também aqui, a necessidade do debate de ideias. É através da troca de ideias, da discussão com o diferente, que podemos afinar nossas verdades, fazer com que a teoria se aproxime o mais possível do real. Não há ciência que esgote o real, pois a ciência é sempre aproximativa (Coutinho, 1991, p. 13).

Da maneira como estamos enfocando a questão, fica notável a possibilidade de determinados elementos da realidade social identificados, explorados e desenvolvidos por pensadores não marxistas, serem tratados por pensadores marxistas. No entanto, esse processo exige um movimento crítico, a partir do materialismo dialético, para tratar os elementos levantados dentro de abordagens parciais da realidade. Dessa forma, evita-se qualquer deslize relativista ou eclético do ponto de vista teórico-metodológico. Conforme assinala Löwy, ao se referir ao materialismo dialético,

> [...] a ciência do proletariado demonstra sua superioridade precisamente por sua capacidade em incorporar essas verdades parciais produzidas pelas ciências "burguesas" ultrapassando-as dialeticamente (*Aufhebung*), criticando/negando suas limitações de classe. A atitude contrária, que proclama a infalibilidade a priori de toda a ciência situada na perspectiva proletária, e o erro absoluto e necessário de toda a pesquisa fundamentada sobre um outro ponto de vista, é na

realidade *dogmática* e *reducionista*, porque ignora a autonomia relativa da produção científica com relação às classes sociais (Löwy, 1989, p. 34; grifos do autor).

Em síntese, a postura de abertura frente às ciências sociais pode se tornar um movimento fecundo para a produção de conhecimento a partir do materialismo dialético. Coutinho retorna a isso de forma esclarecedora, ao destacar o trabalho realizado por Weber sobre as formas de legitimidade. De acordo com o autor:

> [...] qualquer marxista pode aceitar essa classificação weberiana, indo porém além de Weber no exame da Gênese dessas formas, de dominação legítima, na discussão das origens dessas formas, o que Weber não faz, pois nesse, como em muitos outros pontos, Weber é apenas descritivo. Então temos aqui outro exemplo de assimilação, por um ponto de vista diferente, de respostas tópicas dadas por outra posição. Tampouco aqui há ecletismo (Coutinho, 1991, p. 14).

Realizamos este processo teórico-metodológico, a partir das formulações weberianas acerca da *burocracia, patrimonialismo, dominação, relação entre dominação e ordem administrativa*, principalmente, em determinadas passagens dos capítulos 1 e 3.

Consideramos que essas apreciações preliminares de ordem teórico-metodológica ajudarão o leitor a entender, de forma mais precisa, as orientações gerais que fundamentaram o desenvolvimento da temática da gestão apresentada neste livro. Estas questões poderão ser retomadas quando os leitores estiverem tratando dos temas a que se referem essas breves considerações.

II. Sobre a estrutura do livro

O livro está estruturado em seis capítulos divididos em duas partes. A Parte I — *Pressupostos Teóricos e Políticos* — trata, como informa o título, dos fundamentos que estruturam e sedimentam o desenvolvimento da temática da gestão democrática.

A partir das reflexões presentes na primeira parte do livro, articulamos os aportes teórico-metodológicos e ético-políticos às indicações técnico-operativas sugeridas na segunda parte (Parte II — *Indicações Técnico-Operativas: direção e organização*).

A primeira parte do livro está dividida em três capítulos. O primeiro capítulo, *Gestão democrática: significado e determinações essenciais*, está subdividido em três subcapítulos (1.1 A gestão e sua caracterização em geral; 1.2 Gestão na ordem do capital: a burocracia em questão; 1.3 Gestão e o processo de democratização: elementos essenciais). Esse capítulo trabalha os fundamentos teórico-metodológicos da concepção de administração/gestão e administração/gestão democrática, buscando identificar as determinações da *administração em geral* e aquelas que particularizam a administração capitalista.

No segundo capítulo, *A gestão no campo da produção social: a empresa capitalista*, subdividido em dois (2.1 Origem e desenvolvimento da "administração científica" clássica: a consolidação do capitalismo e do taylorismo e fordismo e 2.2 Crise do capital, acumulação flexível e toyotismo), abordamos a administração no campo da produção social, realizando uma análise crítica das principais teorias organizacionais.

Por fim, o terceiro capítulo da Parte I, *Gestão e reprodução social: o Estado capitalista e as organizações da sociedade civil*, trabalha a administração no campo da reprodução social, com ênfase na administração pública.

A segunda parte desta obra didática está dividida nos capítulos 4, 5 e 6.

No capítulo 4, *Orientações gerais para a intervenção técnico-operativa*, subdivide-se em dois subcapítulos (4.1 A perspectiva teórico-política de enfrentamento da conjuntura atual e 4.2 As funções gerenciais básicas: direção, organização, planejamento e controle), resgatamos os elementos indicados no Capítulo 1 e recuperamos a análise histórica do processo de gestão no campo da produção (capítulo 2) e da reprodução social (capítulo 3), situando-o no contexto atual. Assim, foi possível indicar, de forma geral, a orientação para uma intervenção na perspectiva da gestão democrática nas diferentes funções gerenciais constitutivas da administração.

O capítulo 5, *A direção na gestão de políticas, programas e projetos*, e o capítulo 6, *A organização na gestão de políticas, programas e projetos*, desenvolvem, respectivamente, as sugestões técnico-operativas, pautadas pela concepção de gestão democrática, para as funções direção e organização.

Esses capítulos, assim, encerram o livro, que procurou oferecer ao leitor uma abordagem ampla e crítica da administração/gestão e uma orientação teórico-política, com desdobramentos técnico-operativos, voltadas para pensarmos e agirmos a partir da concepção de uma efetiva gestão democrática.

Parte I

PRESSUPOSTOS TEÓRICOS E POLÍTICOS

CAPÍTULO 1

Gestão democrática: significado e determinações essenciais*

Este capítulo tem como objetivo explicitar os fundamentos teórico-metodológicos da concepção de gestão democrática e dos debates que serão apresentados ao longo do livro.

O capítulo inicia apresentando a gestão em seu sentido geral. Compreender os elementos desenvolvidos no início do capítulo permitirá que os leitores trilhem, de maneira consistente e segura, os caminhos, às vezes tortuosos, pantanosos e cheios de obstáculos que teremos que percorrer para discutir os conteúdos propostos de forma precisa, visando, assim, a correta apreensão sobre o significado da gestão. Em seguida, explicita a caracterização da gestão na sociedade capitalista, com destaque para a categoria *burocracia,* e termina com o debate sobre a gestão e o processo de democratização.

Iniciemos, então, nossa apresentação.

---

* Agradecemos à Editora Lumen Juris pela autorização dada para que fosse possível utilizar trechos do livro Gestão Pública & Democracia: a burocracia em questão (Souza Filho, 2011), principalmente formulações relacionadas aos fundamentos apresentados acerca do tratamento crítico à burocracia e a análise do desenvolvimento da administração pública no Brasil.

1.1 A gestão e sua caracterização em geral

A primeira questão que devemos esclarecer, antes de começarmos a caracterizar a gestão em seu sentido geral ou de maior nível de abstração (lembremo-nos dos apontamentos realizados sobre as categorias abstratas na introdução deste livro), refere-se à terminologia que estamos empregando. Seguindo o indicado por Motta (1991) e mais tarde Tenório (1997), não faremos distinções entre os termos gestão e administração. Assim, utilizaremos as palavras "gestão" e "administração" como sinônimas.

Isso posto, podemos partir da caracterização inicial proposta pelo educador Victor Henrique Paro. Segundo este autor (Paro, 2006, p. 18), a *administração* em seu sentido geral (de maior nível de abstração) "é a utilização racional de recursos para a realização de fins determinados".

Para evitar qualquer tipo de equívoco, essa caracterização não implica uma concepção de neutralidade da administração. Pois, como abstração, essa formulação apenas explicita os elementos gerais constitutivos da administração. No entanto, ao se concretizar, a administração se impregna de elementos histórico-concretos materiais e ídeo-culturais. Dessa forma, a caracterização abstrata inicial da administração ganha densidade, explicitando as determinações efetivas da realidade que a configura enquanto um fenômeno sócio-histórico.

Esse procedimento teórico é o mesmo desenvolvido por Marx quando trata da "direção" necessária para qualquer trabalho realizado social ou coletivamente e a especifica quando essa função torna-se atribuição do capital (Marx, 1996a, p. 447-448). O autor esclarece-nos que todo o trabalho coletivo ou social "requer em maior ou menor medida uma direção que estabelece a harmonia entre as atividades individuais e executa as funções gerais que decorrem do movimento do corpo produtivo total, em contraste com o movimento de seus órgãos autônomos". Em seguida, Marx afirma que quando o trabalho coletivo se subordina ao capital e esse passa a definir a sua (do trabalho coletivo) direção, "a função de dirigir assume características específicas". A "direção" do trabalho social coletivo, nos termos apresentados por Marx, pode ser interpretada, sem dúvida alguma, como "administração". Portanto, na primeira formulação, uma abordagem geral da administração, e, em seguida, uma abordagem sobre a administração capitalista.

Retomando a reflexão sobre caracterização em geral da gestão, conforme proposto por Paro (2006), convém sublinhar que seu desdobramento remete-nos a duas questões fundamentais. A primeira delas refere-se ao fato de que se a administração requer racionalidade ela é uma tarefa eminentemente humana e sempre estará presente nas ações que a humanidade se propuser visando atingir um objetivo proposto racionalmente, definindo e utilizando recursos também de forma racional. A segunda diz respeito à explicitação do que significa "utilização racional de recursos". Porém, antes de abordarmos essa questão, vejamos de que forma o autor caracteriza o que são recursos.

Segundo Paro (2006), os recursos referem-se aos elementos conceituais e materiais que a humanidade utiliza — seja na sua relação com a natureza (relação homem x natureza), seja em sua inter-relação (relação homem--homem) — para produzir os bens materiais e ideológicos necessários para a sociedade se manter e se reproduzir. Dessa forma, os recursos que são utilizados, através da relação que o homem estabelece com a natureza e/ou com outros homens, atingem tanto a dimensão da produção social quanto a dinâmica da reprodução social.

Como a administração é a "utilização racional de recursos", age-se administrativamente quando se utiliza racionalmente os elementos conceituais e materiais empregados na relação entre homem e natureza e na relação do homem com outros homens para atingir um fim definido.

Cabe destacar que o autor denomina de campo da "racionalização do trabalho" a dimensão que envolve a relação homem-natureza e de campo da "coordenação do esforço humano coletivo" ou "coordenação" a relação estabelecida entre os homens na busca dos objetivos definidos. Esses seriam os dois campos centrais de interesse teórico-prático da administração. A administração, assim, é o campo de conhecimento e prática que se dedica a descobrir e aplicar racionalmente os elementos conceituais e materiais necessários para potencializar a "racionalização do trabalho" e a "coordenação do esforço humano coletivo" ou "coordenação", para atingir determinados fins.

Retomando a questão do significado de "utilização racional de recursos", Paro (2006) destaca que essa expressão implica, por um lado, a adequação dos recursos ao fim visado e, por outro, indica que o emprego dos recursos deve ser realizado de forma econômica.

Em relação à adequação dos recursos ao fim visado, o primeiro aspecto a desenvolver está relacionado ao fato de a administração nessa formulação abstrata nos permitir apresentar a conexão existente entre os fins e os meios da administração e o papel da razão como elemento de mediação dessa conexão. Expliquemos.

Para atingir determinados fins, é necessária a utilização de determinados recursos. Os recursos disponibilizados devem ser organizados, aplicados, usados de forma a que os fins definidos sejam efetivamente alcançados. Portanto, temos aqui uma relação entre o "fim", a "finalidade" a ser atingida, e o "recurso" utilizado para atingir a referida finalidade.

Por outro lado, convém ressaltar que a finalidade administrativa a ser alcançada é definida racionalmente (ou seja, através da razão), assim como racionalmente são definidos os recursos que devem ser utilizados administrativamente para atingir o fim definido. A razão, portanto, é empregada tanto para a definição da finalidade da ação administrativa quanto para o estabelecimento dos recursos que serão utilizados para alcançar tais fins.

Neste sentido, podemos dizer que a finalidade determina os recursos que serão utilizados e a racionalidade envolvida na administração. Por exemplo, para uma perspectiva/finalidade democrática e emancipatória, orientação presente neste livro, não podemos utilizar meios e racionalidade meramente instrumentais descolados da sua função precípua que é atingir o fim definido (no caso, expansão e aprofundamento democrático destinado à emancipação).

A finalidade determina um tipo de racionalidade que orienta a escolha e a utilização dos recursos a serem manipulados. Ou seja, a racionalidade não está relacionada apenas à adequação do recurso ao fim, está, também, vinculada à definição da finalidade. Essa concepção de Paro (2006) resgata a ideia de racionalidade composta por uma dimensão finalística, que para ele é uma dimensão emancipatória (uma dimensão que visa à construção da liberdade), mas também resgata a noção da racionalidade em sua dimensão instrumental. Para atingir determinado fim estabelecido racionalmente e que orienta a ação administrativa, devem ser pensados e definidos, racionalmente também, os instrumentos adequados para que a referida finalidade seja alcançada. Por isso, uma racionalidade de dupla dimensão: uma dimensão (por exemplo, emancipatória/democrática) voltada para a definição da finalidade e outra (instrumental) destinada à escolha e operacionalização dos recursos/instrumentos adequados à efetivação da finalidade definida.

A outra questão relativa à "utilização racional de recursos" refere-se ao fato de que o emprego dos recursos deve ser realizado de forma econômica. Empregar de forma econômica recursos significa utilizar o menor tempo possível e a menor quantidade de meios destinados à obtenção da finalidade definida.

Aqui encontramos uma questão fundamental: o menor tempo e a menor quantidade de meios devem estar relacionados à finalidade que se pretende atingir, não são grandezas que podem ser definidas abstratamente, ou seja, sem ter como parâmetro a relação com a finalidade indicada.

Por exemplo, quando se tem como finalidade economizar recursos públicos da área social para pagar a dívida pública, o tempo gasto de um médico do Serviço Único de Saúde — SUS em seu atendimento deve ser um determinado tempo mínimo, tendo em vista a não contratação de outros médicos, e a necessidade de atendimento da população. Por outro lado, se a finalidade for garantir um atendimento de qualidade à população, o tempo gasto deste mesmo médico deverá ser um tempo mínimo que garanta o atendimento à população com a qualidade pretendida. Se for necessário, deverão ser contratados mais médicos para que a proporção entre o número total da população atendida por dia/médico atinja o tempo mínimo. O tempo mínimo do último caso certamente será maior do que o tempo mínimo do primeiro, embora ambos estejam sendo definidos a partir de uma racionalidade que busca reduzir tempo e quantidade de meios, a partir da finalidade indicada. A diferença se encontra na finalidade que parametriza a racionalidade da utilização dos recursos. No primeiro exemplo, a finalidade é a redução de recursos da política de saúde para viabilizar o pagamento da dívida, e no segundo é o atendimento da população com qualidade.

Nos dois casos é importante economizar recursos, no entanto, o tipo de economia e o *quantum* que poderá ser economizado dependerão da finalidade que se pretende atingir. Essa questão é importante ressaltar, pois, muitas vezes, é atribuída à concepção democrática, voltada para a expansão de direitos, a inexistência da preocupação com o emprego econômico de recursos. A questão, colocada corretamente, não está na inexistência da racionalidade do emprego econômico, mas sim no parâmetro finalístico que implica o emprego econômico dos recursos. Como sublinhamos anteriormente, o emprego econômico não é definido abstratamente, ele está vinculado à finalidade que se pretende atingir. Ou seja, é a partir da finalidade que se torna possível definir que tipo e o *quantum* de recursos deverão ser economizados, em relação ao tempo e à quantidade de meios utilizados.

Perseguir a economia de recursos, portanto, diz respeito a qualquer ato administrativo, independente da finalidade que se pretende atingir. No entanto, o *quantum* e o tipo de economia que serão obtidos dependerão da finalidade que se almeja alcançar através da ação administrativa.

Como administrar implica, também, a ação racional voltada para a definição da finalidade a ser atingida, o gestor deve sempre estar preocupado com a análise racional das finalidades da organização em que atua, bem como com a adequação dos recursos ao fim visado e do emprego econômico dos mesmos. Se o gestor assume como dada a racionalidade finalística e não a coloca sob apreciação crítica, assume uma concepção instrumental da razão. Em outras palavras, ao se considerar que a racionalidade só deve ser entendida como movimento destinado à definição adequada dos recursos e em seu respectivo emprego econômico, ela se reduz a uma dinâmica meramente instrumental da razão, eliminando da ação de gerir a definição da finalidade, ou, pelo menos, o posicionamento crítico sobre a finalidade definida.

Graficamente, podemos apresentar o exposto da seguinte forma:

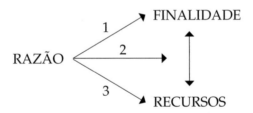

1 — Razão voltada para definir a finalidade;
2 — Razão implicada na escolha dos recursos adequados à finalidade;
3 — Razão aplicada para empregar de forma econômica os recursos escolhidos.

Os segmentos 2 e 3 expressam a dimensão instrumental da razão presente na administração e o segmento 1 expressa a dimensão finalística que deve integrar o processo de administração/gestão. O segmento 1 é o determinante central do processo. Os segmentos 2 e 3 estão subordinados ao segmento 1.

Administrar envolve, então, esses três movimentos que implicam duas dimensões da razão: a finalística (ou ético-política) e a instrumental.

Em relação à dimensão finalística ou ético-política da razão, este livro, consonante com o projeto ético-político predominante no serviço social (Netto, 1999; Braz; Teixeira, 2009), defende que a administração/gestão de organizações, serviços, programas e projetos sociais realizada por assistentes sociais (e/ou outros profissionais) deve estar orientada para a ampliação e o aprofundamento de direitos na perspectiva de construção de uma nova ordem societal fundada na liberdade e na igualdade, enquanto uma sociabilidade onde as relações sociais não sejam baseadas na exploração e/ou dominação de classe, etnia e gênero.

Nesse sentido, podemos dizer que existem, do ponto de vista da gestão, possibilidades diferentes de orientação finalística. Em termos gerais, podemos ter gestões orientadas para a manutenção da dinâmica de exploração e dominação, ou, pelo menos, mais próxima dessa concepção; ou, então, voltada para a liberdade (supressão dos mecanismos de exploração e dominação), ou, pelo menos, mais próxima dessa concepção. Portanto, a finalidade que orienta a gestão encontra-se num leque de possibilidades que varia entre orientações radicalmente destinadas à manutenção da ordem de exploração/ dominação e aquelas radicalmente posicionadas em defesa de um mundo de liberdade para todos.

Importa aqui destacar que, na dinâmica social baseada na estrutura de classes, onde uma determinada classe domina e explora a outra, a administração, como utilização de recursos para atingir fins determinados, se expressará tendo como determinação central a dominação. Em outras palavras, a administração numa sociedade de classes é a forma de realizar/materializar a dominação enquanto finalidade da classe dominante, em contexto de luta de classes. O que imprime à administração um caráter contraditório.

Para complexificar a situação, concretamente, um gestor com uma perspectiva crítica de gestão, ou seja, orientado por uma finalidade pautada na liberdade, a partir da expansão e aprofundamento de direitos, pode ter que gerir uma organização, serviço, programa ou projeto que tenha como perspectiva institucional a manutenção da ordem de exploração e dominação (caso mais provável de ocorrer no quadro da sociabilidade capitalista, principalmente em sua fase atual, pois radical no sentido de manutenção e acirramento das condições de exploração e dominação). Esse é o cenário mais provável que os gestores comprometidos com a liberdade encontrarão para atuar. Nesse sentido, os conflitos e contradições serão os elementos predominantes do processo de gestão. Mas essa questão será desenvolvida no último item deste capítulo; voltemos, agora, para concluir esta seção.

Essa concepção busca, pois, articular a dimensão ético-política (finalidade) com a dimensão técnica (utilização racional dos recursos) da administração, evitando a cisão entre o político e o técnico. Dessa maneira, rejeita-se a forma tradicional de conceber a administração apenas pelo foco da utilização dos recursos, pois administrar é agir racionalmente para definir fins e utilizar recursos.

Assim, a abordagem da administração, em sua expressão geral, permite-nos explicitar dimensões que viabilizam uma análise crítica do fenômeno administrativo, sem perdermos de vista a importância dessa atividade para a sociedade. Conforme o próprio educador Victor Paro (2006) assinala, é necessário evitar tanto a posição daqueles que identificam a administração capitalista/empresarial como algo de valor universal, quanto (combater os radicais ingênuos) aquelas que identificam a administração como instrumento capitalista de dominação e, portanto, não enxergam as reais determinações da dominação vigente na sociedade, que contêm afirmações e negações. Ambas as abordagens não contribuem para a concepção de uma administração com perspectiva democrática, pois ou reiteram as relações de dominação presentes na sociedade — como ocorre com a abordagem que pretende dar um caráter de universalidade à administração empresarial, reproduzindo, dessa forma, o *status quo* —, ou negam a administração — posição assumida pela abordagem que não considera as determinações sociais e econômicas da administração empresarial/capitalista e imputa à própria administração (e não às relações sociais presentes na sociedade) o caráter de dominação.

Nessa ótica, o tema administração ganha substância para além de modismos e vinculações estreitas e exclusivistas da questão à ordem burguesa. Ou seja, nas palavras do autor:

> Captada em sua [da administração] especificidade (ou seja, sua forma geral, aquela que é comum a todo o tipo de estrutura social), é possível identificar quais os elementos que, em sua existência concreta, se devem às determinações históricas próprias de um dado modo de produção. Numa perspectiva de transformação social, é possível, além disso, raciocinar em termos dos elementos dos quais esta forma, historicamente determinada numa sociedade de

classes, precisa ser depurada para que, numa sociedade mais avançada, se possa pô-la a serviço de propósitos não autoritários (Paro, 2006, p. 18).

A concepção apresentada evita tanto a visão "tecnicista" da administração quanto a "politicista", pois pressupõe uma perspectiva que concebe a administração como uma relação entre a dimensão ético-política e técnico-operativa. Nesse caso, contribui para evitarmos a noção que identifica gestão com a dimensão técnica (e que, portanto, não deve confundir-se com a política) e também aquela que considera que resolvida a questão ético-política a dimensão técnico-operativa resolve-se naturalmente.

Assim, o tratamento do tema referente à gestão deve resgatar a articulação dialética entre política/finalidades e utilização de recursos/meios/técnicas. A conjuntura neoliberal que privilegia as análises tecnicistas, partindo do entendimento que a finalidade da administração está dada (expansão da sociedade capitalista), não pode ser argumento para que não tratemos da questão da gestão/administração; muito pelo contrário, devemos enfrentar essa disputa revelando as conexões entre fins e meios de qualquer expressão concreta da administração.

Partindo desses elementos abstratos, constitutivos da administração, avancemos para decifrar os aspectos concretos da administração da e na sociedade capitalista.

1.2 Gestão na ordem do capital: a burocracia em questão

Esse item tem como perspectiva explicitar uma concepção materialista dialética da burocracia e, em seguida, apresentar a teoria burocrática weberiana, visando identificar as divergências das referidas abordagens.

A burocracia na perspectiva materialista dialética

Considerando, como vimos na seção anterior, que administrar é "utilizar racionalmente recursos para a realização de fins determinados", para discutirmos a gestão no capitalismo devemos, em primeiro lugar, explicitar a finalidade do movimento do capital.

Conforme desenvolvido por Marx em *O capital*, o objetivo do processo de produção capitalista é a apropriação privada das riquezas produzidas, a partir da produção e apropriação privada da mais-valia,[1] fundada na exploração da força de trabalho, considerando a divisão fundamental da sociedade entre proprietários privados dos meios de produção (capitalistas) e portadores da força de trabalho. Ou seja, "o objetivo que determina o processo de produção capitalista é a maior autovalorização possível do capital, isto é, a maior produção possível de mais-valia, portanto, a maior exploração possível da força de trabalho pelo capitalista" (Marx, 1996a, p. 447).

Essa dinâmica da sociedade capitalista, conforme o autor nos esclarece, realiza um processo que implica, por um lado, acumulação crescente de capital e, por outro, crescimento (absoluto ou relativo) do pauperismo. Nas palavras de Marx, esse movimento caracteriza a *lei geral da acumulação capitalista*:

> Quanto maiores a riqueza social, o capital em funcionamento, o volume e a energia de seu crescimento, portanto também a grandeza absoluta do proletariado e a força produtiva de seu trabalho, tanto maior o exército industrial de reserva. A força de trabalho disponível é desenvolvida pelas mesmas causas que a força expansiva do capital. A grandeza proporcional do exército industrial de reserva cresce, portanto, com as potências da riqueza. Mas quanto maior esse exército de reserva em relação ao exército ativo de trabalhadores, tanto mais maciça a superpopulação consolidada, cuja miséria está em razão inversa do suplício de seu trabalho. Quanto maior, finalmente, a camada lazarenta da classe trabalhadora e o exército industrial de reserva, tanto maior o pauperismo oficial. *Essa é a lei absoluta geral, da acumulação capitalista* (Marx, 1996b, p. 274; grifos no original).

Esse movimento tem como elemento fundante de sua origem a produção de mais-valia. Essa produção, a partir da exploração da força de trabalho, realiza-se devido à diferença existente entre a jornada de trabalho e o tempo médio de trabalho social que o trabalhador utiliza para produzir um *quantum* de mercadoria necessária para a reprodução de sua força de trabalho, o que Marx caracteriza como sendo o *tempo de trabalho socialmente necessário*. Ou seja, jornada de trabalho menos o tempo de trabalho socialmente necessário para a produção de mercadorias destinadas à reprodução da força de trabalho é igual à mais-valia produzida ou tempo de trabalho excedente.

---

1. Apesar de as atuais traduções d'*O capital* e dos *Grundrisse* realizadas pela Boitempo optarem pelo termo mais valor, ao invés do de mais-valia, optamos, aqui, por manter a terminologia que predomina nas traduções anteriores d'*O capital*. Para entender as razões da opção pela tradução "mais valor", ver Duayer (2011). Para a crítica desta opção, ver Germer e Costa Neto (2012).

Assim, em termos gerais, para aumentar a mais-valia (tempo de trabalho excedente) aumenta-se a jornada de trabalho, mantendo o tempo de trabalho necessário (mais-valia absoluta), ou reduz-se o tempo de trabalho necessário, aumentando a produtividade do trabalho e, por consequência, barateando o valor das mercadorias destinadas à reprodução da força de trabalho, mantendo a jornada de trabalho (mais-valia relativa). A mais-valia produzida servirá tanto para viabilizar o consumo individual do capitalista quanto para retornar à produção através de investimentos em meios de produção (capital constante) e/ou em força de trabalho (capital variável).

Portanto, em termos gerais, a dinâmica central da produção e reprodução da sociedade capitalista estrutura-se a partir da produção e apropriação privada da mais-valia, gerando um processo de acumulação continuado e ampliado, onde o trabalhador dispende sua energia no processo de produção durante uma jornada de trabalho composta de tempo necessário e tempo excedente.

Durante o tempo necessário de trabalho, o trabalhador produz o *quantum* de valor necessário para sua reprodução, e durante o tempo excedente será produzida a quantidade de valor apropriada privadamente pelo capitalista, para o seu consumo individual e para a reprodução e/ou acumulação (investimentos em meios de produção e força de trabalho). É precisamente na apropriação privada do valor produzido durante o tempo excedente que reside a exploração operada nas/pelas relações sociais do mundo do capital. Considerando que a *tendência* do sistema é ampliar a produtividade do trabalho para ampliar a mais-valia (relativa) produzida, a *tendência* é ocorrer o aumento do capital constante (meios de produção, principalmente em novas tecnologias) e redução do capital variável (força de trabalho necessária para a produção). Por isso, a síntese contraditória do sistema expressa-se na acumulação de riqueza e pauperismo.

Sendo essa, em termos gerais, a base de funcionamento do modo de produção capitalista, a sociedade burguesa necessita de uma dinâmica de administração adequada a essa finalidade. Nesse sentido, por um lado, controlar o tempo de produção de mercadoria é fundamental para que o capitalista possa produzir e se apropriar de um maior *quantum* de riqueza produzida, tendo como base a exploração da força de trabalho. Por outro lado, a manutenção da exploração requer, do ponto de vista econômico, que se mantenham as condições de exploração para que parte da mais-valia produzida possa se converter em mais capital, num processo contínuo de acumulação. Esse movimento de reprodução ampliada, do ponto de vista da reprodução social do sistema, requer a garantia da manutenção de uma ordem social política, jurídica, ideológica e cultural que permita a continuidade da dinâmica de exploração, através, inclusive, da aceitação dos explorados à sua condição de exploração.

A propósito da aceitação da condição de exploração vale observar que faz parte das condições de reprodução do sistema de exploração a difusão de ideias que justificam a desigualdade, a propriedade e outros valores do capitalismo, como meio de obter o consentimento das classes exploradas, garantir o conformismo e a adesão ao modo produção e suas relações sociais de trabalho.[2]

Essa dimensão ideológica da estrutura de dominação é objeto da reflexão de Marx, ao comentar que "os indivíduos que constituem a classe dominante [...] dominam também como pensadores, como produtores de ideias, regulam a produção e distribuição de ideias de seu tempo" (Marx, 1982, p. 39).

Dessa forma, a administração da sociedade capitalista deve possuir como *finalidade*, do ponto de vista da *produção social*, *viabilizar a dinâmica de exploração da classe trabalhadora, por intermédio da produção da mais-valia, e possibilitar a apropriação privada da riqueza produzida socialmente*. Do ponto de vista da *reprodução social*, a *finalidade* do sistema capitalista deve estar orientada para *garantir uma ordem social, política, jurídica e cultural fundada na dominação de classe que possibilita a manutenção da dinâmica de exploração no campo da produção*.

Na reflexão marxiana sobre a relação entre produção e reprodução, temos que:

> [...] na produção social da própria vida, os homens contraem relações determinadas, necessárias e independentes de sua vontade, relações de produção estas que correspondem a uma etapa determinada de desenvolvimento de suas forças produtivas materiais. A totalidade dessas relações de produção forma a *estrutura econômica* da sociedade, a base real sobre a qual se levanta uma *superestrutura jurídica e política*, e à qual correspondem formas sociais determinadas de consciência (Marx, 1996d, p. 52; grifos nossos).

---

2. Uma vasta literatura aborda a ideologia como categoria central para a compreensão desse fenômeno. Para uma aproximação qualificada e consistente ao debate, sob diferentes perspectivas, ver Gramsci (2000), Althusser (1983) e Mészáros (2004).

Portanto, a superestrutura jurídica e política só pode ser compreendida a partir das relações materiais, como aliás já dissera o próprio Marx em passagem anterior:

> [...] relações jurídicas, tais como formas de Estado, não podem ser compreendidas nem a partir de si mesmas, nem a partir do assim chamado desenvolvimento geral do espírito humano, mas pelo contrário, elas se enraízam nas relações materiais de vida (Marx, 1996d, p. 51).

Exploração e dominação estão interconectadas. Uma determinada dinâmica de exploração econômica requer determinada forma de dominação tanto no campo da produção como no da reprodução social. A administração capitalista, nesse sentido, visa materializar uma determinada dinâmica de dominação que permita, no campo da produção, extrair e se apropriar da mais-valia produzida (ou seja, realizar a exploração) e, no campo da reprodução social, gerir uma ordem social, jurídica, política, ideológica e cultural que mantenha a exploração econômica da força de trabalho.

Enquanto superestrutura jurídica e política, o Estado não é a expressão da universalidade, mas sim a expressão das relações sociais de produção existentes na sociedade (estrutura econômica). No caso da sociedade capitalista, o Estado será estruturado tendo como base a relação de exploração estabelecida pelo capital. O Estado, assim, representa o principal instrumento de dominação de classe para garantir a manutenção e a reprodução das relações sociais estabelecidas pela ordem do capital.

O autor de *O capital,* ao tratar criticamente a concepção hegeliana do Estado como universalidade, desenvolve uma argumentação que não descarta a "dimensão universal" presente no Estado capitalista. O que Marx aponta é que essa dimensão é limitada pela estrutura da sociedade civil e não se configura como essência do Estado. No texto de 1843, Marx ressalta que não se deve censurar Hegel por sua descrição do Estado capitalista, ou seja, como o Estado capitalista apresenta-se para a sociedade, mas sim por identificar a descrição como o Estado é efetivamente. O crítico de Hegel, nesses termos, considera o caráter "universal" do Estado como aparência.[3] Para Marx, então,

---

3. Segundo Marx: "Não se deve condenar Hegel porque ele descreve a essência do Estado moderno como ela é, mas porque ele toma aquilo que é como *essência do Estado*". Em seguida, completa: "A forma que o assunto universal assume em um Estado que não seja o Estado do assunto

a "dimensão universal" do Estado não é falsa, pois compõe a estrutura estatal, na medida em que se configura como aparência do fenômeno.[4]

Para sermos mais precisos, essa "dimensão universal" diz respeito às ações do Estado que atendem a interesses da classe trabalhadora. Ou seja, o Estado não expressa o interesse geral e nem está voltado para o bem comum, simplesmente ele também atua atendendo a determinados interesses da classe trabalhadora, na medida da necessidade de garantia da estrutura de dominação fundada na propriedade privada. Em outras palavras, não há como haver interesse geral em uma sociedade estruturada em classes sociais, pois os interesses estão vinculados às estruturas de classe.

No capitalismo, as classes fundamentais que representam o capital e o trabalho possuem interesses, do ponto de vista estrutural, antagônicos e inconciliáveis, pois a participação nas decisões fundamentais da produção em sua totalidade (o que produzir, quanto produzir e como distribuir) são assimétricas, já que o poder está nas mãos de quem detém os meios de produção e se apropria da riqueza produzida e não daqueles que participam do processo a partir de sua força de trabalho.

No entanto, isso não significa dizer que alguns interesses da classe trabalhadora não possam ser atendidos no capitalismo. Nesse sentido, o Estado mostra-se como o elemento viabilizador desses determinados interesses, apresentando-se, ideologicamente, como representante dos "interesses gerais", "expressão da racionalidade e universalidade".[5]

Sendo assim, os recursos necessários para atingir as finalidades da sociedade capitalista implicam a existência de uma estrutura social fundada

---

universal pode ser, apenas, [...] uma *forma aparente*, que se mostrará como uma tal aparência" (Marx, 2010, p. 82).

4. Lukács (1974, p. 22), destaca, de forma enfática, a relação dialética existente entre aparência e essência, ressaltando sua unidade e distinção, necessárias para um estudo científico. Nas palavras do autor: "Trata-se, pois, por um lado, de destacar os fenômenos da sua forma dada como imediata, de encontrar as mediações pelas quais podem ser referidos ao seu núcleo e à sua essência e captados na sua própria essência e, por outro lado, atingir a compreensão deste caráter fenomenal [fenomênico], desta aparência fenomenal [fenomênica], considerada a sua forma de manifestação necessária [...]. Esta dupla determinação, este reconhecimento e esta superação simultânea do ser imediato é precisamente a relação dialética.

5. Um debate mais detalhado e aprofundado sobre o Estado, apesar de ser fundamental para esclarecer as diversas determinações desse fenômeno, ficaria inviável de ser realizado neste espaço, pois nos desviaríamos muito do objetivo do livro. Para um panorama teórico sobre o Estado, consultar o livro da Biblioteca Básica do Serviço Social sobre o tema (Montaño e Duriguetto, 2010).

em classes sociais antagônicas, que efetiva uma divisão social e técnica do trabalho, para realizar a produção e apropriação da mais-valia, e de uma superestrutura política, jurídica, ideológica e cultural que mantenha a dominação de classe necessária para garantir a exploração da classe trabalhadora, com base em procedimentos que produzam certa legitimidade ao sistema.

A partir dessa configuração, podemos dizer que a organização central da estrutura social, por intermédio da qual se realiza a produção e apropriação privada da mais-valia (exploração), é a empresa capitalista. No campo da superestrutura social, a organização central que materializa a dominação de classe é o Estado.

No entanto, a dominação efetivada no campo da estrutura social voltada para viabilizar a exploração que permite a produção e apropriação privada da mais-valia, assim como aquela operada no campo da superestrutura, que cria as condições políticas, jurídicas, ideológicas e culturais exigidas para garantir a reprodução social, devem ser implementadas — na medida da supressão da coerção extraeconômica, violenta, típica da exploração da força de trabalho existente no escravismo e no feudalismo — de forma que sua intervenção pareça "universal", para que assim seja possível identificá-la como legítima. Nas palavras de Marx:

> a diferença entre a produção do capital e a produção de estágios anteriores é ainda simplesmente formal. Rapto de seres humanos, escravidão, tráfico de escravos e trabalho forçado dos escravos, aumento dessas máquinas trabalhadoras, máquinas que produzem produtos excedentes, aqui tudo isto é posto diretamente pela violência; no caso do capital, é mediado pela troca (Marx, 2011, p. 644).

A dominação para ser legitimada na sociedade capitalista se reveste, por um lado, de uma "racionalidade" formal-legal que omite e/ou naturaliza a sua finalidade (viabilizar a produção e apropriação privada da mais--valia, através da exploração da força de trabalho), destacando apenas a sua dimensão instrumental. Por outro lado, esta legitimidade só é possível se a própria classe explorada/dominada, de alguma forma, consente essa relação. Esse consentimento é obtido, como já nos referimos anteriormente, pela difusão de ideias, mas também pela efetivação de concessões realizadas principalmente pelo Estado, em nome de sua atenção para com determinadas necessidades e demandas das classes exploradas. É exatamente isso que consiste a aparente universalidade do Estado, que também o constitui, e de que tratamos anteriormente.

A "racionalidade" formal/legal, há pouco mencionada, é uma exigência do modo de produção capitalista, na medida em que a produção de mercadorias deve se basear no menor dispêndio de recursos e no menor tempo para garantir a maior exploração da força de trabalho (produção de mais-valia) e deve realizar-se, em condições ordinárias, sem recorrer à coerção extraeconômica violenta. Portanto, uma racionalidade que implemente um procedimento rigoroso, calculável, aceito e possível de ser reproduzido. Por isso, um procedimento que pode ser expresso em regras e normas formais a serem seguidas.

Essa mesma dinâmica da "racionalidade" está no campo da reprodução social burguesa, principalmente por meio do Estado que busca, através de suas regras legais, apresentar-se à sociedade como algo acima das classes e orientado "racionalmente" para a realização de um suposto bem comum. Dessa forma, o Estado, para se legitimar, necessita atender a determinadas demandas da classe trabalhadora, desde que não inviabilize, obviamente, a reprodução do sistema.

A materialização dessa dominação, necessária para realizar o processo de exploração tipicamente capitalista, baseada na produção social e apropriação privada da mais-valia, fundada na "racionalidade" formal-legal tanto no campo da produção quanto no da reprodução social, se realiza através da administração. Cabe destacar que, como vimos anteriormente, em uma sociedade de classe, necessariamente, a determinação central da administração é realizar/materializar a dominação fundante.

Neste sentido, podemos sintetizar indicando que a *administração na sociedade capitalista ou administração capitalista* expressa-se enquanto uma *forma de dominação da classe burguesa, baseada na racionalidade instrumental estruturada formal e legalmente, que possui como finalidade viabilizar a produção social e a apropriação privada da mais-valia, via exploração da força de trabalho, e expressa-se, também, pela necessidade de manter a ordem social, difundindo ideias da classe dominante, reprimindo reações e atendendo determinadas demandas da classe trabalhadora.*

No final da próxima seção, para complementar a caracterização da administração capitalista, acrescentaremos outras determinações, a partir da interpelação crítica que faremos ao conceito weberiano de burocracia.

A concepção de burocracia em Weber

A tomada dos conceitos weberianos como ponto de partida da crítica da burocracia capitalista procura seguir o mesmo caminho da crítica da economia política e da filosofia alemã, quando Marx vai aos economistas clássicos e/ou filósofos para revolver dialeticamente os seus conceitos e construir "categorias que expressam as formas de ser". Significa reconhecer a existência de elementos que se sedimentaram no ambiente da gestão e da gestão pública e que só podem ser removidos se movidos. Dentre esses elementos tratados por Weber, podemos destacar: a) a *descrição* dos traços da estrutura formal e do quadro administrativo da burocracia (as conhecidas *características* da burocracia weberiana), que será trabalhada no final desta seção e b) a relação entre tipo de dominação e ordem administrativa, que analisaremos no capítulo 3. Além disso, mas não menos importante, não podemos desconhecer que, do ponto de vista científico, a construção conceitual de Weber sobre a burocracia é a que possui maior influência nas ciências sociais.

A exemplo das observações sobre a concepção hegeliana de universalidade do Estado, em que Marx comenta que a descrição do Estado moderno realizada por Hegel não passa da aparência do fenômeno estatal, a recorrência a Weber, para discutir a burocracia, seguirá essas mesmas restrições.

Weber, como demonstraremos, descreve a aparência da burocracia moderna como se fosse sua essência. No entanto, esse procedimento adotado permite que, como Hegel em relação ao Estado, Weber consiga capturar alguns elementos presentes no fenômeno burocrático. Esses elementos tratados dialeticamente, como enunciado na *Introdução* deste livro, podem compor a caracterização da burocracia em sua *forma de ser*, ou seja, liberada da *ilusão* idealista weberiana.

Para início dessa problematização, é fundamental destacar que, do ponto de vista teórico-metodológico, Weber possui uma concepção radicalmente diferente do materialismo dialético de Marx. Não cabe, neste espaço, desenvolver as diferenças teórico-metodológicas dos autores, apresentar supostas afinidades ou possibilidades de articulação entre seus pensamentos,[6]

---

6. Para o aprofundamento do debate sobre Marx e Weber, Ver Meszáros (2011, 1996); Teixeira e Frederico (2010) e Löwy (2014).

ou defender nossa posição acerca da questão, pois fugiríamos, bastante, de nossos objetivos.

Entretanto, a título de exemplo, apresentaremos o significado do *tipo ideal* na metodologia de Weber (1982), pois entendemos que, a partir da explicitação deste recurso teórico-metodológico de análise da realidade social, será possível ao leitor compreender as divergências e incompatibilidades da proposição weberiana frente à perspectiva materialista dialética de Marx.

Em linhas gerais, o tipo ideal é uma construção conceitual que, apesar de utilizar referências histórico-concretas, separa de forma radical o conceito elaborado de qualquer vínculo com a história. "O processo não desperta qualquer objeção metodológica, *enquanto* se tiver presente que a *história* e a *construção* típico-ideal do desenvolvimento devem ser rigorosamente diferenciadas" (Weber, 1982, p. 117-118; grifos no original).

O objetivo da construção típico-ideal é de servir de elemento comparativo com a realidade empírica, visando conhecer essa realidade a partir de um contraste com o conceito. "Portanto, a construção de tipos ideais abstratos não interessa como fim, mas única e exclusivamente como *meio* do conhecimento" (Weber, 1982, p. 108; grifos no original).

Tragtenberg (1997, p. 8) resume de forma precisa a construção e o significado do tipo-ideal weberiano:

> ele depura as propriedades dos fenômenos reais desencarnando-os pela análise, para depois reconstruí-los. Quando se trata de tipos complexos (formados por várias propriedades), essa reconstrução assume a forma de síntese, que não recupera os fenômenos em sua real concreção, mas que os idealiza em uma articulação significativa de abstrações. Desse modo, se constitui uma "pauta de contrastação", que permite situar os fenômenos reais em sua relatividade.

Como se pode perceber, o tipo-ideal é uma construção formulada idealmente e que, mesmo partindo de elementos da realidade, estrutura-se buscando uma "pureza" lógica racional não encontrada na efetividade concreta da história. "A atividade *historiográfica* defronta-se com a tarefa de determinar, em cada *caso particular*, a proximidade ou afastamento entre a realidade e o quadro ideal" (Weber, 1982, p. 106). O tipo ideal serve única e exclusivamente para se contrapor à realidade, visando identificar os elementos conceituais presentes no real e aqueles ausentes, para, assim, compreender o fenômeno existente historicamente.

GESTÃO DEMOCRÁTICA E SERVIÇO SOCIAL

Dessa forma, o parâmetro de análise é o conceito, algo construído idealmente, e não o movimento efetivo da realidade, diferentemente do que vimos, na *Introdução* deste livro, quando tratamos do materialismo dialético.

No materialismo dialético, as categorias enquanto construção lógica realizada pelo pensamento, através do processo de abstração, "expressam formas de ser, determinações de existência" (Marx, 2011, p. 59). Ou seja, a categoria é vinculada ao "ser" historicamente existente, ela é a reprodução mental do "ser". Assim, o conhecimento é a "reprodução mental do movimento real". Em outras palavras, o que é construído mentalmente é o conhecimento do objeto social e não um conceito que será utilizado para conhecer o referido objeto social através de um processo comparativo, como é no caso do tipo ideal weberiano.

O tipo ideal, portanto, configura-se como um recurso teórico-metodológico incompatível com uma perspectiva de conhecimento científico que opera nos termos da "reprodução mental do movimento real". Ou seja, que identifica no próprio objeto do conhecimento os elementos — determinações, conexões e contradições — que o constitui. O materialismo dialético não trabalha com a construção ideal de conceitos para servir como recurso para a análise da realidade social. Muito pelo contrário, o materialismo dialético busca apreender abstratamente, ou seja, reproduzir, no pensamento, a realidade social efetiva. Uma "abstração razoável" (Marx, 2011, p. 41), nos termos marxianos, em hipótese alguma pode ser confundida com a construção típico-ideal, pois ela é constituída de determinações que estão presentes na realidade e só pode ser considerada razoável se assim for. Portanto, mesmo numa dimensão mais "universal" (mais distante do concreto real), a abstração realizada não se desprende dos elementos constitutivos da realidade e é parte do conhecimento dessa realidade.

Dessa forma, entendemos ser completamente impossível, do ponto de vista científico, articular as concepções desses dois pensadores, sem cair no ecletismo teórico-metodológico. A proposta de análise aqui desenvolvida pauta-se, como já explicitada na *Introdução* e desenvolvida para apresentar a categoria burocracia, no materialismo dialético desenvolvido por Karl Marx. Por isso, a primeira diferença radical entre a formulação materialista dialética da burocracia e a elaborada por Weber refere-se às bases teórico-metodológicas completamente distintas com as quais trabalham essas duas perspectivas.

Retomando Weber, vejamos o constructo típico-ideal que o autor elabora acerca da burocracia, buscando explicitar, nos termos de Meszáros (2008), valores e elementos da realidade que o sociólogo alemão decide desprezar e/ou ocultar, consciente ou inconscientemente, de sua formulação teórica, mas que estão subjacentes à sua construção conceitual e/ou estão presentes na realidade.

Dessa forma, apresentaremos os elementos centrais da construção tipo ideal da burocracia realizada por Weber, marcando os limites dessa formulação em relação à materialista dialética, que busca ser efetivamente a "reprodução mental do movimento real" do fenômeno burocrático.

O primeiro aspecto a ser resgatado acerca da burocracia, na formulação de Weber, refere-se à sua relação com a dominação.

Conforme define Weber (1999a, p. 33), "*dominação* é a probabilidade de encontrar obediência a uma ordem de determinado conteúdo, entre determinadas pessoas indicáveis" (grifo no original). Em outra passagem, de forma mais detalhada, esclarece o autor:

> Por "dominação" compreenderemos, então aqui, uma situação de fato, em que uma vontade manifesta ("mandado") do "dominador" ou dos "dominadores" quer influenciar as ações de outras pessoas (do "dominado" ou dos "dominados"), e de fato as influencia de tal modo que estas ações, num grau socialmente relevante, se realizam como se os dominados tivessem feito do próprio conteúdo do mandado a máxima de suas ações ("obediência") (Weber, 1999b, p. 191).

A partir dessa formulação sobre o conceito de dominação, o autor conclui, articulando-a com sua definição de administração:

> Toda a dominação manifesta-se e funciona como administração. Toda administração precisa, de alguma forma, da dominação, pois, para dirigi-la, é mister que certos poderes de mando se encontrem nas mãos de alguém (Weber, 1999b, p. 193).

Sintetizando, a dominação, de acordo com o autor, refere-se à relação mando-obediência e a ordem administrativa materializa esse processo de dominação. Dessa forma, administração é dominação.

Essas concepções diferem da forma com que estamos trabalhando, na medida em que entendemos a dominação como dominação de classe e não

GESTÃO DEMOCRÁTICA E SERVIÇO SOCIAL

como uma simples relação de mando-obediência. E, por outro lado, entendemos que a administração realiza-se como dominação e realiza a dominação (de classe), somente numa sociedade fundada em classes sociais. Pois, em nossa concepção, *administração em geral*, nos termos de Paro (2006, p. 18), é a "utilização racional de recursos para a realização de fins determinados".

Isso posto, além de concepções diferentes de dominação (de classe *versus* mando-obediência), só consideramos a administração como dominação no contexto de uma sociedade de classes e não em toda e qualquer situação onde ela se manifeste. Mesmo em uma sociedade de classes, podemos dizer que há possibilidades de determinadas organizações (por exemplo, algumas organizações da sociedade civil que lutam pelos interesses das classes subalternas,[7] movimentos sociais, partidos, associações de luta por direitos), dependendo de sua função e da correlação de forças que constitui a sua estrutura, não se materializar enquanto dominação de classe. Obviamente, esta hipótese está completamente descartada nas organizações capitalistas centrais: empresa e Estado capitalistas.

Entretanto, também entendemos que em determinadas dimensões do Estado podem ocorrer dinâmicas administrativas menos vinculadas à lógica da dominação. Em outras palavras, apesar de toda a estrutura estatal ter como função precípua a dominação de classe, algumas dimensões da estrutura, devido a sua função primordial se encontrar na esfera da legitimidade e, portanto, tendo que atender a determinadas demandas das classes subalternas, a ordem administrativa pode vir a se configurar mais distante de seu conteúdo precípuo (na sociedade capitalista) de dominação.

Por isso, em nossa perspectiva, acompanhando a formulação de Paro (2006), a *administração em geral*, ou seja, em seu nível mais elevado de abstração,

---

7. Tendo como base a formulação gramsciana, *classes subalternas* englobam um conjunto variado de trabalhadores que se encontram em situação de dominação (Gramsci, 2012). Neste sentido, esta categoria é mais ampla do que a de proletariado, dando "conta de um conjunto diversificado e contraditório de situações de dominação" (Yasbeck, 1993, p. 17). Cardoso (1995, p. 62 e 63) articulando o conceito de classes subalternas ao de classe social, inclui "*no âmbito das classes subalternas, todos os segmentos da sociedade capitalista que não possuem os meios de produção e estão, portanto, sob o domínio econômico, político e ideológico das classes que representam o capital no conjunto das relações de produção e das relações de poder*: assalariados dos setores caracterizados como primário, secundário e terciário (elementos dos setores produtivo e improdutivo); os que exercem atividade manual e os que exercem atividade não manual e intelectual. Incluem-se, ainda, os segmentos não incorporados ao mercado de trabalho, que são os trabalhadores em potencial, inclusive o exército industrial de reserva". É neste sentido que usamos a expressão.

não incorpora a dominação como um de seus elementos. A dominação só é parte constitutiva da administração na particularidade de uma sociedade de classe. Uma sociedade não baseada em classes sociais possui as condições estruturais para o surgimento e desenvolvimento de uma ordem administrativa não vinculada a procedimentos de dominação de classe ou de natureza semelhante.

No entanto, cabe frisar que a ausência de condições estruturais não é suficiente para a imediata criação de um ordenamento administrativo isento de procedimentos de dominação. Componentes superestruturais de ordem cultural, ideológico e social podem manter, por um período de transição, elementos de dominação/opressão, mesmo que não baseado em distinção de classe, na constituição da ordem administrativa efetivada.

Continuando seu desenvolvimento de tipo ideal, Weber (1999a e 1999b) indica que para cada tipo de dominação legítima corresponde, portanto, uma determinada ordem administrativa.

Segundo Weber (1999a, 1999b), são três os tipos de dominação legítima que, por decorrência, implicam em três diferentes ordens administrativas. A dominação carismática, dominação tradicional e a dominação legal. Vejamos, rapidamente, as duas primeiras para, em seguida, tratarmos de forma um pouco mais detalhada daquela que nos interessa neste momento: a dominação legal.

A dominação carismática é a dominação baseada na "qualidade pessoal considerada extracotidiana [...] e em virtude da qual se atribuem a uma pessoa poderes ou qualidades sobrenaturais, sobre-humanas, ou, pelo menos, extracotidianos específicos [...]" (Weber, 1999a, p. 158-159).

A virtude quase mágica do senhor (dominador) e seu poder afetivo e de empatia hiperdesenvolvido são os elementos que fundamentam e legitimam a dominação realizada. A relação com os adeptos (dominados) se dá através do caráter emocional evocado por esse tipo de dominação.

Por outro lado, o quadro administrativo da dominação carismática, conforme explicita Weber,

> não é um grupo de "funcionários profissionais", e muito menos ainda tem formação profissional. Não é selecionado segundo critérios de dependência doméstica ou pessoal, mas segundo qualidades carismáticas [...]. Não há "colocação" ou "destituição", nem "carreira" ou "ascenso", mas apenas nomeação

segundo a inspiração do líder, em virtude da qualificação carismática do invocado (Weber, 1999a, p. 159-160).

Diferentemente da carismática, a dominação tradicional tem como base, como o próprio termo sinaliza, a tradição, a cultura e ideologia construídas numa determinada sociedade. Essa é origem da dinâmica de dominação na lógica tradicional. Ou seja, a legitimidade da dominação se encontra na existência de relações tradicionais de mando-obediência, na crença de que desde sempre a relação de dominação se efetiva daquela determinada forma.

Por consequência, a ordem administrativa correspondente à dominação tradicional se estrutura a partir das normas estatuídas pelo senhor (dominador), legitimadas pela crença e tradição (ideologia) existente no poder de mando senhorial. Portanto, o quadro administrativo é composto de funcionários que não passam por uma seleção de competência impessoal, via concurso público, mas através de uma relação direta com o dirigente/senhor. Nesse caso, "não são os deveres objetivos do cargo que determinam as relações entre o quadro administrativo e o senhor: decisiva é a fidelidade pessoal do servidor" (Weber, 1999a, p. 148).

Esse processo culmina em não se diferenciar o interesse público dos interesses privados do senhor (dominador), configurando o caráter *patrimonial* dessa ordem administrativa tradicional.

Weber define com precisão o *patrimonialismo*. Para o sociólogo alemão, "ao surgir um quadro administrativo (e militar) puramente pessoal do senhor, toda a dominação tradicional tende ao patrimonialismo" (Weber, 1999a, p. 151; grifos no original). A dominação patrimonial, continua o autor, como ordem administrativa tradicional, possuirá como uma tendência inerente "submeter ilimitadamente ao poder senhorial tanto os súditos políticos extrapatrimoniais quanto os patrimoniais e de tratar todas as relações de dominação como propriedade pessoal do senhor, analogamente ao poder e à propriedade domésticos" (Weber, 1999b, p. 247).

Weber sintetiza sua formulação sobre a dominação tradicional e seu respectivo quadro administrativo da seguinte forma:

> Denominamos uma dominação *tradicional* quando sua legitimidade repousa na crença na santidade de ordens e poderes senhoriais tradicionais [...]. O dominador não é um "superior", mas senhor pessoal; seu quadro administrativo não se compõe primariamente de "funcionários" mas de "servidores" pessoais, e

os dominados não são "membros da associação", mas 1) "companheiros tradicionais" ou 2) "súditos" (Weber, 1999a, p. 148).

Essa formulação não nos deixa dúvidas acerca da possibilidade de identificarmos, na dinâmica de dominação e na estrutura administrativa construída em nosso país, elementos que estão presentes no tipo ideal que Weber denominou de *dominação tradicional* e *patrimonialismo*. No entanto, deixaremos essa questão para discutirmos com mais profundidade e exatidão categorial no capítulo 3 deste livro.

Passemos, agora, a tratar da dominação legal, tema central desta seção.

A dominação legal é, para Weber, enquanto tipo ideal, a dominação legítima fundada em regras e normas racionais. Ou seja, nem qualidade pessoal sobre-humana nem a tradição são os elementos que legitimam a dominação.

A obediência do dominado encontra seu fundamento na razão expressa nas leis, normas e regras estabelecidas pela comunidade, dominação baseada "num sistema de *regras racionais* estatuídas (pactuadas ou impostas)", conforme diz o autor (Weber, 1999b, p. 197).

Ou seja, a obediência ocorre em relação às normas e regras e não ao senhor (dominador). A impessoalidade marca o processo de obediência nesse tipo de dominação. Quem obedece, obedece às regras, "só o faz como *membro* da associação e só obedece 'ao direito'". Por outro lado, quem manda "obedece por sua parte à ordem impessoal pela qual orienta suas disposições" (Weber, 1999a, p. 142). Portanto, o senhor legal encarna uma dominação que tem como pressuposto um ordenamento racional e normativo que o configura como o responsável pela garantia da manutenção da formalidade e legalidade existentes.

A ordem administrativa adequada ao tipo de dominação legal, segundo Weber (1999a e 1999b), é a burocracia. Em outras palavras, a *burocracia*, weberianamente falando, é uma ordem administrativa que materializa a dominação (relação mando-obediência) fundada em estruturas formal-legais elaboradas e aplicadas racionalmente.

Vimos, anteriormente, que a dominação de que tratamos, a partir da perspectiva marxista, não se refere à relação mando-obediência, mas sim à dominação de classe. Nesse sentido, já temos uma *primeira diferenciação* entre a concepção de burocracia em Weber e aquela perspectivada pelo materialismo dialético.

O segundo aspecto central a ser destacado refere-se à concepção de racionalidade.

Em nossa concepção de administração, baseada em Paro (2006), trabalhamos, como já desenvolvido, com duas dimensões da racionalidade: a instrumental (relacionada aos meios) e a finalística ou ético-política (relacionada aos fins).

A razão, portanto, na concepção materialista dialética, defendida neste livro, não se restringe à sua dimensão instrumental; incide, também, sobre a finalidade a ser atingida. A finalidade, assim, deve passar pelo crivo da razão, que, nesse caso, se filia à concepção emancipatória, a qual, inclusive, fundamenta o código de ética dos assistentes sociais e o projeto ético-político predominante da profissão (finalidade pautada na liberdade, a partir da expansão e aprofundamento de direitos).

Eis aqui *outra diferença radical* entre a formulação weberiana sobre a burocracia e a que nós estamos propondo: a perspectiva de "neutralidade axiológica" de Weber.[8] A ciência deve se preocupar com a racionalidade dos meios para atingir a finalidade, independente da racionalidade da finalidade, conforme assevera o sociólogo alemão.

Não significa que o pensador alemão ignore que há uma racionalidade de valores, ligadas ao fim, mas que sua preocupação ao tratar da burocracia está voltada para a racionalidade instrumental, para qualquer que seja o fim.

Weber, dessa forma, conforme Tragtenberg sinaliza, ao não colocar em questão a legitimidade e a racionalidade dos fins — devido a seu posicionamento sobre o juízo de valor na ciência —, mas apenas referir-se à análise sobre os meios utilizados para atingir fins determinados, identifica razão e técnica. "A técnica é a mais perfeita expressão da razão e a razão é a técnica do comportamento e da ação" (Tragtenberg, 1992, p. 115-116). Weber, então, só trabalha com a dimensão instrumental da razão.

---

8. Para a concepção weberiana, conforme destaca Aron, a ciência não valida os juízos de valor: ela baseia-se em premissas de valor, relacionando, inclusive, a matéria estudada com valores, mas nunca julgando-os (Aron, 1990, p. 470). Silva aprofunda essa análise indicando que existe um duplo sentido na neutralidade axiológica de Weber: "Duplo já que a radical separação entre conhecer e julgar implica, como sabemos, a incapacidade de fundamentar analiticamente tomadas de posição, mas implica também que, dentro dos limites impostos pelo subjetivismo das operações de seleção, a demonstração científica está ou deve estar liberta de avaliações normativas" (Silva, 1988, p. 59).

Resumindo, a racionalidade trabalhada por Weber refere-se, substantivamente, às questões relacionadas à adequação dos meios aos fins/valores definidos. A problemática da racionalidade não atinge as questões sobre a pertinência racional dos fins e valores definidos.

Esse procedimento faz com que Weber omita a finalidade que orienta e fundamenta a burocracia. A burocracia não é uma estrutura administrativa que materializa uma dominação a partir de uma lógica racional instrumental abstrata, ou seja, sem vinculação a uma determinada finalidade. A burocracia, diferentemente do que postula Weber, é uma ordem administrativa que se constitui na sociabilidade capitalista e é funcional a ela, como indicado na seção anterior.

A questão referente à finalidade da burocracia, enquanto ordem administrativa, contribuir para a efetivação da sociedade capitalista fica implícita na reflexão weberiana sobre a relação entre burocracia e capitalismo. Para Weber, o capitalismo, ao mesmo tempo em que exige uma administração burocrática, oferece as condições para a sua existência. O capitalismo necessita de uma "administração contínua, rigorosa, intensa e calculável", por isso requer uma forma racional de dominação (Weber, 1999a, p. 146). Por outro lado, o capitalismo possibilita, através dos recursos monetários, a existência da estrutura burocrática.

> Do mesmo modo que o capitalismo, em sua fase atual de desenvolvimento, *exige* a burocracia — ainda que os dois tenham raízes *históricas* diversas —, ele constitui também o fundamento econômico mais racional — por colocar fiscalmente à disposição dela os necessários meios *monetários* — sobre o qual ela pode existir em sua forma mais racional (Weber, 1999a, p. 146).

Weber, quando analisa os pressupostos sociais e econômicos da burocracia, mostra que a ampliação quantitativa e, principalmente, qualitativa das tarefas da administração intensifica-se a partir do desenvolvimento da economia monetária que tem no capitalismo seu mais alto grau de manifestação. Essas demandas para a administração vão repercutir tanto na forma de administração privada (empresa capitalista) quanto na pública (Estado).

Como pôde ser apresentado, a finalidade a que se destina a burocracia não fica explícita, mas ao desvelar as conexões entre capitalismo e burocracia, entendemos que Weber, de alguma forma, explicita os fins a que serve a burocracia.

Ou seja, a burocracia apresenta-se como a ordem administrativa racional para os fins da expansão capitalista, mesmo que a racionalidade a que Weber se refere seja meramente a racionalidade instrumental fundada no cálculo, precisão, especialização e não em uma racionalidade inerente ao modo de produção capitalista. Obviamente, essa forma de tratar a questão é "feita à revelia da economia política [...], distanciando-se da determinação da base material" (Teixeira e Frederico, 2010, p. 188), que se expressa na necessidade de o movimento do capital realizar a produção social e a apropriação privada da mais-valia.

A partir dessa interpretação, podemos entender que a estrutura formal-legal e o quadro administrativo da burocracia, descritos por Weber, são expressões da normatividade da ordem burocrática adequadas para viabilizar a produção e apropriação da mais-valia (esfera da produção social) e a dominação de classe necessária para garantir a exploração da força de trabalho (esfera da reprodução social). Vejamos essa assertiva de forma um pouco mais detalhada.

Em primeiro lugar, explicitaremos a descrição weberiana da estrutura formal-legal burocrática. Em seguida, analisaremos criticamente o sentido desses elementos.

Para Weber, a estrutura formal-legal da burocracia engloba o estabelecimento das competências e atribuições do servidor, através das regras, leis e regulamentos; a organização hierárquica da instituição, com a respectiva definição formal das relações de mando e subordinação; a documentação dos procedimentos realizados; a dedicação integral do funcionário; e a definição de regras gerais para orientar as atividades administrativas, mais ou menos fixas e mais ou menos abrangentes, que possam ser aprendidas (Weber, 1999b, p. 198-200). Em relação ao poder de mando e obediência, a burocracia estrutura-se de forma que quem ordena e manda obedece à ordem impessoal pela qual orienta suas disposições. Por outro lado, quem obedece, obedece às regras e não ao senhor. A obediência, nesse sentido, está vinculada às regras impessoais (Weber, 1999a, p. 142). Ou seja, tanto o poder de mando quanto a obediência devem estar estruturados em regras que expressem a impessoalidade.

Em relação aos funcionários que compõem o quadro administrativo, a estrutura formal-legal da burocracia expressa-se, segundo Weber, da seguinte forma: os funcionários são livres, na medida em que eles obedecem às regras e não a um indivíduo, não são propriedades de seus superiores e/ou patrões; possuem competências definidas em normas; são contratados formalmente, através de seleção, segundo a qualificação profissional; são remunerados com salários em dinheiro; têm perspectiva de uma carreira; trabalham em separação absoluta dos meios administrativos e sem apropriação do cargo (separação entre propriedade e gestão); estão submetidos a um sistema de controle do serviço (Weber, 1999a, p. 144).

São essas as características da estrutura formal-legal que fazem da burocracia uma administração com características de racionalidade, que vem responder a determinadas tarefas que crescem quantitativamente e que se intensificam qualitativamente, a partir do desenvolvimento da economia capitalista.[9]

No entanto, cabe reafirmar que, longe de ser uma estrutura formal--legal neutra, com uma suposta racionalidade despida de vinculação com uma determinada finalidade, como indica o sociólogo alemão, essa estrutura constitui-se como um recurso fundamental para realizar a finalidade capitalista de exploração da força de trabalho e de garantia da dominação de classe.

Essa estrutura racional é um recurso fundamental, na medida em que a especialização, calculabilidade, impessoalidade e precisão concretizadas em parâmetros formais, legais e normativos possibilitam ocultar e/ou naturalizar a dinâmica de produção e reprodução das relações sociais capitalistas, criando, dessa forma, certa legitimidade ao sistema, visto que, contraditoriamente, essa mesma racionalidade, ao atuar camuflando a exploração, abre possibilidades para o atendimento de determinadas demandas das camadas exploradas/dominadas, viabilizando uma base de legitimidade para a sociedade capitalista.

Dessa forma, podemos indicar que a descrição weberiana da burocracia faz parte, enquanto aparência, da dinâmica concreta da racionalidade instrumental estruturada formal e legalmente operada pela administração capitalista. Pois, na verdade, como já sinalizado, a aparente neutralidade desses traços indicam sua dinâmica contraditória. Assim como para simular a "universalidade", o Estado tem que atender determinados interesses das

---

9. Lembremos ao leitor que Weber escreve quando o capitalismo ingressa no estágio imperialista, com todas as suas consequências para a organização empresarial e estatal.

classes subalternas, a burocracia, para se apresentar enquanto ordem administrativa neutra, deve, também, atender certas necessidades e demandas dos dominados/explorados. A forma concreta de a burocracia, enquanto materialização da dominação de classe, garantir a produção e reprodução da ordem do capital, contraditoriamente atendendo determinados interesses da classe dominada/explorada, realiza-se através da racionalidade instrumental estruturada formal e legalmente. Essa racionalidade expressa-se nos traços da estrutura organizacional e do quadro administrativo da burocracia descritos por Weber.

Retomando nossa formulação anterior, a administração capitalista expressa-se enquanto uma forma de dominação da classe burguesa, baseada na racionalidade instrumental estruturada formal e legalmente, que possui como finalidade viabilizar a produção social e a apropriação privada da mais-valia, via exploração da força de trabalho, e expressa-se, também, pela necessidade de manter a ordem social, difundindo ideias da classe dominante, reprimindo reações e atendendo determinadas demandas da classe trabalhadora.

Complementando essa caracterização, podemos sintetizar os traços constitutivos da *racionalidade instrumental estruturada formal e legalmente*: impessoalidade; funcionários contratados formalmente; remuneração em dinheiro; separação entre propriedade e gestão; competências do servidor e hierarquia organizacional estabelecidas formalmente (leis, normas e regras); documentação de procedimentos; definição de regras orientadoras da ação.

Considerando essas determinações da administração capitalista, entendemos ser possível denominá-la de *burocracia*, apesar de as determinações centrais elencadas aqui não corresponderem às formulações tradicionais acerca do tema, nem ao senso comum construído sobre a questão, nem tampouco, e muito menos, à teoria burocrática formulada pelo sociólogo alemão Max Weber.

No entanto, o conceito de burocracia e seus elementos formais, apresentados por Weber em sua tipologia ideal, propiciam uma aproximação da problemática da administração da e na sociedade capitalista que, impregnando-os de concreticidade, historicidade e, portanto, inserindo-os na materialidade da economia política, nos permite compreender o fenômeno burocrático para além da tipologia ideal, expressando efetivamente seu "modo de ser", no sentido marxiano.

Os elementos racionalidade, dominação, legalidade, formalidade e especialização da administração capitalista que Weber, abstratamente, incorpora em sua tipologia ideal da burocracia, na verdade são parte das determinações efetivas, no sentido marxiano, que fazem com que a administração capitalista seja adequada à produção e apropriação privada da mais-valia. Por isso, podemos dizer que a administração, em sua particularidade concreta na sociedade capitalista, realiza-se como burocracia. Inclusive os traços ideológicos, no sentido de ilusórios, de características da burocracia (impessoalidade, meritocracia, legalidade, separação entre propriedade e gestão) cumprem papel nas relações de exploração e de dominação do sistema. Projetando no campo político, de onde a economia não se afasta, algumas dessas características (legalidade, impessoalidade, meritocracia) compõem o imaginário da democracia liberal.

No entanto, é fundamental sublinhar que *a burocracia, enquanto forma particular da administração capitalista, materializa-se no campo da produção e reprodução social, a partir das determinações presentes nessas duas dimensões da sociedade.* Em outras palavras, a burocracia, no campo da produção, se efetivará/realizará/materializará a partir das determinações concretas existentes nesse campo. Assim como, na dimensão da reprodução social, a burocracia se efetivará/realizará/materializará conforme as determinações constitutivas dessa referida dimensão. Dessa forma, a burocracia, no campo da produção, não será idêntica àquela existente no campo da reprodução social, apesar de ambas buscarem certa legitimidade para a efetivação de suas finalidades.

No *campo da produção, a finalidade central será a produção e apropriação da mais-valia.* Apesar de não eliminar a dimensão de "legitimidade", essa dimensão não é a central no campo da produção, por isso o atendimento dos interesses da classe trabalhadora, nesse espaço, restringem-se ainda mais, mesmo porque afetaria diretamente a produção e a apropriação privada da mais-valia.

No *campo da reprodução social, a finalidade central será a de viabilizar as condições de manutenção da ordem social de exploração/dominação e criar meios para a própria produção/reprodução econômicas.* Para manter a ordem social, a dimensão de "legitimidade" é central, portanto, o interesse da classe trabalhadora pode ser incorporado às ações da burocracia de forma menos restrita.

Obviamente, tanto numa dimensão quanto noutra (produção e reprodução social), a luta de classes é que é o elemento central para a ampliação do atendimento dos interesses da classe trabalhadora. Portanto, diferentemente de Weber, em hipótese alguma identificamos Estado com empresa.[10]

Por isso, entendemos que a utilização do termo *burocracia* para expressar a administração capitalista enquanto *forma de dominação baseada na racionalidade instrumental estruturada formal e legalmente, que possui como finalidade viabilizar a produção social e apropriação privada da mais-valia, via exploração da força de trabalho, e que se expressa, também, pela necessidade de manter a ordem social, difundindo ideias da classe dominante, reprimindo reações e atendendo determinadas demandas da classe explorada/dominada,* constitui-se numa construção abstrata razoável para explicitar as determinações mais gerais da particularidade da administração capitalista.

Essas determinações gerais, ao se concretizarem nas dimensões da produção e da reprodução social, ganharão novas determinações que marcarão as diferenças existentes entre:

a) a *burocracia privada da empresa capitalista* — administração burocrática existente no campo da produção, onde a finalidade central é a produção e apropriação privada da mais-valia;

b) a *burocracia privada das organizações da sociedade civil*[11] — administração burocrática existente no campo da reprodução social, onde a finalidade central exercida pode ser a manutenção ou transformação da ordem social e econômica, através de mecanismos político, jurídico, ideológico e cultural;

c) a *burocracia pública-econômica estatal* — administração burocrática existente no campo da produção e reprodução. No campo da produção, a finalidade central é a produção e apropriação estatal da mais-valia, porém sofrendo interferência direta da dinâmica políti-

---

10. Esta identificação realizada por Weber (1997, p. 40), "sociologicamente falando, o Estado moderno é uma 'empresa' (*Betrieb*) idêntica a uma fábrica: esta, exatamente, é sua peculiaridade histórica", é diretamente analisada e criticada por Mészáros (2011, p. 407-409).

11. Organizações da sociedade civil (OSCs) são entendidas aqui conforme a formulação de Gramsci acerca dos aparelhos privados de hegemonia. Ou seja, as OSCs, através de sua inserção social, difundem na sociedade, intencionalmente ou não, diversos valores e ideologias que estão colaborando para a construção de uma determinada hegemonia, que pode contribuir para a radicalização da democracia e a superação da ordem capitalista, ou pode fortalecer a ordem vigente. Consideramos enquanto OSCs, nos termos aqui indicados, fundações e federações empresariais, movimentos sociais, partidos políticos, sindicatos, entidades filantrópicas, organizações de defesa de direitos, enfim, associações civis sem fins lucrativos com as mais diferentes finalidades.

ca presente no Estado tanto em relação ao processo de produção como à forma de apropriação e distribuição da mais-valia; e no campo da reprodução o fim precípuo é viabilizar a acumulação privada, através de organizações burocráticas destinadas à implementação de políticas públicas econômicas, que sofrerão os impactos das lutas entre as classes e as frações de classes.

d) a *burocracia pública ideológico-repressiva estatal* — administração burocrática existente no campo da reprodução social, em que a finalidade central do exercício da dominação é a manutenção da ordem social e econômica, através de mecanismos político, jurídico, ideológico, policial, militar, e cultural, existindo, nesse campo, tanto organizações mais destinadas a atuar na área da reprodução do capital, quanto aquelas mais voltadas para a área da reprodução da força de trabalho (por exemplo, organizações destinadas à implementação de políticas públicas sociais).

Como pôde ser identificado anteriormente, temos quatro grupos básicos de administração burocrática, que possuem os elementos essenciais da administração capitalista aqui detalhadas, mas que esses elementos se concretizarão de forma particular dependendo das determinações relativas ao campo de intervenção (produção ou reprodução social); ao tipo de organização (empresa, Estado ou organização da sociedade civil); às ações desenvolvidas, principalmente, no caso da burocracia pública estatal que atua no campo da reprodução social (reprodução do capital ou reprodução da força de trabalho); e, por fim, ao projeto de sociedade a que está vinculada (manutenção ou transformação da ordem social), principalmente em se tratando de organizações da sociedade civil.

Esses elementos determinarão os formatos concretos da existência da burocracia em cada organização específica. Portanto, os elementos centrais constitutivos da administração burocrática que explicitamos ao longo dessas seções apenas indicam as determinações mais gerais da burocracia; não explicitam, assim, a forma concreta de existência da burocracia em cada um desses quatro grupos básicos assinalados.

Os capítulos a seguir farão uma aproximação da dinâmica concreta da burocracia existente, principalmente no que se refere à empresa capitalista e ao Estado. Porém, antes de prosseguirmos, debateremos, na próxima seção, a relação entre gestão e processo de democratização.

1.3 Gestão e o processo de democratização: elementos essenciais

O objetivo desse item é identificar as possíveis conexões existentes entre administração e democratização, ou seja, pretendemos analisar as possibilidades de tratar a gestão como uma das dimensões do processo de democratização voltada para a construção de uma sociedade efetivamente emancipada. Portanto, essa orientação ético-política apresenta-se como o ponto de partida da análise e como referência projetiva.

Nesse sentido, iniciaremos esse item tratando da questão sobre emancipação humana e emancipação política. Em seguida, abordaremos a questão do processo de democratização, para finalizar discutindo a relação entre gestão e democratização.

Emancipação humana e emancipação política

A finalidade dessa reflexão, no limite desta seção, não é desenvolver um debate crítico com a polêmica a respeito da relação existente entre emancipação política e a emancipação humana, muito menos debater a continuidade ou ruptura das formulações do jovem Marx em relação ao Marx maduro. Nosso objetivo restringe-se a explicitar o entendimento que temos sobre a concepção de emancipação política e emancipação humana e a relação entre elas.

Esse debate aparece de forma explícita em *Sobre a questão judaica* (Marx, 2010). Concordamos com a análise de Bensaïd (2010, p. 25) quando afirma que "*Sobre a questão judaica* aparece como ponto de partida de uma crítica dos limites da Revolução Francesa e da retórica dos direitos dos homens". Esse é o fio de análise fundamental do texto marxiano, ou seja, a questão central trabalhada pelo pensador alemão diz respeito ao fato de os direitos humanos, escopo da emancipação política, serem limitados, pois subordinados à propriedade privada. Nas palavras de Marx (2010), p. 48-49:

> Os assim chamados *direitos humanos* [...] nada mais são do que os direitos do *membro da sociedade burguesa*, isto é, do homem egoísta, do homem separado do homem e da comunidade.
>
> [...] A aplicação prática do direito humano à liberdade equivale ao direito humano à *propriedade privada*. (Grifos do autor)

Assim, Marx analisa de maneira inequívoca a relação entre os direitos humanos e a propriedade privada como determinação central da emancipação política, sublinhando os limites dessa emancipação para a realização efetiva da liberdade dos homens, de todos os homens, pois que a propriedade privada burguesa exige a subordinação de muitos homens a alguns poucos que detêm, em última instância, a propriedade dos meios de produção.

Continuando sua reflexão sobre os limites da emancipação política, Marx destaca que esse elemento também se manifesta no fato de ela não possibilitar que o homem se torne efetivamente livre, na medida em que o Estado, apesar de ter se libertado de várias limitações impostas pela feudalidade, não liberta o homem das novas condições impostas pela sociedade burguesa. "O limite da emancipação política fica evidente [...] no fato de o Estado ser capaz de ser um *Estado livre* [...], sem que o homem seja um homem *livre*". O Estado, livre das antigas relações sociais baseadas na sociedade feudal, coloca-se como "mediador entre o homem e a liberdade do homem". Dessa forma, o autor explicita que a emancipação política liberta o homem de "maneira *abstrata e limitada,* ou seja, de maneira parcial", realizada "através de um *desvio,* isto é, de um *meio,* ainda que se trate de um *meio necessário*" (Marx, 2010, p. 39). O *desvio* é o Estado político, o mediador/limitador da liberdade do homem (grifos do original).

Essa formulação marxiana é concluída de forma enfática: "a emancipação política representa concomitantemente a dissolução da sociedade antiga, sobre a qual está baseado o sistema estatal alienado do povo, o poder do soberano. A revolução política é a revolução da sociedade burguesa" (Marx, 2010, p. 51).

A emancipação política, portanto, expressa o processo social de alteração das relações sociais feudais para a constituição da sociabilidade burguesa. A dinâmica de expansão dos direitos civis, políticos e sociais — mesmo que esses últimos não tenham sido vivenciados por Marx —, subordinados à propriedade privada burguesa, expressam o conteúdo da emancipação política, isto é, "a redução do homem, por um lado, a membro da sociedade burguesa, a indivíduo egoísta independente, e por outro, a *cidadão,* a pessoa moral" (Marx, 2010, p. 54).

Entretanto, apesar de frisar os limites da emancipação política, do ponto de vista histórico, o autor enfatiza que ela "de fato representa um grande progresso; não chega a ser a forma definitiva da emancipação humana em geral, mas constitui a forma definitiva da emancipação humana *dentro* da ordem mundial vigente até aqui" (Marx, 2010, p. 41; grifo do autor).

Temos, assim, duas questões a explorar: a primeira refere-se ao que se entende por *emancipação humana* e a segunda diz respeito à forma de *relação existente* entre a emancipação política e a emancipação humana.

A emancipação humana, nos termos marxianos, está relacionada "a restituição do mundo e das relações humanas aos próprios seres humanos" (Iasi, 2011, p. 56); expressa "uma forma de sociabilidade na qual é o homem, e não forças estranhas, quem dirige — de modo consciente e planejado — o seu processo de autoconstrução social" (Tonet, 2004, p. 136); e "exige [...] a [supressão do] dinheiro e [da] propriedade privada [posto que] alienam o homem do seu trabalho e da sua existência" (Netto, 2015, p. 30). Nas palavras de Marx (2010, p. 54; grifos nossos):

> a emancipação humana só estará plenamente realizada quando o homem individual real tiver recuperado para si o cidadão abstrato e se tornado *ente genérico* na qualidade de homem individual na sua vida empírica, no seu trabalho individual, nas suas relações individuais, quando o homem tiver reconhecido e organizado suas *"forces propres"* [forças próprias] como forças *sociais* e, em consequência, não mais separar de si mesmo a força na forma da força *política*.

A emancipação humana pressupõe, portanto, uma vida de liberdade de todos os homens, onde a livre "associação de indivíduos [...] coloca sob seu controle as condições do livre desenvolvimento e do movimento dos indivíduos". Essa sociabilidade "revoluciona os fundamentos de todas as relações de produção e de intercâmbio precedentes [...] submetendo-os ao poder dos indivíduos associados" (Marx, 2007, p. 66-67). A organização da produção baseia-se, então, na capacidade e necessidade dos indivíduos — "de cada um segundo suas capacidades, a cada um segundo suas necessidade" (Marx, 2012, p. 32). A emancipação humana é a "emancipação em relação ao *negócio* e ao *dinheiro*", exigindo uma "organização da sociedade que superasse os pressupostos do negócio [ou seja, a propriedade privada]" (Marx, 2010, p. 56; grifos no original). Essa é a projeção que Marx faz da sociabilidade comunista que permitirá a efetivação da emancipação humana.

A partir dessa caracterização da emancipação humana, resta-nos refletir sobre a relação existente entre ela (emancipação humana) e a emancipação política.

O primeiro aspecto que podemos destacar refere-se à própria preocupação de Marx acerca dessa problemática. Em pelo menos três passagens, o autor aborda essa questão, apesar de não aprofundá-la.

Na primeira, Marx afirma que Bruno Bauer, a quem ele critica no texto em questão, comete um erro ao não investigar a relação entre as diferentes formas de emancipação, produzindo uma confusão entre essas formas. Neste sentido, Marx demarca a existência de diferenças entre as duas emancipações, aspecto visto antes, e a necessidade de tratar a relação entre elas.

Em seguida, avançando na reflexão sobre a relação existente entre as emancipações em debate, o autor afirma que a "emancipação política ainda não constitui o modo já efetuado, isento de contradições, da emancipação *humana*" (Marx, 2010, p. 38). Nesses termos, Marx indica que a emancipação política ainda não constitui o modo efetivo da emancipação humana. Nessa medida, entendemos que o autor sugere, então, que a emancipação política pode conter elementos progressistas capazes de contribuir, se superados, para a construção da emancipação humana.

A emancipação política, assim, é um modo da emancipação realizado através de um *desvio*, o Estado político — conforme podemos articular a partir do já evidenciado anteriormente. Esse trecho, resgatado de nossas reflexões anteriores, oferece-nos mais um elemento para entendermos a relação existente entre a emancipação política e a humana: a emancipação política é um modo de emancipação e se realiza através do Estado burguês.

Essas passagens apresentam a possibilidade de interpretarmos que existe uma relação de mediação entre a emancipação política e a emancipação humana, apesar de serem radicalmente diferentes — uma vinculada à propriedade privada burguesa e a outra relativa a uma sociedade baseada na livre associação dos produtores — e, por isso, não se constituírem em etapas do desenvolvimento da sociedade humana. Ou seja, a emancipação humana não se configura como consequência de uma suposta evolução e desenvolvimento da emancipação política. Todavia, a emancipação política é uma forma de expressão da emancipação, determinada pela sociedade burguesa e, por isso, limitada socialmente. No entanto, ela pode conter elementos progressistas capazes de contribuir, se superados, para a construção da emancipação humana. Do ponto de vista imediato, a atuação das forças sociais progressistas sobre a base da emancipação política pode contribuir com processos sociais vinculados a transformações necessárias à emancipação humana.

Essa interpretação mostra-se plausível, na medida da afirmação de Marx, citada anteriormente, de que a emancipação política é a "forma definitiva da emancipação humana *dentro* da ordem mundial vigente até aqui" (Marx, 2010, p. 41). Nesse sentido, Marx, além de identificar a emancipação política como uma expressão limitada da emancipação humana, aponta, também, para o entendimento de que a emancipação política se apresenta como uma das mediações que podem contribuir com processos orientados para a construção da emancipação humana, na medida em que se configura como expressão da emancipação na ordem vigente. Eis aí a relação de mediação presente entre a emancipação política e a emancipação humana que, no entanto, frisemos, não pode ser confundida como resultado de um processo evolutivo e linear da emancipação política.

Nesse sentido, entendemos que a *democratização*, enquanto processo social, político e econômico, desvela as conexões existentes entre a emancipação política e a emancipação humana. Vejamos essa questão na próxima seção.

Processo de democratização

Longe de pretender desenvolver uma discussão profunda acerca da democratização como estratégia de superação da ordem burguesa no seio da tradição marxista, nosso objetivo move-se no sentido de explicitar a concepção que temos sobre o tema a partir das posições defendidas por Carlos Nelson Coutinho (1980) e José Paulo Netto (1990), assim mesmo sem a pretensão de fazer uma exegese dos textos ou explorar a polêmica entre os autores. Nosso enfoque visa apenas salientar as convergências entre os ensaístas para fundamentar nossa posição sobre a questão. A escolha desses autores, além da qualidade e importância de suas produções no campo das ciências sociais, foi também realizada devido à influência deles no âmbito do Serviço Social e, como se trata de um livro que pretende contribuir com o debate e a formação profissional, principalmente de assistentes sociais, nada mais adequado do que a utilização dessas referências.

Em primeiro lugar, cabe apontar a defesa que ambos fazem da democracia ou, mais precisamente, do processo de democratização, como **estratégia** para a construção do socialismo.

De acordo com Coutinho (1980, p. 21), a "renovação democrática do conjunto da vida nacional" não pode ser vista como um elemento tático, mas sim como "conteúdo estratégico" da revolução. Na mesma linha de argumentação, Netto afirma que "a democracia [...] *não é degradável ao estatuto de expediente tático e permutável no bojo do processo revolucionário"* e a defende como valor instrumental estratégico (Netto, 1990, p. 86; grifos no original).

Apesar de não ser nosso objetivo entrar na divergência existente entre os autores, cabe aqui mostrar o que consideramos central nessa polêmica. O ponto nodal de embate está na definição da qualidade do valor que a democracia possui. Ou seja, para Coutinho ela possui valor universal e para Netto ela se apresenta como um valor instrumental estratégico.

Valor universal versus *valor instrumental estratégico* — eis o cerne da polêmica. Mas o que significa cada uma dessas perspectivas?

Resumidamente, a democracia — ou democratização, como posteriormente formula Coutinho, ao agregar a perspectiva lukacsiana que concebe a democracia como processo e não como estado — (Coutinho, 1992, p. 20), como valor universal pressupõe o entendimento de que ela "contribui para explicitar e desenvolver os componentes essenciais do ser genérico do homem [...] em diferentes formações econômico-sociais" (Coutinho, 1992, p. 21). Ou seja, para o autor, a democracia é o instrumento que possibilita resolver determinadas situações oriundas das divergências existentes na sociedade (capitalista ou socialista) de forma mais positiva para o enriquecimento do gênero humano.

O autor, ao fazer tal assertiva, não está querendo dizer que a democracia socialista será a continuidade da democracia liberal; muito pelo contrário, Coutinho indica que "... impulsionado por condições econômico-sociais mais favoráveis, o processo de democratização poderá alcançar novos patamares no socialismo" (Coutinho, 1992, p. 22). Para o autor, na sociedade socialista teremos a criação de novos institutos democráticos e a mudança de função de alguns velhos institutos. No entanto, afirma que seria equivocado supor que esse novo patamar do processo de democratização só se manifestaria após a consolidação do socialismo, sinalizando que:

> Assim como as forças produtivas necessárias à criação de uma nova ordem econômico-social já começam a se desenvolver no interior da sociedade capitalista, também esses elementos de uma nova democracia — de uma democracia de massas — já se esboçam e tomam corpo, em oposição aos interesses burgueses e aos pressupostos teóricos do liberalismo clássico, no seio dos regimes políticos democráticos ainda sob hegemonia burguesa (Coutinho, 1992, p. 22-23).

A ponderação central realizada por Netto a essa abordagem refere-se à qualidade universal que Coutinho atribui à democracia. Para o polemizador, a democracia no máximo pode ser considerada, numa perspectiva socialista, como objetivo-meio, pois o objetivo-fim do processo revolucionário é a criação de novas relações sociais que se desenvolverão no seio da sociedade sem classes cuja estrutura e conteúdo não se pode vislumbrar sem correr o risco de "lançar sobre a sociedade futura as hipotecas ideológicas do presente" (Netto, 1990, p. 86). Ou seja, para Netto, indicar a democracia como a melhor forma de resolução das divergências de opiniões e interesses na sociedade socialista é antecipar e restringir possibilidades que outra ordem societária poderia desenvolver como prática política superior e mais enriquecedora que a democrática, para o gênero humano.

No entanto, segundo Netto, a construção dessa sociedade que pode vir a oferecer um instrumento mais avançado que a democracia para o convívio humano só pode ser forjada a partir da própria democracia. Por isso, apoiado em Cerroni, o autor trabalhará com as categorias de *democracia-método* e de *democracia condição social*.

A democracia-método é entendida como "o conjunto de mecanismos institucionais que [...] permitem, por sobre a vigência de garantias individuais, a livre expressão de opiniões e opções políticas e sociais". Por outro lado, a democracia condição-social refere-se a um "ordenamento *societário* em que *todos*, a par da livre expressão de opiniões e opções política e sociais, têm iguais chances de intervir ativa e efetivamente nas decisões que afetam a gestão da vida social" (Netto, 1990, p. 84-85; grifos no original).

O autor explica que essa distinção efetivada sobre a democracia é fundamental, pois evidencia as conexões existentes entre a estrutura política (método) e o ordenamento econômico (condição social); explicita o motivo da crítica à ordem democrática capitalista, na medida em que ela se restringe ao método; e determina que é a democracia-condição social que organiza uma nova ordem sociopolítica que inaugura uma nova etapa do desenvolvimento da sociedade humana (Netto, 1990).

Nesses termos, a democracia-método, possível no marco do capitalismo, é considerada como instrumento privilegiado para construir a democracia condição social que só se efetiva a partir do momento de tomada do poder pela classe operária. Pois só a partir desse estágio é possível "transformar a estrutura econômica de forma a criar as condições da democracia-condição social" (Netto, 1990, p. 95). Em outras palavras, apenas a partir de uma *nova ordem societária* é viável possibilitar chances iguais para que *todos* possam participar da gestão da vida social. Segundo o autor, no capitalismo isso não é possível.[12]

Portanto, Netto (1990) reconhece a necessidade da ampliação de direitos civis e políticos no capitalismo para o processo de tomada de poder pelos trabalhadores. A partir do estabelecimento desse novo marco societário, configurado pelo fato de os trabalhadores assumirem o poder político, num quadro de expansão de direitos civis e políticos, potencializa-se a incidência política sobre a estrutura econômica, visando adequá-la às exigências sociais qualitativamente novas, promovendo a socialização da economia, o que, por conseguinte, facilitará a socialização da política, criando um movimento simultâneo e dialético de produção de novas relações sociais.

Apesar de não ser explicitado pelo autor, consideramos que essa abordagem não impede de vislumbrarmos, no contexto do capitalismo, a possibilidade da ampliação de direitos sociais — através de políticas sociais — ser compreendida como um elemento que pode contribuir, também, com a supressão da dominação burguesa e a construção da democracia-condição social.

Ou seja, apesar da ampliação de direitos sociais não significar a efetivação da democracia-condição social, ou, de outra forma, apesar de as "políticas que incidem no campo da distribuição não serem capazes de afetar substantivamente o modo de produção" (Netto, 1994b, p. 86), não quer dizer que essa ampliação não seja importante para a construção futura dessa dimensão democrática.

Entendemos que Coutinho, por outro caminho, explicita a relação entre a ampliação de direitos civis, políticos e sociais e a construção do socialismo, a partir do que ele vai denominar de reformismo-revolucionário.

A partir da definição de democracia como sendo a "presença efetiva das condições sociais e institucionais que possibilitam ao conjunto dos cidadãos a participação ativa na formação do governo e, em consequência, no controle da vida social" (Coutinho, 1997, p. 145), e considerando a articulação

---

12. Fica nítido que a proposição de Netto não se identifica, em nenhum aspecto, com a visão tática sobre a democracia. Apenas abre a possibilidade histórica de numa sociedade sem classes (sem exploração, onde as riquezas produzidas socialmente são usufruídas por todos e o poder esteja efetivamente socializado) poder gerar uma nova forma e conteúdo de gestão societária, radicalmente diferente daquilo que hoje vislumbramos como imaginável a partir das experiências democráticas existentes.

existente entre democracia e cidadania em sua acepção moderna, temos que esse processo de ampliação de direitos pode levar a uma colisão com a lógica capitalista. Conforme salienta Coutinho, *a ampliação da cidadania — esse processo progressivo e permanente de construção dos direitos democráticos que caracteriza a modernidade — termina por se chocar com a lógica do capital"* (Coutinho, 1997, p. 158; grifos no original).

Segundo o autor, a história da modernidade pode também ser entendida como a história das lutas sociais travadas pela ampliação dos direitos de cidadania em suas dimensões civil, política e social. Tais lutas enfrentaram forte reação dos setores capitalistas e foram vitórias significativas da classe trabalhadora que possibilitaram a constituição do chamado *welfare state,* a configuração socioestatal que expressou a garantia dos direitos de cidadania, apesar de limitada, pois subordinada à lógica do capitalismo e, portanto, não assegurando direito social à propriedade.

De acordo com a interpretação de Coutinho da obra marxiana, há um entendimento de que Marx, ao se referir à vitória dos trabalhadores em relação à regulação da jornada de trabalho, "fundamentou a legitimidade e a possibilidade concreta de obter transformações sociais substantivas através de reformas" (Coutinho, 1997, p. 158), na medida em que percebeu, nessa vitória da classe trabalhadora, a vitória da economia política do trabalho sobre a economia política do capital. Portanto, conclui-se que o que limita o mercado em favor das classes subalternas fortalece a economia política do trabalho.

Nesse sentido, ocorre do ponto de vista histórico-social uma mudança significativa no processo de luta social. A variação da correlação de forças, em cenário de expansão e fortalecimento das organizações da sociedade civil vinculadas aos interesses dos trabalhadores, característica de algumas sociedades que se desenvolvem na fase monopólica do capitalismo, permite que esses interesses, por vezes limitem, ou até mesmo se sobreponham aos interesses capitalistas. Isso se tornou possível, pois a sociedade burguesa a partir do final do século XIX e, principalmente no século XX, tornou-se extremamente complexa, constituindo um espaço público entre a esfera econômica e estatal, em que os diversos projetos de sociedade buscam hegemonia e condições para suas respectivas implementações. Essa situação possibilita, hoje, o desenvolvimento de estratégia política de transformação à qual Coutinho denomina de "reformismo-revolucionário".

Esta nova configuração do Estado abriu a *possibilidade concreta* de que a transformação radical da sociedade — a construção de um ordenamento socialista capaz de realizar plenamente a democracia e a cidadania — se efetue agora não mais através de uma revolução violenta, concentrada num curto lapso de tempo [...]. Essa nova estratégia política poderia também ter o nome de "reformismo revolucionário". Através da conquista permanente e cumulativa de novos espaços no interior da esfera pública, tanto na sociedade civil quanto no próprio Estado, tornou-se factível inverter progressivamente a correlação de forças, fazendo com que, no limite, a classe hegemônica já não seja mais a burguesia e, sim, ao contrário, o conjunto dos trabalhadores. Nesse novo paradigma de revolução, o socialismo é concebido não mais como a brusca irrupção do completamente novo, mas como um processo de radicalização da democracia e, consequentemente, de realização da cidadania (Coutinho, 1997, p.164; grifos do original).

Nesse quadro de ações voltadas para a socialização da política e socialização da economia, a despeito das divergências entre os autores, o que cabe destacar, mais uma vez, é que ambos defendem a democratização como caminho para a construção socialista.

De acordo com Netto, a democracia não é "[...] um instrumento alternativo [...], mas o único que, na sua operacionalização, antecipa um modo de comportamento social genérico que, no desenvolvimento do processo revolucionário, através de rupturas sucessivas, tenderá pela prática política organizada e direcionada pela teoria social, a permear todas as instâncias da vida social" (Netto, 1990, p. 86). Coutinho, na mesma direção, resume a questão citando o documento político para o 18º Congresso do Partido Comunista Italiano (1989), o qual afirma que "a democracia não é *um* caminho para o socialismo, mas sim *o* caminho *do* socialismo" (Coutinho, 1992, p. 22; grifos no original).

Cabe sublinhar, como pode ser verificado pela reflexão desenvolvida, que em nenhum momento essa concepção confunde-se com as propostas que veem na democracia liberal a alternativa histórica insuperável ou com aquelas que entendem que a democracia formal/institucional é o caminho para a construção do socialismo. No entanto, convém explicitar que esse processo de democratização, que pode levar à hegemonia da classe trabalhadora e sua efetivação através da conquista do poder político, será realizado no campo da luta de classes. Ou seja, não se trata da construção de consensos com base numa suposta ação fundada na racionalidade interativa, tal qual formulou Habermas (1988).

O processo de construção do socialismo, via democratização, implica um dado momento em que os elementos fundamentais da sociedade capitalista deixam de existir e a direção social (hegemonia) passa a ser da classe trabalhadora; ou seja: implica na transição socialista, identificada, segundo Netto (1990), pela tomada do poder de Estado pela classe trabalhadora. Aqui encontramos uma divergência central entre os autores, na medida em que Coutinho não define objetivamente, em sua proposição reformista-revolucionária, o momento em que se dá a efetivação da hegemonia da classe trabalhadora. No entanto, para o objetivo deste trabalho, o central não é precisar a questão da transição socialista — o problema da ruptura com a ordem capitalista (Netto, 1990, p. 87) — ou definir a partir de que momento passa a se efetivar tal transição. Para o tema proposto, o que interessa é, por um lado, explicitar a importância do processo de democratização para a superação da ordem capitalista e construção do socialismo e, por outro lado, demonstrar que a gestão, como uma dimensão da intervenção social, pode ser pensada e implementada como um dos elementos que compõem o processo de democratização numa perspectiva de construção socialista.

Nesse sentido, entendemos que é na disputa política entre as classes fundamentais do capitalismo, em torno do poder de Estado, que se localiza o cerne do processo de democratização. Essa disputa, em termos gerais, encontra sua expressão determinante nas lutas sociais desenvolvidas pelas organizações da sociedade civil vinculadas à classe trabalhadora, mediadas e totalizadas pelos partidos políticos do campo democrático-progressista, liderado por aqueles que tenham como proposição a construção socialista.

Como consequência dessa compreensão, as intervenções sociais e políticas em outros espaços e que não tenham como objetivo imediato a luta pelo poder de Estado, apesar de não se apresentarem como determinação central do processo de democratização, configuram-se como ações importantes para a ampliação das condições que venham a contribuir para o fortalecimento e aprofundamento da democracia-método e para a construção da democracia-condição social, nos termos de Netto, ou, se quisermos, para a ampliação da cidadania na perspectiva reformista-revolucionária, na formulação de Coutinho. Simultaneamente, essas ações podem contribuir com a melhora das condições de vida imediata das classes subalternas.

A possibilidade de melhora das condições de vida da classe trabalhadora, no quadro do capitalismo, já havia sido apontada por Marx (1996b) ao tratar da variação da grandeza do preço da força de trabalho e da mais-valia, quando discute a produção da mais-valia absoluta e relativa. No entanto, Marx, nessa reflexão, relaciona essa melhora com a expansão da taxa de exploração provocada pelo aumento da produtividade do trabalho. Nesses termos, a melhora das condições de vida da classe trabalhadora não está relacionada à diminuição do tempo de trabalho excedente. Ou seja, pode haver melhora das condições de vida com manutenção ou crescimento da taxa de exploração. Essa mesma questão é tratada pelo autor no capítulo relacionado à lei geral da acumulação. Neste capítulo, Marx levanta a possibilidade de haver elevação salarial no quadro de elevação da produtividade do trabalho, ratificando, assim, a possibilidade de existência da dinâmica da pobreza relativa no âmbito da acumulação capitalista. Conforme sublinha o autor, "se o progresso da acumulação diminui a grandeza relativa da parte variável do capital, não exclui, com isso, de modo algum, o crescimento de sua grandeza absoluta" (Marx, 1996b, p. 255).

Esse debate está relacionado à questão da pobreza absoluta e pobreza relativa na tradição marxista. De acordo com Netto (2007), de forma sintética, podemos dizer que:

> A pauperização pode ser absoluta ou relativa. A pauperização absoluta registra-se quando as condições de vida e trabalho dos proletários experimentam uma degradação geral: queda do salário real, aviltamento dos padrões de alimentação e moradia, intensificação do ritmo de trabalho, aumento do desemprego. A pauperização relativa é distinta: pode ocorrer mesmo quando as condições de vida dos trabalhadores melhoram, com padrões de alimentação e moradia mais elevados; ela se caracteriza pela redução da parte que lhes cabe do total dos valores criados, enquanto cresce a parte apropriada pelos capitalistas. Insista-se em que esta distinção, própria da tradição marxista, não pode ser confundida com a pobreza "absoluta" e a pobreza "relativa", que expressam outros referenciais teóricos.

Entretanto, Marx também considera a possibilidade de ocorrer aumento do capital variável com retração da mais-valia. "Abstraindo inteiramente elevação do salário com preço decrescente do trabalho etc., seu aumento significa, no melhor dos casos, apenas a diminuição quantitativa do trabalho não pago que o trabalhador tem de prestar" (Marx, 1996b, p. 251). Em seguida, o autor assevera que essa "diminuição nunca pode ir até o ponto em que ela ameaça o próprio sistema".

Cabe sinalizar que, como aponta Teixeira (1995, p. 199),

> ... *grosso modo*, os movimentos gerais de salários são exclusivamente regulados pelo movimento do exército industrial de reserva. A expressão "grosso modo" implica dizer que esses movimentos são regulados por outros fatores: a luta de classes, por exemplo.

Ou seja, além das tendências objetivas/estruturais do modo de produção capitalista que indicamos anteriormente, Marx, na interpretação de Teixeira, entende que as condições de vida dos trabalhadores podem obviamente ser afetadas, também como resultado da luta de classes. Portanto, a retração ou expansão da exploração da força de trabalho pode ser determinada pela esfera política da luta de classes (Marx, 1996c).

Nesse quadro, podemos considerar, também, que a ampliação do trabalho pago (tempo de trabalho necessário) em detrimento do trabalho não pago (tempo de trabalho excedente) pode vir a ser viabilizado pelo salário indireto do trabalhador, constituído, principalmente, pelas políticas sociais implementadas pelo Estado, como resultado da luta de classes. Apesar de Marx, obviamente, não ter abordado essa questão, do ponto de vista teórico-abstrato, a mediação realizada pelo Estado para contribuir com tal repartição da renda não afeta em nada a assertiva de Marx sobre a possibilidade indicada de retração do trabalho não pago, apenas enuncia que essa possibilidade pode ser efetivada a partir da mediação do Estado. Portanto, da política, o que significa dizer que não só pela ação do Estado, mas principalmente por essa, dado que no próprio espaço da empresa a política, representada pela luta sindical, também pode proporcionar essa diminuição.

A possibilidade da retração da exploração é também sinalizada no Livro III, quando Marx trata da lei da queda tendencial da taxa de lucro. O autor conclui de forma enfática que o "decréscimo tendencial da taxa de lucro está ligado a uma elevação tendencial da taxa de mais-valia, portanto do grau de exploração do trabalho" (Marx, 1986a, p. 182). Esse decréscimo está relacionado ao aumento da produtividade que, por sua vez, está baseado na elevação da composição orgânica do capital. Entretanto, Marx, ao afirmar que "nada mais absurdo do que explicar a queda da taxa de lucro a partir de uma elevação da taxa de salário, embora também isso possa excepcionalmente ser o caso" (Marx, 1986a, p.182), sinaliza que a queda da taxa de lucro pode estar relacionada à elevação da taxa de salário, mesmo que isso ocorra apenas em caráter excepcional.

Considerando, portanto, que o salário total do trabalhador incorpora o salário indireto, principalmente viabilizado pelas políticas públicas sociais, reiteramos a possibilidade de a intervenção no campo da reprodução social poder contribuir para o movimento de tensionamento da acumulação do capital.

Assim temos que tanto no campo da produção — em ações que elevem o trabalho pago (salário direto) em relação ao trabalho não pago —, quanto no campo da reprodução social — que pode ampliar o salário indireto, através, principalmente, de políticas sociais públicas, sob responsabilidade do Estado — é possível, a partir da gestão democrática, contribuir para que ocorra um tensionamento ou, até mesmo, em certas circunstâncias, uma retração da exploração da força de trabalho, realizado por mecanismos que ampliem a participação das classes subalternas nos processos de gestão das organizações, políticas, programas, projetos e serviços estruturados em nossa sociedade.

A atuação no campo da gestão é um desses espaços que não estão diretamente vinculados àquela disputa do poder do Estado, destacada anteriormente. Entretanto, essa atuação, ao se pautar numa perspectiva de *gestão democrática, deve possibilitar, tanto no campo da produção quanto no da reprodução social — seja em organismos empresariais, da sociedade civil ou do aparelho do Estado — desenvolver ações administrativas que venham a contribuir com o processo de democratização.* A gestão democrática, ao mesmo tempo efeito e causa da radicalização da emancipação política, pode contribuir com o processo de construção da emancipação humana, impactando o tempo de trabalho necessário (trabalho pago) e o excedente (trabalho não pago), tensionando, dessa forma, a reprodução ampliada do capital, nos termos antes desenvolvidos. Essas seriam as determinações gerais de uma gestão democrática, na concepção aqui desenvolvida. Vejamos com mais detalhe essa questão.

Gestão democrática

Tendo em vista a reflexão anterior acerca do processo de democratização, no contexto da reflexão sobre emancipação política e emancipação humana, consideramos que a *finalidade da gestão democrática deve ser transformar as condições de vida das classes subalternas, aprofundando e universalizando direitos civis, políticos e sociais, visando contribuir com a superação da ordem do capital.* Uma finalidade que aponta para uma intervenção imediata visando à expansão da emancipação política, na perspectiva de contribuir com a luta pela construção da emancipação humana.

A finalidade assinalada apresenta o horizonte (a orientação) ao qual a gestão deve estar subordinada, não significando dizer que a gestão imediatamente efetivada realiza a finalidade proposta, mesmo porque o espaço organizacional no qual será implementada essa perspectiva de gestão está de uma forma ou de outra comprometido com a finalidade capitalista. Poderíamos dizer que apenas algumas pouquíssimas organizações da sociedade civil (alguns partidos, sindicatos e associações civis) não possuem compromisso com a ordem vigente, posto que a empresa capitalista e o Estado, por definição, já se encontram fora dessa possibilidade.

Em outras palavras, essa proposição de gestão é contraditória à ordem do capital e, por isso, a possibilidade de sua efetivação encontra-se em movimentos que de alguma forma tensionem a ordem.

A partir desse quadro estruturalmente adverso, as condições mais ou menos favoráveis para implementar uma gestão democrática numa dada organização ou em políticas, programas, projetos ou serviços, também dependerão do campo de inserção (produção ou reprodução social), do tipo de organização (empresa, Estado ou organização da sociedade civil) e do projeto político orientador da organização (manutenção da ordem ou transformação). Sinalizamos aqui o fato de que em determinados contextos organizacionais será mais difícil trabalhar na perspectiva da gestão democrática que em outros.

No capitalismo, do ponto de vista da economia política, a possibilidade de existência de uma "gestão" nessa perspectiva ético-finalista exige, tanto no campo da produção como no da reprodução social, que a gestão, como vimos, atue orientada para a ampliação do tempo de trabalho necessário e redução do tempo excedente. Ou seja, um movimento antagônico ao do próprio capital, mas que em determinadas circunstâncias pode ocorrer dentro de certo limite: o limite de não inviabilizar a dinâmica da acumulação do capital. No entanto, mesmo dentro desse limite, determinadas ações podem efetivamente tensionar a lógica do capital, como já sinalizado.

É importante destacar que não estamos dizendo que a gestão democrática vai se efetivar e seus objetivos serão atingidos. Ou que somente se os resultados forem alcançados é que a gestão se fez democrática.

A gestão democrática é uma proposta a ser conduzida por gestores, independente da orientação da organização burocrática em que atua (burocracia privada da empresa capitalista, burocracia privada das organizações da sociedade civil, burocracia pública estatal do campo da produção, burocracia pública estatal do campo da reprodução social). Ela é uma perspectiva a ser perseguida pelos gestores comprometidos com a democratização da sociedade.

Nesse sentido, os gestores democráticos viverão, na grande maioria das vezes, em permanente contradição com as finalidades das organizações em que atuam. O gestor, portanto, terá que ter a clareza e a capacidade de operacionalizar ações, no quadro da organização em que atua, que venham a transformar as condições de vida das classes subalternas, através do aprofundamento e universalização de direitos civis, políticos e sociais, visando contribuir com a superação da ordem do capital.

Nesse sentido, entendemos que os recursos necessários e adequados à gestão democrática sustentam-se em dois pilares: no conteúdo e na forma.

Em relação ao *conteúdo,* o gestor democrático deve sempre *colocar sob o crivo da crítica as finalidades imediatas e mediatas da organização em que atua,* buscando sempre aproximar estas finalidades a um processo que *amplie e universalize as condições de vida das classes subalternas* atingidas pelas ações da organização.

Em relação à forma, entendemos como o *elemento central,* em termos de *recursos gerenciais* a serem empregados, *realizar ações da organização,* nas esferas da direção, organização, planejamento e controle, que tenham a *participação* dos *membros da própria organização* e, principalmente, dos *usuários/ beneficiários* da organização, em seu sentido mais amplo — da política, programa, projetos e serviços — como *eixo fundante.* A participação, portanto, deve ser o elemento essencial dos recursos gerenciais a serem utilizados por um gestor que pretenda realizar uma gestão democrática.

A proposição da participação como eixo fundante do recurso a ser empregado numa perspectiva de gestão democrática encontra-se fundamentada no fato de que as experiências de participação articuladas a processos de mobilização e organização das classes subalternas indicam potencialidades para a construção de dinâmicas sociais que possam vir a contribuir com o desenvolvimento de "hábitos", no sentido leniniano revisitado por Lukács (2008). Esses hábitos são fundamentais para o processo de democratização, na medida em que venham a "penetrar realmente na vida material de todos os homens, desde a cotidianeidade até as questões decisivas da sociedade" (Lukács, 2008, p.117). Ao que acrescentaríamos hábitos que venham a potencializar ações coletivas voltadas para a ampliação do atendimento das demandas, necessidades e interesses das classes subalternas.

Portanto, considerando essas questões, cabe indicar como conclusão que a possibilidade de pensarmos a finalidade da gestão democrática voltada para a transformação das condições de vida, através do aprofundamento e universalização de direitos civis, políticos e sociais das classes subalternas, visando contribuir com a superação da ordem do capital, apesar de não se configurar como espaço central da luta por hegemonia, inserida no processo reformista-revolucionário (Coutinho) ou como contribuição para a construção da democracia-condição social (Netto), implica a possibilidade de concebermos a *administração* no campo do fortalecimento do processo de democratização.

A apresentação dessas possibilidades teóricas e suas respectivas particularidades é a tarefa para ser desenvolvida ao longo do livro. Nos próximos dois capítulos, que concluem esta primeira parte, desenvolveremos uma análise acerca da gestão da empresa capitalista (campo da produção social) e da gestão do Estado capitalista e das organizações da sociedade civil (campo da reprodução social), para que possamos, na segunda parte do livro, indicar propostas de intervenção técnico-operativa na área da direção e organização para as esferas da produção e da reprodução social.

BIBLIOGRAFIA SUGERIDA

O livro do Professor Victor Henrique Paro, *Administração escolar: introdução crítica* (São Paulo: Cortez, 2006), é indispensável para o aprofundamento do significado da *administração em geral*. Como a questão relativa à construção da *administração em geral*, enquanto categoria abstrata universal, remete ao método em Marx, o texto do Professor José Paulo Netto, *Introdução ao método em teoria social* (In: CFESS/ABEPSS. *Serviço Social: direitos sociais e competências profissionais*. Brasília, CFESS/ABEPSS, 2009) é uma excelente introdução ao tema.

Os livros das assistentes sociais e professoras Yolanda Guerra, *Instrumentalidade do Serviço Social* (São Paulo: Cortez, 1995), e Cláudia Mônica dos Santos, *Na prática a teoria é outra?* (Rio de Janeiro, Lumen Juris, 2010), oferecem ao leitor fundamentos essenciais para entender com mais profundidade o debate sobre a relação entre a finalidade da gestão democrática e os recursos a serem empregados.

O debate sobre a exploração da força de trabalho e a produção da mais-valia é fundamental para compreender a questão da possibilidade de retração da exploração. Nesse sentido, os capítulos 3 e 4 o livro da Biblioteca Básica do Serviço Social, *Economia Política: uma introdução crítica* (São Paulo: Cortez, 2006), dos professores José Paulo Netto e Marcelo Braz, permitem que o leitor possa, com segurança, fazer a leitura do Capítulo 1 e das seções II, III e IV do Livro I d'*O capital*.

Para adentrar no universo weberiano, os livros dos sociólogos Raymond Aron, *As etapas do pensamento sociológico* (São Paulo: Martins Fontes, 1990), e de Anthony Giddens, *Capitalismo e moderna teoria social* (Lisboa: Presença, 1990), apresentam um panorama consistente da matéria. Para ler sobre a temática da sociologia da dominação e a tipologia ideal construída por Weber, o capítulo IX do livro *Economia e Sociedade* (v. II. Brasília, UnB, 1999), é leitura indispensável.

Por fim, sugerimos como leitura o pequeno, mais brilhante, artigo, publicado por Karl Marx, em 1844, que trata do debate sobre emancipação política e emancipação humana: *Sobre a questão judaica* (São Paulo: Boitempo Editorial, 2010).

FILMOGRAFIA

Gestão Escolar Democrática — Entrevista com o Prof. Victor Henrique Paro. Duração 1h41m.

Victor Paro expõe suas ideias em entrevista sobre administração e administração democrática.

<http://www.vitorparo.com.br/gestao-escolar-democratica/>

Hospital de heróis. Estados Unidos, 1992. Diretor: Howard Deuthc. Duração: 1h39m.

Filme ficcional que conta as dificuldades encontradas por um grupo de médicos para executar suas funções hospitalares, quando se oferece à reflexão as contradições entre a racionalidade instrumental e a racionalidade ética.

PROPOSTA DE EXERCÍCIOS

1 — Considerando o debate acerca da concepção teórico-metodológica de Weber, analise criticamente a afirmação:

"Limitamo-nos a constatar aqui que *todas* as 'leis' e construções do desenvolvimento histórico especificamente marxistas naturalmente possuem um caráter de tipo ideal, na medida em que sejam teoricamente corretas. Quem quer que tenha trabalhado com os conceitos marxistas, conhece a eminente e inigualável importância *heurística* destes tipos ideais, quando utilizados para comparar com a realidade..." (Weber, 1982, p. 118; grifos no original)

2 — Indique três aspectos da concepção materialista dialética da burocracia que a diferencia radicalmente da teoria burocrática weberiana.

3 — Considerando a concepção da gestão democrática, discuta em grupo sobre a gestão da organização em que vocês estagiam ou trabalham, procurando identificar elementos na organização que se aproximam e/ou se distanciam daquela concepção.

CAPÍTULO 2

A gestão no campo da produção social: a empresa capitalista

2.1 Origem e desenvolvimento da "administração científica" e clássica: a consolidação do capitalismo e do racionalismo administrativo

A produção de mercadorias se inicia sob a forma da produção mercantil simples. Essa forma consistia basicamente na produção de camponeses e de artesãos livres, cujo trabalho se destinava ao mercado próximo e conhecido, em que o interesse se centrava sobre o acesso a outros bens e não à acumulação de capital.

Sua forma se pode expressar pelo conhecido movimento M – D – M', em que M é a mercadoria produzida pelo camponês ou artesão, D o dinheiro obtido com a venda dessa mercadoria e M' a mercadoria adquirida com o produto da venda. O dinheiro obtido com a venda servia como meio de troca, exclusivamente.

É o desenvolvimento das trocas que a seguir vai gerar o capitalismo comercial, que consistiu da intermediação entre o produtor e o consumidor — como nos dias de hoje fazem os comerciantes. Ali, diferentemente do sistema anterior (mercantil simples), mas também do processo industrial, que viria depois, o lucro provinha da operação de compra e venda. Comprava-se a um preço e vendia-se a outro, maior. Desta diferença provinha o lucro. Por isso, a representação dessa operação se dá por

$$D - M - D+$$

onde D é o capital que compra M, a mercadoria, para, no mercado, gerar D+, em que o Lucro, grosso modo, é $L = D+ - D$.

Essa operação se verificava com bens primários e manufaturas, essas artesanais, no sentido mais exato da palavra. Os artesãos, em sua produção doméstica, executavam todas as etapas da produção. Do corte e recorte da matéria-prima até a pintura do produto. Do corte do couro, por exemplo, até a pintura da sandália, passando pela costura do solado, a fixação do salto e a colocação das tiras. Ao final, o produto era vendido diretamente ao intermediário, que o levava ao mercado, de acordo com as encomendas recebidas. Ou seja, os produtos dos artesãos eram intermediados pelos capitalistas comerciais em contexto de crescente mercado urbano.

Mas os artesãos tinham relativo domínio da sua produção, em especial pelo ambiente doméstico em que trabalhavam. Segundo Landes, "o artesão domiciliar era senhor do seu tempo, começando e encerrando quando desejasse" (Landes, 1969, p. 58). Em outras palavras, os comerciantes não controlavam diretamente a produção. Ainda que evidentemente sua demanda representasse uma forma de pressão sobre o produtor, nada se assemelhava ao que viria adiante com a criação das oficinas.

Enquanto isso, os mercados urbanos cresciam. Nos grandes centros econômicos europeus, entre o século XIII e o século XX, as populações chegaram a triplicar, principalmente após a primeira Revolução Industrial, na passagem do século XVIII ao XIX. Eram populações carentes de tudo, uma vez que esses migrantes não contavam com as condições rurais, em que quase todas as necessidades de uma residência e das pessoas eram providenciadas pelos parentes próximos ou pelo próprio usuário. "Quase a totalidade da população rural, especialmente os moradores das regiões montanhosas, vestia roupas fabricadas em casa", comentou sobre isto Victor Clarck ao escrever a história da manufatura nos Estados Unidos (Clarck, 1916, p. 104).

Na cidade era diferente. Tudo dependia do *mercado*. Esse mercado era portanto um mercado muito diversificado. Eram aqueles que tinham tudo na vida rural, proporcionado por sua própria família, e na cidade não dispunham de quase nada que não fosse comprado. No entanto, tratava-se de um mercado de pessoas relativamente pobres. O mercado crescia com estas características: diversificado e pobre.

A esses mercados locais se acrescentarão os mercados abertos pelas novas rotas comerciais, o que tornava a circulação mercantil mais dependente do capitalista comercial e do seu capital.[1]

Contracenando com este processo essencialmente econômico, há os aspectos técnicos da base produtiva, tais como as terras esgotadas, e os aspectos políticos, em especial "as lutas entre as classes fundamentais do modo de produção feudal, senhores e servos" (Netto; Braz, 2006, p. 71). Exemplos disso são "a guerra camponesa na Flandres Ocidental (1320), o levante [...] francês (1358, a Grande Jacquerie), a revolução [...] na Inglaterra (1381), a revolta dos servos da Catalunha (1462), a insurreição do campesinato calabrês (1469) e as guerras [...] na Alemanha (1525)" a que Netto recorre para compor o quadro da crise do sistema na Europa (Netto; Braz, 2006).

É desse processo de pressão técnica, política e da demanda por mercadoria que tem origem a transformação no âmbito da produção, quando para dominar o fornecimento necessário, sem frustrações de demanda, criam-se as oficinas. As oficinas são espaços de controle, onde os trabalhadores passam a operar sob uma remuneração e o olhar atento do patrão e dos seus "oficiais e suboficiais", convivendo agora não com seus mestres ou aprendizes, em sua própria casa, mas com a tensão "da máquina, do contramestre e sobretudo do dono da fábrica", como dizem Marx e Engels (Marx e Engels, 1982,

---

1. Um debate entre Dobb e Sweezy se verificou sobre a superação do feudalismo e emergência do capitalismo industrial. Para Dobb foram as forças internas do sistema feudal que o levaram à exaustão; para Sweezy o capital mercantil das guildas comerciais e das companhias exportadoras puseram fim ao feudalismo e abriram caminho para a indústria. Aparentemente estaríamos mais próximos de Sweezy, que de Dobb, na explicação que ora damos. Cabe porém esclarecer que entendemos, como aliás entenderão também os dois, no final do debate, que, houve uma *interação* das duas dimensões. Esgotamento do modo feudal, e sua base técnica, e atratividade do novo modo em desenvolvimento. Seria pouco dialético insistir na busca do determinante na interação (Dobb, 1977; Sweezy, 1977).

p. 27). Camponeses migrantes da área rural para a cidade e artesãos empobrecidos vão constituir a massa de trabalhadores dessas oficinas/fábricas, enquanto os comerciantes e artesãos enriquecidos vão formar o corpo patronal do modo capitalista de produção nascente.

Nessas condições surge uma nova classe, os capitalistas industriais, por muitos anos vanguarda do capitalismo moderno, cujo lucro não é mais gerado na operação de compra e venda, no mercado, mas no interior da própria fábrica, na relação de produção que agora se estabelece. Sua contraparte, também uma classe que surge das novas condições, é composta de trabalhadores despossuídos de bens, senão a *força de trabalho* — energia física e mental e suas habilidades.

Essa é sem dúvida a grande mudança que se opera. Passa-se do capitalismo comercial, que continua a existir, cumprindo o seu velho papel, para o capitalismo industrial, em que um novo procedimento de produzir, novas relações de produção, inaugura o modo de produção capitalista.

O lucro industrial, produto das novas relações de produção, é aquele em que os donos dos meios de produção — instalações, equipamentos, materiais etc. — contratam a força de trabalho dos despossuídos, através de um pagamento, o salário.

Esse salário não paga a produção do trabalhador. Paga sua força de trabalho. Mas essa força de trabalho produz o supostamente necessário para a sobrevivência do trabalhador e mais: produz o excedente desse necessário. Durante 14, 10 ou 8 horas o trabalhador produz. Em parte dessas horas, sua produção é suficiente para cobrir o valor do seu salário. Em outra parte, sua produção é apropriada pelo capitalista industrial, constituindo o excedente ao supostamente necessário. Em termos marxistas, diz-se que este excedente é a *mais-valia*.

Esse processo de produção e geração de lucro é frequentemente representado por D — M — D', em que D é o capital inicial, M a mercadoria (em sua totalidade) produzida e D' o capital gerado pela circulação dessa massa de mercadoria produzida, contendo a quantidade de valor necessária à sobrevivência dos trabalhadores + o valor excedente. Essa é a razão porque se fala de mais-valia.

A fórmula completa deste processo pode ser visualizada em:

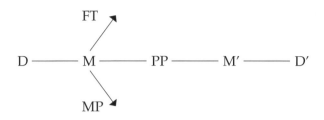

Onde:
(D) — dinheiro investido pelo capitalista;
(PP) — processo de produção;
(M) — mercadorias compradas pelo capitalista para a produção;
(FT) — força de trabalho;
(MP) — meios de produção;
(M') — mercadoria criada pelo processo de produção;
(D') — dinheiro acrescido.
— M' > M (em valor)
— D' > D

Fonte: Netto e Braz, 2006, p. 118.

Não é difícil perceber que a geração de excedente (mais-valia) será sempre maior quanto maior for a jornada de trabalho. Razão porque o capitalista e seus representantes na empresa sempre se interessam em forçar a extensão da jornada de trabalho e se incomodam profundamente com qualquer paralisação do trabalho. Seja a paralisação fortuita ao longo do dia, seja a paralisação por força de greves ou manifestações semelhantes.

Nas palavras de Marx,

> o capitalista obriga o operário a fornecer um trabalho com um grau de intensidade pelo menos médio, de conformidade com a norma social. Procurará aumentá-lo o mais possível para lá desse mínimo e extrair do operário, em tempo dado, o maior trabalho possível, pois que a intensificação do trabalho até um grau superior à média lhe é fonte de mais-valia. Tratará além disso de prolongar o mais possível o processo de trabalho, para lá dos limites em que é necessário trabalhar para repor o valor do capital variável, o salário (Marx, 1969, p. 53).

Essa forma de garantir e aumentar a geração de excedente, através do aumento da jornada de trabalho, é conhecida como mais-valia absoluta, como já abordado no capítulo inicial. Isto é, uma mais-valia obtida através do aumento das horas trabalhadas produzindo excedente. Uma jornada longa, de 12, 14 horas, muito presente nos primórdios, mas hoje igualmente praticada dissimuladamente, significa a extensão das horas que produzem excedente. No contexto da reestruturação produtiva mundial e em continuado andamento no Brasil, a jornada de trabalho de muitos setores tem sido expandida, em grande medida com as horas extras e horas dos Bancos de Horas, mas também arbitrariamente, em certa medida, por conta da instabilidade do emprego, cada vez maior. Essa instabilidade fragiliza o trabalhador e o faz aceitar a extensão de sua jornada, muitas vezes sem qualquer remuneração adicional.

Além da mais-valia absoluta, obtida com a longa jornada diária, há também um modo de fazer com que as horas rendam maior produção: a introdução de métodos, técnicas e tecnologias avançadas de produção. Uma hora de trabalho, operando com instrumentos e métodos modernos, eleva consideravelmente a produção, às vezes multiplicando por 2 ou 3 aquela massa de produtos que seria obtida sem esses recursos. Nessas condições, com poucas horas se chega à produção necessária e correspondente ao salário, consequentemente aumentando o número de horas destinadas a produzir excedente. Ao excedente assim produzido, quando se eleva a produtividade do trabalhador dotando-o de métodos, técnicas ou tecnologias avançadas, chama-se mais-valia relativa.

Dessas considerações históricas e teóricas podemos extrair algumas conclusões:

1. Houve um processo evolutivo, à luz do capitalismo, de produção e circulação de mercadoria. Da produção mercantil simples, voltada para a troca de um bem por outro (M – D – M'), passou-se à produção negociada com o comerciante, intermediário entre o produtor e o consumidor, em que a figura do lucro em dinheiro aparece e se desenvolve (D – M – D+), gerado pela diferença entre D+ e D.

Finalmente, o desenvolvimento desse comércio e a necessidade do capitalista garantir o controle da produção a ele destinada, levou ao *aprisionamento* do trabalhador na oficina/fábrica, onde o capitalista, dominando os meios de produção e comprando a força de trabalho do trabalhador, vai levá-lo a produzir um excedente, *mais-valia*, que vendido se converte no lucro na forma dinheiro. Nasce assim o modo de produção capitalista (D–M–D').

2. As novas condições de trabalho, em que o trabalhador é submetido a jornadas de 12, 14, 16 horas, sujeito à dominação de terceiros, exposto ao controle do dono da fábrica e dos seus "oficiais e suboficiais", capatazes e contramestres, são, para trabalhadores livres ou que assim se sentiam, muito humilhantes, opressivas e dolorosas, às vezes no sentido físico da palavra (Huberman, 1970). No caso dos artesãos, que autonomamente administravam suas necessidades, a ponto de trabalharem com jornadas de 4 horas diárias, isto é certamente uma mudança drástica. Sua predisposição assim não pode ser de *cooperar*, mas sim de *cumprir* com o contrato, para se manter vivo e à sua família. Ademais, saber que grande parte de sua produção está sendo apropriada pelo dono da fábrica, sentimento e noção, àquela época, menos naturalizados que nos dias de hoje, certamente aumentava a indisposição para cooperar, no sentido básico do termo.

3. O excedente, *mais-valia*, lucro, depende do tamanho da jornada de trabalho, sendo maior se maior é a jornada (mais-valia absoluta).

4. Porém, a jornada pode ser mantida em seu tempo (8 horas por dia, por exemplo), mas o excedente aumentado com a adoção de métodos, técnicas e tecnologias avançadas (ferramentas, equipamentos, instrumentos de trabalho). Esses recursos proporcionam mais produção por hora trabalhada, mais produtividade, portanto, chegando-se ao excedente em poucas horas (mais-valia relativa).

Esta introdução de fundo histórico e econômico é necessária para chamar a atenção do leitor para os dois desafios permanentes da gestão capitalista e de sua teoria:

— Elevar a produtividade, para obter o máximo de excedente por hora, e

— Obter a cooperação dos trabalhadores, para evitar os custos adicionais da imposição e da violência para extrair sua produção.

Tudo aquilo que se produzirá sobre gestão da empresa capitalista, em termos teóricos ou instrumentais, terá esses dois desafios como motivação, ponto de partida e de chegada: elevar a produtividade e obter cooperação (Gurgel, 2014a). Assim também evidentemente aconteceu com as teorias organizacionais e de administração de que vamos tratar a partir de agora.

A propósito, deve-se falar da subsunção real do trabalho ao capital na expropriação do saber fazer e no ordenamento da produção. Ambos os desafios/objetivos permanentes — elevar a produtividade e obter cooperação — o primeiro pela expropriação do saber, submissão ao controle e dependência econômica, e o segundo, pela obtenção do consentimento, sob força e persuasão, significam expressões da subsunção do trabalho ao capital.

Como dissemos no capítulo 1, a burocracia é a administração do modo de produção capitalista. Mas vale esclarecer que a burocracia, como descrita por Weber, é a representação tecno-ideológica mais abstrata da administração, cujas formas concretas se expressam nas teorias organizacionais. Abstrações como impessoalidade, meritocracia, separação entre a propriedade e a gestão encontram nas leis e regulamentos (mando-obediência) seu veículo de ordenação e nas teorias seus modos de fazer. Exemplificando o que acabamos de dizer: métodos e técnicas de seleção de pessoal e avaliação de desempenho materializam os processos de contratação, as progressões e premiações relativamente impessoais e meritocráticas; planos, programas, padrões, objetivos e metas, a contabilidade e a controladoria, viabilizam a separação entre o proprietário e o gestor, sem que o primeiro perca o controle dos objetivos (produção social e apropriação privada da mais-valia), dos meios (de produção) e dos resultados (o valor e a mais-valia gerados). Tal como sua abstração genérica — a burocracia —, as teorias organizacionais são técnicas e ideologia totalizadas e apresentadas como ciência da gestão. São na verdade *modus operandi* de realizar a dominação de classe, cuja fonte de legitimidade encontra-se na propriedade privada dos meios de produção e para o que a lei é apenas uma forma de expressão, como a subsunção econômica do trabalhador, a violência física e psíquica e o envolvimento ideológico também o são. A administração capitalista enquanto burocracia, portanto, vai se concretizar nas teorias organizacionais que surgem ao longo do tempo.

Destacaremos a seguir aquelas teorias que entendemos constituirem os paradigmas centrais da administração capitalista — o taylorismo, o fordismo, a administração flexível e o toyotismo.

2.1.1 A família racionalista: Taylor e Ford

Denominamos *família racionalista* o grupo teórico cujo grande suporte é o racionalismo. O racionalismo é a elevada valorização da razão, como propriedade e capacidade humanas para responder às grandes indagações, enfrentar os desafios e dar solução aos problemas. Corresponde a um novo tempo, que ultrapassa o ceticismo dominante durante treze séculos, e cujo marco temporal é o século XVII, com a publicação do *Discurso do Método* de René Descartes. Seu desenvolvimento se dará no século seguinte com o *Iluminismo*, movimento abrangente de várias dimensões da vida social e de toda a Europa, no século XVIII. A razão é o recurso e o caminho para as grandes soluções e ideias.

É sob esse referencial que se desenvolvem as primeiras teorias administrativas sistematizadas. Devemos reconhecer que as primeiras formulações sobre o assunto remontam séculos atrás e podem ser encontradas inclusive em Adam Smith, cuja principal obra, a *Investigação sobre a origem da riqueza das Nações*, analisa a divisão do trabalho de modo vertical, a partir do primeiro capítulo (Smith, 1958). Mas, a verdade é que, como observa Braverman, "a formulação completa da teoria da gerência" foi realizada por Taylor, em "fins do século XIX e princípios do século XX" (Braverman, 1977, p. 82).

O taylorismo

O *taylorismo* é o conjunto de elementos técnicos e ideológicos produzidos por Frederick Taylor, no final do século XIX e início do século XX. Taylor não trabalhou sozinho em suas experiências e formulações. Em paralelo e às vezes em articulação, outros autores da época contribuíram com o pensamento e as criações de Taylor, como Frank Gilbret e sua mulher, Lilian Gilbreth (*Motion Study: A Method for Increasing the Efficiency of the Workman*, 1911; 2008) e Henry Gantt (Industrial leadership,1916; Organizing for Work, 1919), este seu companheiro na mineradora Midvale Steel.

Portanto, quando tratamos do *taylorismo*, estamos nos referindo a um paradigma para o qual concorreram vários formuladores, do que Taylor é a expressão mais completa.

Ademais, duas heranças teóricas são tacitamente pressupostos tayloristas:

a) o trabalho como fonte de criação do valor — o *valor-trabalho*;

b) a *divis*ão do trabalho e a consequente especialização como fatores importantes da produtividade.

O taylorismo, como dito anteriormente, é técnica e é ideologia. Seu livro mais representativo é intitulado *Princípios da administração científica* (Taylor,

1980) e se apresenta como uma contribuição ao desafio colocado por Theodore Roosevelt, presidente dos Estados Unidos, de 1901 a 1909, que, em discurso citado por Taylor, falou da ineficiência e desperdício da economia americana, no início do século XX.

A pretexto de responder ao presidente, com solução para o problema diagnosticado, a ineficiência, Taylor produz uma bateria de procedimentos metodológicos e orientações político-ideológicas destinados a elevar a produtividade e obter cooperação.

Devem-se entender os procedimentos metodológicos e as orientações como linhas de ação e comportamentos que se combinam e se potencializam, assim como se potencializa a produtividade com a cooperação. Mas para efeito didático, serão destacados esses elementos por sua preponderância, considerando-se alguns como destinados essencialmente a elevar a produtividade e outros como dirigidos principalmente a obter a cooperação dos trabalhadores.

O primeiro conjunto metodológico tem como ponto de partida a expropriação do conhecimento do trabalhador, que se expressa no saber fazer, nos movimentos feitos para produzir e no tempo que é necessário a essa produção. Por isso, o método usado por Taylor, criado por Gilbreth (*Motion Study*, 1911), ficou conhecido como Estudo de Tempo e Movimentos.

O *Estudo de Tempo e Movimentos* é a aplicação à administração de empresa do racionalismo cartesiano combinado com o empirismo — a ciência moderna. São três dos quatro passos cartesianos — observação, análise e síntese — a que se acrescentam a verificação empírica, prática. É isso que faz Taylor com os seus operários. Observa-os, analisa os seus movimentos, sintetiza/conclui suas ideias sob a forma do aperfeiçoamento daqueles movimentos e, a seguir, testa sua nova forma com o operário, medindo o tempo, o novo e menor tempo, exigido para produzir o bem.

Por isso ele orienta os dirigentes à "coleta deliberada [...] da grande massa de conhecimentos tradicionais, que no passado estava na cabeça dos operários e que se exteriorizava pela habilidade física que eles tinham conseguido pelos anos de experiência" (Taylor, 1980, p. 49). Feita essa coleta, cabe "registrá-la, classificá-la e, em numerosos casos, reduzi-la finalmente a leis e regras, até mesmo expressas por fórmulas matemáticas [...] isto pode ser considerado como o desenvolvimento de uma ciência que substitui o velho sistema de conhecimentos empíricos" (Taylor, 1980, p. 80). É o que faz

Tragtenberg dizer que "o estudo do tempo, a cronometragem definem-se como pedra angular de seu [Taylor] sistema de 'racionalização' do trabalho" (Tragtenberg, 1971, p. 16).

Por esse meio, Taylor se apropria do conhecimento do trabalhador, ponto de partida de sua *ciência*. Assim, ele pode definir o tempo-padrão para produzir um bem. É daí que se associa o cronômetro ao taylorismo. Efetivamente, a unidade de tempo funciona como medida científica do aperfeiçoamento obtido. O *tempo-padrão* é aquele tempo considerado como melhor tempo obtido pelos movimentos racionalizados para a produção de um bem.

Através do tempo-padrão pode-se obter duas referências:

— a *produção-padrão* de uma turma de trabalhadores, operando-se a quantidade de horas/homens (h/h) pelo tempo-padrão;

— o *homem de primeira ordem,* trabalhador mais produtivo, que geralmente ultrapassa a produção média, e que serve como exemplo para o treinamento dos demais.

É esse homem de primeira ordem ou de primeira classe, como se lê em algumas traduções, que vai inspirar a figura do *operário padrão*, ainda hoje objeto de competições e prêmios em vários países, inclusive no nosso. No Brasil, pode-se falar do uso do homem de primeira ordem para emulação do trabalho, em fábricas, lojas e bancos, seja pelos prêmios anunciados, seja pela menção nos *house-organ* ou foto exposta à admiração de colegas e clientes.

Mas a observação permitiu perceber que o cálculo da produção-padrão com a simples operação de h/h *versus* tempo-padrão não correspondia à realidade. Há uma queda no rendimento do trabalho com o passar do tempo, pelo efeito da fadiga.

A *lei da fadiga* será um objetivo de Taylor, alcançado através do mesmo método de estudo de tempo e movimentos. Por observações e estudos sistemáticos, Taylor chega à conclusão de que períodos de trabalho e períodos de descanso devem ser alternados para que o rendimento do trabalhador seja maximizado. Ele alerta que sua referência de estudo é o trabalho pesado de carregadores de lingotes de ferro. Sua advertência quer dizer que para cada natureza de tarefa há uma dada necessidade de trabalho e repouso.

Por esse conjunto de conclusões — tempo-padrão, produção-padrão e lei da fadiga — fica evidente que a tarefa é o objeto de estudo inicial da administração científica. Por isso, Taylor escreve que "a ideia da tarefa é, quiçá, o mais importante elemento na administração científica. O trabalho de cada operário é completamente planejado pela direção" (Taylor, 1963, p. 38). Há uma combinação prática entre o estudo da tarefa e a expropriação do conhecimento do trabalhador, dado que o estudo de tempo e movimentos se dá sobre o trabalhador executando a tarefa. Além disso, como lemos, assim se pode introduzir a separação rigorosa entre pensar e fazer, planejar e executar, traço forte do taylorismo: "o trabalho [...] é completamente planejado pela direção".

Estudar a tarefa, seus movimentos, o tempo de sua produção, a necessidade que tem de repouso, definir as determinações geradas por esse estudo, dentre elas a preparação da equipe, é o trabalho da direção. Para acompanhar esse processo e garantir o padrão definido, existe a *supervisão funcional*. Não basta existir um chefe de turma, que comanda os trabalhadores. É preciso haver uma supervisão, oriunda da alta administração, a administração *tout court*, uma supervisão especializada para acompanhar e garantir que o processo de produção transcorra como planejado.

Mais tarde, a supervisão funcional seria criticada por Fayol, em seu livro *Administração geral e industrial* (Fayol, 1990), quando o autor francês vai defender o comando único das turmas feito pelo chefe de turma. Para Fayol, a supervisão funcional seria uma intromissão de terceiros, de certo modo promovendo a diminuição do respeito dos subordinados pelo chefe.

Entretanto, a supervisão funcional continuou a ser usada, até os dias presentes.

Um destaque é merecido em relação às ferramentas, que despertaram em Taylor especial atenção. Cabe aqui lembrar a observação de Marx de que o rendimento do trabalho não depende apenas das habilidades do trabalhador, mas também das ferramentas com que trabalha (Marx, 1969). O uso de uma chave-de-fenda cuja ponta é bem menor que a fenda pode gerar segundos de tempo desperdiçados, que ao mês serão minutos e ao ano, ao meticuloso Taylor, pode ser um desperdício insuportável. Sua atenção com as ferramentas, além de uma leitura particular do taylorismo, vai estimular Moraes Neto a dizer que "isto foi tudo o que permitiu o taylorismo: levar ao máximo desenvolvimento o processo de hiperespecialização das ferramentas esboçadas na manufatura" (Moraes Neto, 1989, p. 97).

Finalmente, ainda no campo dos métodos e técnicas destinadas a, em primeiro plano, elevar a produtividade, está o *sistema de remuneração por peça*.

O sistema de remuneração por peça é uma das formas de remuneração da força de trabalho. Várias formas são usadas na vida das empresas e da produção ou serviço. Diárias, empreitadas, salário mensal, remuneração por peça etc. Nesse último caso, eleito por Taylor como a melhor opção, trata-se de uma forma de remuneração em que o pagamento se efetiva pela quantidade de peças produzidas, cujo custo é pré-fixado. Se uma peça vale R$ 1,00, significa dizer que ao final de uma jornada de trabalho em que o trabalhador produziu 50 peças, sua remuneração será R$ 50,00. É evidente que a natureza da tarefa pode dificultar a definição do que seja uma peça. Ou dificultar a fixação do custo de uma unidade de serviço. Tomemos, por exemplo, um trabalhador da manutenção de um prédio. Ele poderá ser chamado a atender casos diferenciados, como um problema no sistema elétrico, ou no sistema hidráulico, ou relativo ao fornecimento de gás, ou ainda relacionado com uma parte da alvenaria do prédio destruída por acidente, enfim, tipos diversos de atendimento. Nesse caso, seriam fixados variados valores de acordo com a complexidade ou peso ou risco da tarefa. Frequentemente, isto é reduzido a tempo, medindo-se pelo tempo necessário a execução da tarefa. De todo modo, a opção pela remuneração por peça pode exigir do planejador da tarefa alguns ajustes e adaptações contratadas com o trabalhador.

Marx, nos *Grundrisse*, comenta que "o sistema de pagamento do trabalho por peça dá certamente a aparência de que o trabalhador recebe uma parte determinada do produto" (Marx, 2011, p. 221).

Isso explica porque Taylor escreverá que "o operário médio deve saber o que produziu e claramente o que ganhou no fim de cada dia, caso desejemos que trabalhe bem" (Taylor, 1963, p. 88).

Taylor escreveu um texto dedicado ao assunto, *A rate piece system* (1896), apresentado na *American Society of Mechanical Enginneers*, em que explica em detalhe o que chama de "trabalho por peça com gratificação diferencial" (Taylor, 1963, p. 85). Em síntese significa a fixação de um valor por peça produzida para uma determinada produção-padrão desejada e outro valor para uma produção considerada aquém da capacidade. "O operário recebia 35 centavos por peça, se fizesse 10 por dia, e somente 25 centavos, se produzisse menos de 10", como diz a nota de rodapé dos *Princípios da administração científica* (Taylor, 1963, p. 85). "Neste sistema", diz Taylor, "o salário de cada operário era aumentado proporcionalmente ao rendimento e *também* ainda ao perfeito acabamento do serviço". Para ele, "a percentagem diferencial trouxe como resultado um grande aumento da quantidade e também simultaneamente melhora notável da qualidade do trabalho" (Taylor, 1963, p. 85).

Desta maneira, Taylor introduzia um mecanismo de materialização de seu apelo à cooperação do trabalhador — preocupação constante de sua obra.

Sua consciência de que era necessária a obtenção dessa cooperação se expressou também em vários "discursos" cujo objetivo central era o combate a todas as formas de manifestação crítica à exploração do trabalho. São repetitivas as críticas aos sindicatos e seus dirigentes, aos democratas, aos "filantropos" e a todos os quanto apontam para as longas jornadas, as formas aviltantes sob que trabalham os operários, enfim, as condições gerais de submissão humana em que consiste o trabalho assalariado. Em particular, era a luta de classes também combatida, sob a afirmação de que não havia antagonismos entre patrões e empregados. Essa concepção pertencia aos sindicados e políticos cujo objetivo era estimular a ineficiência entre os trabalhadores, segundo Taylor.

É essa a dimensão ideológica que se destaca em sua obra, conforme dissemos antes. Seja nos *Princípios de administração científica*, seja anteriormente em *Administração de oficinas* são muitas as passagens em que pontificam discursos ideológicos. Eles visam naturalizar as relações sociais de produção do capitalismo, contestar as denúncias de desigualdade e rejeitar a hipótese de luta de classes, antagonismo estrutural entre patrões e empregados.

Em 1913, Taylor presta depoimento na Comissão do Congresso Americano e ali, respondendo ao Presidente da Comissão, explica que "a organização científica não pode existir se não existe ao mesmo tempo uma certa filosofia" (Guerreiro Ramos, 1949, p. 65). Em *Princípios...* ele vai expor esta "certa filosofia" dizendo que

> a maioria desses homens crê que os interesses dos empregadores e empregados sejam necessariamente antagônicos. A administração científica tem, por seus fundamentos, a certeza de que os verdadeiros interesses de ambos são um, único e mesmo: de que a prosperidade do empregador não pode existir [...] se não for acompanhada da prosperidade do empregado (Taylor, 1980, p. 30).

Mas, cauteloso, páginas adiante, ele vai alertar para as situações em que essa prosperidade não é possível, dizendo que "como certos indivíduos nascem preguiçosos e ineficientes, outros ambiciosos e grosseiros, como há

GESTÃO DEMOCRÁTICA E SERVIÇO SOCIAL

vício e crime, também sempre haverá pobreza, miséria e infelicidade" (Taylor, 1980, p. 43).

Ele também atribui os problemas sociais e o desemprego à indolência e ao hábito de *fazer cera*, isto é, trabalhar em ritmo lento, propositadamente. Segundo ele, isso ocorria porque "a grande maioria dos operários acredita que se eles trabalhassem com a máxima rapidez fariam grande injustiça à classe operária, arrastando muitos homens ao desemprego" (Taylor, 1980, p. 34).

Em página anterior, ele já fizera a acusação, cercando-a de alusão ao esporte, em comparação que faz total abstração da diferença entre uma equipe esportiva e um grupo de trabalhadores assalariados:

> Os ingleses e americanos são os povos mais amigos dos esportes. Sempre que um americano joga basquetebol e um inglês joga cricket pode-se dizer que eles se esforçam, por todos os meios, para assegurar a vitória a sua equipe. [...] o trabalhador vem ao serviço, no dia seguinte, e em vez de empregar todo seu esforço para produzir a maior soma possível de trabalho, quase sempre procura fazer menos do que pode realmente (Taylor, 1980, p. 32).

Ele vê os sindicatos na origem desse comportamento: "quase todos os sindicatos organizam ou estão organizando normas destinadas a diminuir a produção dos operários" (Taylor, 1980, p. 34). Além disto, "os homens que têm grande influência nas classes obreiras, os líderes trabalhistas, bem como pessoas com sentimentos filantrópicos que os ajudam, propagam diariamente este erro, afirmando que os operários trabalham demais" (Taylor, 1980, p. 35).

Este já era um tema de sua obra passada, *Administração de oficinas*. Nela, dizia que

> É um fato curioso que o primeiro sentimento exteriorizado pelas pessoas a quem se descreve este sistema, especialmente aquelas com inclinações filantrópicas, foi de lástima pelos trabalhadores inferiores que perdiam seus trabalhos para dar lugar aos trabalhadores de primeira classe. Esta simpatia está completamente fora de lugar (Taylor, 1945, p. 60).[2]

---

2. Por questão de ordem didática, adotamos traduções livres de todas as citações de bibliografias que não estiverem em português. Os interessados em verificar a versão original poderão recorrer à bibliografia citada nas referências bibliográficas.

O combate a essas concepções coloca-se para Taylor como algo que está diretamente associado ao sucesso da administração científica. Seu esforço de fazer a luta de classes, negando-a como tal, é a base concreta para sua "certa filosofia" da cooperação de classes no trabalho.

Taylor expressa isso em Administração de oficinas, de um modo absolutamente claro: "O grande propósito da nova organização é o de produzir duas mudanças transcendentais nos trabalhadores. Primeiro: uma revolução completa em suas atitudes mentais em face dos seus patrões e o trabaho; segundo; como resultado dessa mudança mental, um aumento tal em sua determinação e atividade física" (Taylor, 1945, p. 133).

E acrescenta: "O novo sistema transforma seus patrões de antagonistas em amigos, que trabalham tão vigorosamente quanto seja possível junto a eles, empurrando todos na mesma direção" (Taylor, 1945, p. 134).

Mas tudo isso não resiste ao verdadeiro objetivo e páginas adiante ele vai esclarecer que "todos os trabalhadores deverão ter em conta que toda oficina existe em primeiro termo, em último e em todo momento com o propósito de proporcionar benefícios a seus patrões" (Taylor, 1945, p. 146).

Ele combate todas as formas que possam questionar a empresa e seu propósito fundamental. Esse combate se estende às alternativas que fazem parte do ideário de classe dos organismos de representação dos trabalhadores, seus sindicatos e seus partidos.

Por isto, Taylor dirá que

> os experimentos de cooperativismo têm fracassado, e creio que estão destinados a fracassar em geral [...] nenhuma forma de cooperação foi até agora pensada em que a cada indivíduo se permita um campo de ação livre para sua ambição pessoal. A ambição pessoal tem sido e seguirá sendo sempre um incentivo mais poderoso que o desejo de bem-estar geral. Os poucos boas vidas que aproveitam e participam igualmente dos lucros arrastaram no sistema cooperativista os melhores trabalhadores para baixo, ao seu nível inferior (Taylor, 1945, p. 39).

A compreensão de que as relações sociais de trabalho sob o capitalismo exigem além de força, consentimento, é uma expressão do que diria Gramsci, tempos adiante: "a supremacia de um grupo social se manifesta de dois modos, como 'domínio' e como 'direção intelectual e moral' (Gramsci, 2002, p. 62). Ou ainda "o exercício 'normal' da hegemonia [...] caracteriza-se pela combinação da força e do consenso, que se equilibram de modo variado"

(Gramsci, 2000, p. 95). Essa questão da obtenção do consentimento por via das ideias, barganhas e concessões é objeto do capítulo anterior, quando se trata dos meios utilizados pela classe dominante para alcançar legitimidade.

Taylor não precisaria saber disso pelo filósofo, como jamais haveria de saber por ele. Quando Gramsci escrevia os *Cadernos do cárcere* Taylor já havia falecido. A necessidade de obtenção do consentimento ou algo parecido, para o exercício da direção, está na materialidade da vida social e do trabalho. Como diria Marx, nos *Grundrisse*: "em toda ciência histórica e social, no curso das categorias econômicas, é preciso ter presente que o sujeito, aqui a moderna sociedade burguesa, é dado tanto na realidade, quanto na cabeça" (Marx, 2011, p. 59).

O fordismo

A moderna empresa capitalista vai se consolidar com o fordismo. É quando a noção de produção e circulação (circularidade) entre a fábrica e o mercado adquire seu tratamento mais adequado.

O valor é produzido no interior da empresa, sob a forma de mercadoria. Entretanto, é na circulação da mercadoria que se verifica a conversão do valor em dinheiro acumulado, isto é, D'.

O valor se movimenta, "assumindo ora a forma do dinheiro, ora a forma da mercadoria, porém conservando-se e expandindo-se nessa mudança" (Marx, 1985, p. 174). Ele tem nesse processo a dupla forma de dinheiro e mercadoria, mas a identidade líquida, que lhe empresta a plasticidade de se converter em variadas mercadorias, "essa forma ele encontra apenas no dinheiro. Este constitui, por isto, o ponto de partida e de chegada de todo processo de expansão do valor" (Marx, 1985).

O dinheiro D se faz mercadoria M para se tornar mais dinheiro D'. Ponto de partida e ponto de chegada, o dinheiro retoma a circulação do capital sob as suas duas formas. A produção tem esse sentido, razão porque Marx dirá que "estava pressuposta à circulação uma produção que criava valor de troca só como excedente" (Marx, 2011, p. 198). É isso que faz com que Zizek diga "ter Marx precisado de Hegel para formular a lógica do capital" (Zizek, 2013, p. 195). Provavelmente o pensador esloveno estava lembrando alguma das muitas passagens hegelianas em que a circularidade é referida, dado que "o fim mostra essa prioridade de si mesmo, porque através da alteração que o agir operou, nada resultou que já não fosse" (Hegel, 1992, p. 169). Ou, nas palavras do próprio Marx, "no final do processo não pode emergir nada que, em seu início, não aparecia como seu pressuposto e condição" (Marx, 2011, p. 237).

É com o fordismo e a sua capacidade de produção em grande escala, além de recursos por ele criados para a celeridade da comercialização, que se vai ter a viabilidade dessa circulação em mercado populoso e pobre, como aquele que se construiu com o êxodo rural e a imigração. Nos primeiros anos do século passado, o século XX, mais de 15 milhões de imigrantes chegaram aos Estados Unidos, coisa que se potencializou com a primeira grande guerra, aberta de 1914 a 1919 (Hobsbawm, 1995).

Além disso, Ford desenvolve a maquinaria, dando a ela o seu sentido mais avançado de submeter coletivamente os trabalhadores, em ritmo acelerado e controlado de tal modo a reduzir extraordinariamente o hiato de trabalho — aquele tempo desperdiçado entre uma operação e outra.

Toda a experiência fordista se dá na Ford Company, empresa produtora dos automóveis Ford. É ali que Henry Ford realiza suas tentativas de criar um sistema de produção que obtivesse elevada produtividade e igualmente a qualidade necessária para se colocar no mercado fortemente fechado dos automóveis.

A elevação da produtividade, capaz de aumentar consideravelmente o excedente, verifica-se com a introdução da linha de montagem em 1913. A *linha de montagem,* que Ford chamava de "estrada móvel", consistia de uma esteira rolante, comandada automaticamente, onde se punha um chassis sobre o qual incidiam os vários operários colocados ao longo da esteira. A chave técnica da questão estava em impor um ritmo comum a todos os trabalhadores, que com operações muito simples, colocavam-se na exata posição a que Marx denominou "apêndice da máquina".

Agora, não é o "oficial" ou o dono da fábrica que impunha presencialmente a rapidez nas operações. A máquina imprime o ritmo aos trabalhadores e se torna a referência, diferentemente da circunstância taylorista, em que o homem imprimia o ritmo à máquina, sua ferramenta. Não é o homem de primeira ordem que baliza a produção, mas a máquina. Não há homem de primeira ordem a ser seguido como exemplo, mas um trabalho coletivo, mecanizado, mecanizando-se o próprio homem.

Nas palavras de Marx,

Na cooperação simples e mesmo na cooperação fundada na divisão do trabalho, a supressão do trabalhador individualizado pelo trabalhador coletivizado parece ainda ser algo mais ou menos contingente. [Porém] a maquinaria [...] só funciona por meio de trabalho diretamente coletivizado ou comum. O caráter cooperativo do processo de trabalho torna-se uma necessidade técnica imposta pela natureza do próprio instrumental de trabalho (Marx, 1985, p. 440).

Esse caráter compulsório do novo sistema, que despersonaliza a ação produtiva e a submete aparentemente ao comando da máquina, é percebido por Ford:

pouco a pouco se criou um sistema impessoal, onde o operário perde a sua personalidade e se converte em uma peça do sistema. [Isto] surgiu como de geração espontânea. Estava como um germen latente e imprevisível, oculto na origem do sistema, e só veio a luz quando o sistema se desenvolveu prodigiosamente (Ford, 1925, p. 187).

Quando comparamos as duas passagens, a análise de Marx e o comentário de Ford, vendo sua enorme semelhança, entendemos o significado do que diz o pensador alemão ao afirmar que "a moderna sociedade burguesa, é dado tanto na realidade, quanto na cabeça".

É essa nova situação, em que todo um grupo social se encontra atrelado à máquina, que faz Braverman referir-se ao "aceleramento do índice de produção". Ele observa que com a linha de montagem mecanizada "o controle que a gerência conseguiu, de um só golpe, sobre o ritmo da montagem [...] podia agora dobrar e triplicar o índice" (Braverman, 1977, p. 131). Concluindo sua análise do fordismo, Braverman destaca esse *golpe* dizendo que ele significava, para Ford, "submeter seus trabalhadores a uma intensidade extraordinária de trabalho" (Braverman, 1977).

A mecanização trazida por Ford não tem, portanto, o sentido de proporcionar menos esforços aos trabalhadores, como efetivamente poderia ter acontecido. A lógica que comanda o capitalismo, no essencial, não compreende o desenvolvimento das forças produtivas com esse objetivo, mas sim com o objetivo de elevar a produtividade e aumentar o excedente. Se algum alívio vier a ser proporcionado ao trabalhador, sem prejuízo, mas a favor do "aceleramento do índice de produção", tanto melhor. É por isso que Marx vai afirmar que o emprego da maquinaria "como qualquer outro desenvolvimento da força produtiva do trabalho, tem por fim baratear as mercadorias, encurtar a parte do dia de trabalho de que precisa o trabalhador para si mesmo, para ampliar a outra parte que ele dá gratuitamente ao capitalista. A maquinaria é meio para produzir mais-valia" (Marx, 1985, p. 424).

Ford tem consciência disso e expõe o processo evolutivo que promoveu em sua empresa, quando efetiva, em sucessivas intervenções, a diminuição do tempo necessário à montagem dos magnetos, do motor e do chassis. Em particular sobre o chassis, ele explica que "até então, o mais que conseguíramos fora montá-lo em 12 horas e 28 minutos. Experimentamos arrastá-lo por meio de cabos e rolos [...] seis operários viajando dentro dele, iam tomando as peças dispostas pelas margens do caminho". Assim, conclui ele, "esta experiência, ainda que grosseira, reduziu o tempo a 5 horas e 50 minutos, por chassis" (Ford, 1964, p. 66). Mas não parou aí: "no começo de 1914, o tempo de montagem desceu a uma hora e trinta e três minutos".

Como já se colocara anteriormente para Taylor, Ford também assume como seu princípio, a *produtividade*. Isto é, a produção cada vez maior, agora alcançada no mesmo tempo de jornada de trabalho, graças aos novos métodos, técnicas e instrumentos, principalmente a linha de montagem. É essa produtividade que vai "baratear as mercadorias, encurtar a parte do dia de trabalho de que precisa o trabalhador para si mesmo, para ampliar a outra parte que ele dá gratuitamente ao capitalista" como disse Marx em passagem anteriormente citada.

A referência que faz Marx ao barateamento das mercadorias, obtido com o emprego de forças produtivas desenvolvidas, como é o caso da linha de montagem, está diretamente associada à questão da circulação, em mercado cuja massa de consumidores é em geral pobre.

Isso estava presente em Ford e por isso mesmo ele observa que "toda vez que, sem prejuízo da qualidade, se diminui o preço de um carro, cresce o número de compradores" (Ford, 1964, p. 119). Ele administra a elevada produção, centenas de milhares de automóveis, optando por ganhos de escala e não pelo aumento da margem de lucro por unidade. Isso lhe permite articular produtividade com redução de preço. Essa estratégia revela uma concepção de produção-circulação consistente. A produção da Ford enquanto cresce de 1909 a 1916, passando de 18.664 a 785.432 carros, vai proporcionando a redução do preço unitário do produto, que praticamente despenca de U$ 900 a U$ 360. Conforme ele diz "a redução dos preços avoluma os negócios [...] graças à brevidade do ciclo do negócio e ao grande volume das vendas, os lucros têm sido grandes. O lucro parcial por artigo é mínimo, mas o total é enorme" (Ford, 1964, p. 118). Entenda-se como "ciclo do negócio" o processo que tem origem na produção e se conclui no mercado — "das minas ao vagão de embarque", "carro pronto" e "entregue ao comprador". Esse ciclo, segundo ele, passou a "3 dias e 9 horas, em vez dos 14 dias que antes tínhamos como recorde de rapidez" (Ford, 1964, p. 275).

Entre os seus princípios de administração de empresas, aqui se encontra o *princípio da intensificação*, que consiste exatamente na diminuição do tempo de conclusão do ciclo do negócio — produção e circulação — da forma mercadoria à forma dinheiro. Quanto mais rápido conclui-se o ciclo, mais rapidamente realiza-se o lucro. Além disso, mais ciclos de lucro se podem obter em dado tempo.

Para isso, uma das condições necessárias é certamente a garantia da disponibilidade de materiais e componentes. Esses materiais e componentes eram produzidos sob o comando da empresa que dispunha de unidades produtoras de cada um deles — mineradora para fornecer metal, usina para fazer com o minério as peças e as chapas, montadora para compor o produto final, uma rede de lojas para comercializar o produto e, mais adiante, uma linha de financiamento, ao estilo de um banco, para viabilizar o crédito dos seus clientes.

Por isso, é comum a referência ao fordismo como um sistema produtivo verticalizado. Essa verticalização compreendia os três setores: primário, secundário e terciário.

> Linha de Crédito ---- } Cadeia de Lojas
> Montadora
> Usina
> Mineradora

Aquilo que não era produzido pelo seu sistema básico, como, por exemplo, os rádios de automóvel, levaram-no a incorporar outras empresas produtoras de componentes secundários, tendo em vista garantir o fornecimento de modo adequado e a tempo.

Como observa Gounet, comentando a adequação e precisão dos componentes do carro Ford, "para obter esse resultado e ter os componentes exatos, adaptáveis aos seus carros, Ford precisa comprar as firmas que fabricam as peças. É dessa maneira que o empresário se atira à integração vertical, ou seja, ao controle direto de um processo de produção, de cima a baixo" (Gounet, 2002, p. 19).

A prontidão da passagem de um a outro setor fazia parte dessa concepção de celeridade do ciclo de negócio. Mas também fazia parte de uma visão de economia de custos de estocagem. Sua conhecida e envaidecida frase "o minério sai da mina no sábado e é entregue sob a forma de um carro, ao consumidor, na terça-feira, à tarde" (Ford, 1964, p. 77) é a expressão de sua determinação em operar com baixo estoque, configurando o que seria divulgado mais tarde como o *princípio da economicidade*.

Seu objetivo é sempre contar com os elementos e componentes da montagem no momento em que ela acontece. Isso certamente faz de Ford um precursor do *just-in-time*, o modelo toyotista que faria sucesso décadas depois. A diferença consiste em que, ao contrário da verticalização fordista, a fábrica Toyota opera com fornecedores e terceirização, constituindo uma rede horizontal.

Comentando o princípio da economicidade, diz Guerreiro Ramos, citando o próprio Ford, que "o princípio da economicidade permite 'excluir o tempo perdido para a matéria'. A matéria desperdiçada pode ser recuperada, mas o tempo desperdiçado deixando a matéria imobilizada, jamais pode ser recuperado" (Guerreiro Ramos, 1949, p. 83). Ele explica que "para Ford, o tempo é a expressão da energia humana e o *stock* inútil representa um trabalho humano armazenado".

As condições de trabalho na Ford, a despeito dos avanços tecnológicos realizados, não propiciavam qualquer alívio ao trabalhador, antes o contrário. A intensificação do trabalho, em busca da produtividade máxima, exigia esforços igualmente intensos e extenuantes. Segundo Morgan, estas condições desumanas de trabalho levavam cedo ao esgotamento, provocando grande *turnover*, rotatividade, seja por iniciativa do próprio trabalhador, que se demitia, seja por iniciativa do próprio Ford, que os demitia. Nas palavras de Morgan, "quando Henry Ford estabeleceu sua primeira linha de montagem para produzir o Modelo T, a rotatividade dos empregados subiu para aproximadamente 380% ao ano" (Morgan, 2007, p. 47).

As seções de trabalho ficavam desprovidas de trabalhadores, inviabilizando a produção nos termos desejados por Ford. Observa Braverman que podemos assim perceber "a repulsa natural do trabalhador contra a nova espécie de trabalho", referindo-se aos padrões da linha de montagem.

O próprio Ford reconhece essa limitação do seu método e procura com incentivos materiais atrair trabalhadores para sua empresa. Conforme sua narrativa, "em 1914, contávamos com 14 mil empregados e para manter este contingente era preciso contratar 53.000 por ano. Em 1915, só contratamos 6.508 homens [...]". Segundo seus próprios cálculos, "se continuássemos com o número anterior de entradas e saídas de operários, seríamos obrigados, nas condições atuais, a contratar 200.000 homens mais ou menos por ano, o que raiaria ao impossível" (Ford, 1925, p. 173). Por isso, ele eleva o salário a U$ 5 ao dia e acrescenta a esse valor um adicional que caracteriza como "participação nos lucros". Tratava-se de dobrar o valor que a indústria automobilística pagava aos seus trabalhadores. A cidade de Detroit recebeu milhares de candidatos e pode assim Ford contornar o que parecia uma crise ameaçadora à sobrevivência não só da empresa, como da proposta fordista.

Os incentivos materiais cumpriam seu papel, mas Ford tinha a mesma noção de todos que o antecederam e daqueles que o sucederiam: é preciso obter a cooperação do trabalhador e para isso os incentivos materiais eram importantes, mas não suficientes.

Ele produz ideias que se assemelham aos discursos tayloristas que lemos e dá sua contribuição aos dias de hoje. É dele a expressão hoje muito explorada pelas empresas contemporâneas, que tratam seus operários como "colaboradores", ainda que os submetam a salários vis e humilhações. Apresentando seus princípios, ele afirma que "é possível organizar o trabalho, a produção, a circulação e a remuneração de tal forma que todos os colaboradores recebam parte de riquezas a que fazem jus" (Ford, 1964, p. 91). Segundo ele, "onde se junta uma direção hábil e um trabalho honesto, é o operário que aumenta o seu salário" (Ford, 1964, p. 191). No mesmo estilo, a propósito de salário, ele se questionará: "como haver real prosperidade, se um operário não pode adquirir o produto que fabrica? Formam eles uma parte do público da empresa" (Ford, 1964, p. 296).

Tanto quanto para Taylor, talvez um pouco mais, tendo em vista suas relações com a política e os políticos do Partido Republicano, Ford critica as organizações operárias, sindicatos e federações. Não só lhes faz as acusações de praxe — incitar a luta de classes — mas vai adiante: "um só grupo é forte nas federações: os operários que vivem das federações. Alguns deles são riquíssimos. [...] outros são radicais [...] raiam ao bolchevismo [...] o tempo inteiro e toda energia (consagram) à propaganda subversiva" (Ford, 1964, p. 180-181).

O sistema Ford ainda se comporia de educação corporativa, quando as escolas da empresa proporcionavam a capacitação mínima necessária a trabalhadores muitas vezes de origem estrangeira; muita publicidade; rigorosa disciplina, que se estendia ao controle da vida social dos trabalhadores e repressão aos sindicatos e sindicalizados. Esse último aspecto foi relativizado com a integração do fordismo nos esforços de guerra contra o nazifascismo, o que o aproximou dos democratas e dos sindicatos.

O sistema Ford, com todas as suas características, daquelas já referidas a essas últimas, se expandiu pelo mundo. Frustraram-se as suposições de Gramsci, que julgava impraticável o fordismo na Europa, devido às "camadas de chumbo" que ali separariam as classes e segmentos sociais — aristocratas, burgueses e proletários — não se fazendo aceitar uma concepção de mercadoria — o carro Ford — igual para todos (Gramsci, 1968).

Também Forgeaud presumia como inviável o fordismo na Europa, já então pelos pequenos mercados europeus não poderem absorver a produção em massa que caracteriza o sistema Ford (Forgeaud, 1929). Seguindo essas linhas de raciocínio, que se revelariam equivocadas, Guerreiro Ramos vai dizer que "um complexo de fatores econômicos e sociais dá ao fordismo o caráter de um sistema típico dos Estados Unidos" (Guerreiro Ramos, 1949, p. 83).

Entretanto, o sistema Ford e seus produtos ganharam os mercados mundiais. Eram produtos padronizados, que, segundo Ford "equivale à reunião das melhores vantagens do produto às melhores vantagens da produção" (Ford, 1964, p. 252); produtos a preços baixos, pois "toda vez que, sem prejuízo da qualidade, se diminui o preço de um carro, cresce o número de compradores" (Ford, 1964, p. 119); produtos duradouros porque "desejaríamos produzir artigos de duração ilimitada e jamais fazermos mudanças inúteis que ponham fora de moda os nossos carros vendidos" (p. 110).

São características do produto que encantam os consumidores de uma sociedade cada vez mais "populosa e populista", como diria Harvey referindo-se à sociedade americana, que depois também se transformaria no padrão mundial (Harvey, 1994).

GESTÃO DEMOCRÁTICA E SERVIÇO SOCIAL

O sistema fordista foi, e em grande medida continua sendo, adotado generalizadamente, em todos os ramos de produção, das padarias aos hangares, principiando pelos seus próprios concorrentes que muito cedo viram nas iniciativas de Ford um exemplo a ser seguido. Eles também perceberam, como Marx, que "em todas as formas de sociedade, é uma determinada produção e suas correspondentes relações que estabelecem a posição de influência das demais produções e suas relações" (Marx, 2011, p. 59).

Modelo keynesiano-fordista

Em outubro de 1929, a Bolsa de Valores de Nova York revelou a crise econômica que se gestava no interior da economia dos Estados Unidos. Seguiram-se anos de profunda depressão econômica, com enorme onda de desemprego e empobrecimento. Ao longo de 4 anos, a partir daquela data, as estatísticas registraram "cerca de 15 milhões de desempregados, 5.000 bancos pararam suas atividades, 85.000 empresas faliram, as produções industriais e agrícola reduziram-se à metade" (Sandroni, 1994, p. 154). Essa onda de perdas espalhou-se pelo mundo, dando-se o que ficou conhecido na história moderna como a Grande Depressão. Comenta Hobsbawm que "no pior período da Depressão (1932-1933), 22% a 23% da força de trabalho britânica e belga, 24% da sueca, 27% da americana, 29% da austríaca, 31% da norueguesa, 32% da dinamarquesa e nada menos que 44% da alemã não tinha emprego" (Hobsbawm, 1995, p. 97).

O sistema Ford foi atingido duramente. Sua concepção de produção em massa dependia do consumo de massa, interrompido pelo quadro desesperador de desemprego e falências. Ford, que pagava U$ 5 ao dia, reduziu a remuneração dos seus trabalhadores a 1/10 deste valor, U$ 50 cents.

A intervenção do Estado, proporcionada pelo New Deal — *capitalismo de Estado* implantado por Franklin Roosevelt, a partir de sua posse, em 1933 — trouxe investimentos, emprego e gradual retomada do crescimento econômico. Com o advento da guerra, os Estados Unidos e todas as potências mundiais se viram impelidas à produção de armas e munição, além do habitual, para manter alimentadas as tropas e os cidadãos. O comando dessa retomada econômica esteve generalizadamente assumido pelos Estados nacionais.

Essa política de intervenção econômica do Estado para salvar as economias atingidas pela Grande Depressão foi associada a John Maynard Keynes, economista inglês, cuja revisão do pensamento neoclássico incluía a ação dos governos para garantir o pleno emprego, assegurar a oferta da infraestrutura necessária à produção das empresas e realizar o monitoramento da propensão a poupar ou a consumir da população (Keynes, 1950). Em outras palavras, propunha que o Estado realizasse regulação da economia, porque a *mão invisível* de Smith e a Lei de Say (a oferta cria sua própria procura), bases da autorregulação, se revelavam instáveis e ineficientes periodicamente.

Essa intervenção, que viria a se repetir em outros países, constituindo um novo arranjo do Estado com o mercado e a sociedade, passou a vigorar como um padrão macroeconômico. Associado com o fordismo, surgia assim o modelo *keynesiano-fordista*, em grande medida responsável pelo longo período de prosperidade que transcorreu do pós-guerra até o final dos anos 1960.

Ao modelo keynesiano-fordista, de composição essencialmente econômica (macro e micro), se acrescentou o Welfare State. O WS, projeto aprovado pelo parlamento inglês, em 1946, e inicialmente circunscrito à área da saúde, ampliou-se às demais áreas sociais e se incorporou ao sistema capitalista, tanto quanto o fordismo e o keynesianismo. Impulsionando o Estado a fazer mais despesas, agora no âmbito social, o Welfare State (Estado de Bem-Estar Social) incrementou o investimento e o consumo públicos e ampliou a contribuição estatal à demanda global. Esse efeito foi de tal ordem que keynesianismo e WS se confundiram, levando a que muitos supusessem equivocadamente um ser parte do outro.[3]

O consumo de massa foi durante mais de duas décadas, do pós-guerra a meados dos anos 1960, realizado pela demanda individual, empresarial e estatal que viabilizaram a oferta de massa fordista. Uma oferta variada, de todos os ramos, sempre em grande escala, padronizada e, nos casos de bens duráveis, "de duração ilimitada" sem "mudanças inúteis que ponham fora de moda" os produtos vendidos, como disse Ford em passagem já citada.

2.2 Crise do capital, "administração flexível" e toyotismo

O modo de produção capitalista é caracterizado por muitas contradições. A principiar pela produção social de muitos trabalhadores ser apropriada

---

3. O estudo da política social e nesse quadro o debate sobre o Estado de Bem-Estar Social pode ser encontrado em Behring e Boschetti (2006).

GESTÃO DEMOCRÁTICA E SERVIÇO SOCIAL

individualmente ou por um número pequeno de sócios proprietários ou acionistas da empresa. Outras contradições se sucedem, dentre elas, a transformação de virtudes em problema.

É assim que a virtude de ser padronizada e duradoura vai transformar a produção fordista em fator fundamental da crise do sistema econômico capitalista nos anos 1970. É evidente que outros fatores se combinaram para compor a crise — fatores sociais, financeiros, políticos e ideológicos. Mas a base mais objetiva da crise encontrava-se na contradição fundamental do modo de produção (e seu efeito sobre a realização da mais-valia), cuja forma histórica no período se expressava no modelo hegemônico de desenvolvimento do capitalismo moderno, o modelo keynesiano-fordista.

A dimensão keynesiana do modelo, potencializada com o Welfare State, além de outros aspectos críticos para o capital, que veremos mais adiante, no subcapítulo 3.1.1, converteu-se gradativamente em elevado custo para o Estado, provocando déficits e dívidas que comprometeram a capacidade de investimento público. Mas foi a crise do fordismo, afetando investimentos, emprego, renda e receita tributária, que brecou o círculo virtuoso do mercado e do Estado.

No particular da economia da empresa e da atratividade dos investimentos, a crise paralisava a produção. Além da pobreza e restrição do consumo das massas, "razão última de toda verdadeira crise" (Marx, 2001, p. 455), com os seus estoques domésticos satisfeitos, os consumidores com capacidade de compra não encontravam razão para comprar. Os produtos, com longa expectativa de vida, continuavam padronizados, não se verificando motivo para a compra de um produto em tudo igual ao que se dispunha em casa, funcionando plenamente. A mercadoria M não completava o *ciclo do negócio* e não se convertia em D'. Estava posta uma crise típica de realização da mais-valia. A queda nas vendas leva à redução dos investimentos, ao desemprego de fatores e à diminuição do volume de tributos recolhidos aos cofres públicos. Aos consumidores individuais, às famílias, somava-se o Estado como mais um a retrair sua demanda.

Na comparação com os anos 1950-1960, em que as taxas de crescimento dos países capitalistas avançados (EUA, Alemanha, Inglaterra, França e Japão) exibiam uma média de 4,9% de crescimento anual do Produto Nacional, os 2,6% dos anos 1970 eram um testemunho suficiente da crise. O Japão, grande *milagre* dos anos 1960, com taxas de incremento do produto que chegaram a 14,2% (1968), regride para 3,6% de crescimento anual entre 1973 e 1979 (OCDE, 1986).

Administração flexível

Esse primeiro movimento crítico do modelo de desenvolvimento, ocorrido na economia real, à crise do sistema fordista, é percebido por Toffler (1985). Realizando consultoria na ATT/Bell Corporation, Toffler acusa a padronização como um mal que arrasta a empresa e toda a indústria norte-americana para a crise. Por isso, ele vai dizer que "nenhum problema com que se defronta a indústria americana é mais importante ou menos compreendido que o da inovação" (Toffler, 1985, p. 83).

Seu relatório de consultoria, mais tarde convertido em livro, *A empresa flexível*, defende a despadronização e a inovação aceleradas, em todos os aspectos da empresa. Ele parte da avaliação de que "1955-1970 foram anos de crescimento quase ininterrupto, em circunstâncias equilibradas. Num período assim, a fórmula para adaptação é relativamente simples. [...] 'fazer mais da mesma coisa'. [...] essa estratégia definida tornou-se um caminho para o desastre empresarial" (Toffler, 1985, p. 13-14). Conforme diz Toffler, "durante toda a Era Industrial, a tecnologia exerceu uma forte pressão para a padronização, não apenas da produção, mas também do trabalho e das pessoas [...] agora emerge uma nova espécie de tecnologia que tem justamente o efeito oposto" (Toffler, 1985, p. 78). Mais adiante, explica que "estamos passando da produção fabril em massa [...] milhões de unidades acabadas padronizadas e idênticas" para "bens e serviços individualizados" (Toffler, 1985, p. 131). Segundo ele, trata-se de "uma rápida despadronização dos anseios do consumidor". No seu entender, "na década de 1950, a mesmice suburbana e o conformismo de massa [...] caracterizavam a vida americana. Na década de 1960, no entanto, uma nova diversificação de estilo de vida, opinião, vestimenta, estrutura familiar e necessidade do consumidor começaram a se manifestar" (Toffler, 1985, p. 53)

Não é o consumidor que anseia pela despadronização, mas o sistema que, conforme já percebera Marx, e a seguir Schumpeter, depende de constante inovação para se inovar a si mesmo. Nas palavras de Marx e Engels, "a burguesia só pode existir com a condição de revolucionar incessantemente os instrumentos de produção", "abalo constante", "subversão contínua da produção" (Marx e Engels, 1982, p. 24). Ou, como diria Schumpeter, sessenta anos depois, é preciso "novas combinações", inovar, mudar, para voltar a desenvolver: lançar "um novo bem" ou introduzir "uma nova qualidade de um bem", "um novo método" (Schumpeter, 1982, p. 48). Vale dizer que, para Schumpeter, essas mudanças são de iniciativa do produtor (empresário/capitalista): "é o produtor que, via de regra, inicia a mudança econômica, e os consumidores são educados por ele, se necessário; são, por assim dizer, ensinados a querer coisas novas" (Schumpeter, 1982, p. 48). É desse constructo teórico acerca do desenvolvimento, formulado por Schumpeter, que se vai avançar para a ideia da inovação e do empreendedorismo, nas acepções complexas, schumpeterianas. O conceito de qualidade também passa por redefinição, inovando-se ele mesmo. Agora, entende-se *qualidade* como o processo de "agregação de valor", "melhorias sem fim", tendo em vista atender "necessidades secundárias e terciárias dos clientes", "conduzir melhoramentos contínuos", "novos modelos" (Juran, 1990, p. 46, 291-293). Trata-se então de introduzir o que Ford talvez chamasse de "mudanças inúteis que ponham fora de moda" os produtos vendidos. Inovação "que se poderia chamar de *inovação aditiva*" significa "variações de modelos, tamanhos, estilos e serviços [...] *inovação substitutiva* [...] novos produtos, tecnologias, processos ou procedimentos para substituir ou eliminar os antigos" (Toffler, 1985, p. 87). Não se tratava de uma receita para a Bell ou para a indústria dos Estados Unidos, mas para todo o mundo fordista — isto é, para todo o mundo. Isso se provaria no desenrolar dos anos seguintes.

A obsolescência ultrarrápida passa a ser praticada pelas organizações e Toffler vai dizer que se pode medir o futuro de uma empresa pelo seu *Índice de Novidade*, "a relação entre o novo e o antigo" dentre os produtos oferecidos (Toffler, 1985, p. 85). A ideia de flexibilidade da produção não terá limite. Schumpeter indica 5 tipos de inovação com vistas ao desenvolvimento (Schumpeter, 1982, p. 48). Mas, em rigor, a fronteira para a inovação também é flexível e uma sucessão de mudanças vai se verificando nas empresas contemporâneas: reengenharia, *downsizing, rigthsizing,* terceirização e parceria, multifuncionalidade, remuneração flexível, contrato temporário, *part-time*, Banco de horas, virtualização etc. No todo, são práticas introduzidas sob o comando da despadronização generalizada ou, melhor dizendo, da *repadronização*. Essa repadronização tem como novo padrão a flexibilidade assegurada ao patronato, quando formas de redução de custos e de descompromisso com os trabalhadores são adotadas sob o simpático título de *flexibilização*.

Esse processo de alteração do modelo de acumulação, exigiu, também, uma nova forma de regulação estatal sobre a força de trabalho. Nas palavras de Mota e Amaral (1998, p. 38):

> Enquanto a grande indústria fordista necessitava do keynesianismo, a indústria de produção flexível necessita da liberdade do mercado e da abolição de parte dos controles do Estado sobre as condições de uso da força de trabalho. Esta nova concepção, que já se materializava pela supressão de alguns mecanismos de proteção social, é corroborada pela ofensiva de mudança na legislação do trabalho.

Não é à toa que a recuperação das economias centrais, já iniciada no segundo lustro da década de 1980, inclui a persistência do alto desemprego advindo da década anterior. Diz Anderson, comentando a recuperação das taxas de lucro das empresas, que "a taxa média de desemprego nos países da OCDE [...] duplicou na década de 1980" (Anderson, 1995, p. 15).

A *administração flexível* flexibiliza o produto, que se descarta a curto prazo e se torna obsoleto com celeridade (obsolescência planejada e acelerada; gestão da qualidade); flexibiliza a estrutura da produção, desterritorializando o processo produtivo; flexibiliza a circulação, os pontos de venda, ao explorar a virtualização, facilitada pela *internet*; flexibiliza o contrato de fornecimento e de prestação de serviço com a terceirização e as parcerias, negociadas e renegociadas a qualquer momento; flexibiliza o contrato de trabalho em vários planos: exige a funcionalidade polivalente (multifuncionalidade), a disponibilidade da força de trabalho de acordo com a conveniência da empresa (horário flexível, *house-work*, banco de horas), a dispensa de obrigações sociais e trabalhistas (trabalhador jurídico) e algumas vezes o próprio salário (remuneração flexível). Dá-se ainda, no desenvolvimento dessas flexibilidades práticas, a leniência ética e ideológica, a flexibilização da subjetividade do trabalhador — absolutamente necessária a sua submissão ao capital.

Mota e Amaral (1998, p. 33) assinalam que o que fica patente é que essas ações de racionalização por parte do capital afetam fortemente o trabalho vivo, visando sua potenciação enquanto "fonte produtora de valor e de mais-valia" (Mota e Amaral, 1998, p. 33).

Neste quadro, a *resiliência*, palavra tomada de empréstimo à física, se introduz na *gestão de pessoas*, da administração contemporânea, como um novo conceito que expressa, para o capital, uma característica positiva do trabalhador *flexível*. Resiliência significa a capacidade de o trabalhador sofrer pressões e imposições, convivendo com esse estresse, sem se deixar abalar, sem se opor ou reclamar. Resiliência, portanto, pode custar a renúncia a valores éticos ou ideológicos; à expressão do pensamento e do sentimento. Ou, ainda, comportar-se o empregado como se não tivesse pensamento ou sentimento próprios, a exemplo do *trabalhador bovino*, modelo ideal taylorista.

A propósito, a administração flexível não significa que se tenham abandonado generalizada e definitivamente as práticas tradicionais. A flexibilidade permite o recurso ao taylorismo e ao fordismo quando assim se fizer necessário. Alguns procedimentos são renomeados de modo mais palatável, como o estudo de tempo e movimentos retomado sob o título glamourizado de *gestão do conhecimento*.

A propósito da disponibilidade da força de trabalho à conveniência da empresa, vale dizer que o *horário flexível* significa em muitos casos efetivamente a supressão da jornada legal de 8 horas. Além disto, em certos ramos, suprimiu-se também a fronteira entre a casa e a rua. Isto é, entre a vida pessoal e a funcional do trabalhador. Vejamos o que diz Robbins, em seu livro *Administração — mudanças e perspectivas*, em tópico intitulado *O fim das "9 às 18h"*. *O horário flexível*: "as organizações estão redefinindo o que chamamos de 'expediente'. O conceito do 'das 9 às 18h' é essencialmente um resíduo de quando o trabalho só podia ser medido e realizado num escritório ou fábrica. Hoje, principalmente entre profissionais e técnicos especializados, é cada vez mais tênue a linha que separa o trabalho da vida pessoal" (Robbins, 2000, p. 16).

Robbins esqueceu de dizer que também no escritório e na fábrica a jornada legal foi *redefinida* pelas organizações.

O toyotismo

É neste contexto de flexibilização que reemerge o toyotismo, referido como um fenômeno da administração japonesa. Reemerge — porque o toyotismo tem origem nos remotos anos de 1950, quando da Guerra da Coreia.

Em rigor, se prenuncia com a crise da Toyota, em 1949, que leva a empresa a se endividar com os bancos, os quais exigem reestruturação radical na organização. Em 1950, uma grande greve, reação às demissões e cortes salariais da reestruturação exigida pelos bancos, abala a empresa, que demite "mais ou menos 1.600 operários" (Coriat, 1994, p. 38).

Em junho de 1950, instala-se a Guerra da Coreia, um conflito interno que envolve o sul, sob controle dos EUA, e o norte, sob a URSS, à semelhança do que ocorrera na Alemanha, igualmente dividida sob as duas influências.

A então denominada Coreia do Sul, com apoio norte-americano, faz encomendas de veículos automotivos variados e outras demandas diversificadas, em função da guerra. Para falar dessa origem do Sistema Toyota, Ohno faz a devida associação entre a demissão dos trabalhadores e a guerra da Coreia. Em suas palavras:

> Na realidade, a Toyota teve uma disputa trabalhista em 1950 como resultado da redução da sua força de trabalho. Imediatamente após o acordo, estourou a Guerra da Coreia que trouxe demandas diversas. Nós atendemos essa demanda apenas com o pessoal suficiente e ainda aumentamos a produção. Esta experiência foi valiosa e, desde então, temos produzido o mesmo que outras companhias, mas com 20 a 30% menos trabalhadores (Ohno, 1997, p. 83).

Pessoal suficiente significa o contingente de trabalhadores reduzido em "mais ou menos 1.600 operários", conforme a estimativa de Coriat acima citada.

Dois aspectos são realçados nesta curta narrativa de Ohno: demandas diversas e menos trabalhadores. É nesse sentido que *a administração flexível* e o toyotismo constituem um nexo e ganha sentido a contemporaneidade e simetria dos dois movimentos ou, digamos, *modelos. Ambos constituem uma* **unidade conceitual**, como dissemos em outro espaço (Gurgel e Justen, 2015). Por isso, Gounet vai afirmar que "o toyotismo é uma resposta à crise do fordismo nos anos 1970" (Gounet, 2002, p. 33), ao que acrescentamos: a exemplo da administração flexível. É curioso observar que na citação seguinte a palavra *flexibilidade* é por duas vezes usada, por Ohno, para referir-se ao sistema Toyota:

> O Sistema Toyota de Produção foi inicialmente concebido para produzir pequenas quantidades de muitos tipos para o ambiente japonês. [...] ele evoluiu para um sistema de produção que pode enfrentar o desafio da diversificação. Enquanto o sistema tradicional de produção planejada em massa não responde facilmente à mudança, o Sistema Toyota de Produção é muito elástico e pode

GESTÃO DEMOCRÁTICA E SERVIÇO SOCIAL

enfrentar as difíceis condições impostas pelas diversas exigências do mercado e digeri-las. O Sistema Toyota de Produção tem a flexibilidade para fazer isto. [...] Gostaria de deixar claro que a razão para isso está na insuperada flexibilidade do sistema para se adaptar a condições variantes" (Ohno, 1997, p. 54).

Ohno dialoga com o texto de Toffler ao dizer, como ele, que "valores e desejos diversos da sociedade moderna podem ser vistos com clareza na variedade de carros" (Ohno, 1997, p. 54). Conclui com a convicção de que "foi certamente esta diversidade que reduziu a efetividade da produção em massa [...] Ao se adaptar a diversidade, o Sistema Toyota de Produção tem sido muito mais eficiente que o sistema fordista". A adaptação à diversidade, por seu turno, é uma necessidade da circulação, que estaria exigindo "variedade de carros" que ele, como Toffler, atribui a "valores e desejos" da sociedade moderna. Mas como fazer isto a baixo custo (para baixo preço e lucratividade)?

Ohno está diante do desafio de produzir pequenos lotes e obter produtividade e lucro. Ele sabe que a produção em massa é a fórmula fordista até então usada para obter produtividade.

Fazer grandes lotes de uma única peça — isto é, produzir uma grande quantidade de peças sem uma troca de matriz — é ainda uma regra de consenso de produção. Essa é a chave do sistema de produção em massa de Ford. "O Sistema Toyota de Produção toma o curso inverso. O nosso slogan de produção é 'produção de pequenos lotes e troca rápida de ferramentas'"(Ohno, 1997, p. 107).

Para que isso aconteça, é necessário reorganizar a linha de produção, de modo que se adeque aos lotes de tipos e quantidades diferentes e trocas rápidas de ferramentas e máquinas:

> Em 1949-1950, como gerente de fábrica do que é agora a planta principal, dei o primeiro passo na direção da ideia do just-in-time. Então, para estabelecer o fluxo de produção, rearranjamos as máquinas e adotamos um sistema multi-processo que destina um operador para três ou quatro máquinas. Desde então, utilizei minha crescente autoridade, em toda a sua extensão para expandir essas ideias (Ohno, 1997, p. 49).

Significa dizer que foram criados espaços contíguos diferenciados, onde os trabalhadores operam com o máximo de aproveitamento do tempo. Esses espaços eram separados, mas abertos, para que os trabalhadores de um espaço em que produziam uma dada peça, ao final, não tivessem dificulda-de de passar ao espaço seguinte e se engajar na feitura de outra peça. Diz Ohno, lembrando a fronteira artificial que, em 1945, arbitrariamente dividiu a Coreia em duas, o paralelo 38, que "não podemos traçar um 38º paralelo nas áreas de trabalho uns dos outros [...]o local de trabalho é como uma corrida de revezamento — existe sempre uma área onde se pode passar o bastão" (Ohno, 1997, p. 44).

Portanto, seus operários se movem, ao contrário dos trabalhadores fordistas, com postos fixos ao longo da linha de montagem.

É essa condição — rearranjo do fluxo de produção — que vai ser a base dos "dois pilares necessários à sustentação do Sistema Toyota de Produção: *just-in-time* e autonomação ou automação com um toque humano" (Ohno, 1997, p. 25).

No caso do ***just-in-time***, os espaços de produção operarão "puxados" pela demanda, do cliente à "porta" da fábrica, da "porta" da fábrica aos fornecedores (internos e externos), no tempo certo, "apenas a tempo" da necessidade da produção *(just-in-time),* focando sobre o que e o quanto deve ser produzido naquele espaço, conforme o Kanban[4] descrimine. A *autonomação*, ao dotar as máquinas de sistemas de alarme (em cores) que indicam a neces-sidade de intervenção do trabalhador (o "toque humano"), cria a condição para que um trabalhador opere de 3 a 4 máquinas. Conforme diz, "para que a automação seja eficaz, precisamos implantar um sistema no qual as máqui-nas 'sintam' a ocorrência de uma anormalidade e parem por si próprias"[...] inteligência suficiente para fazer com que sejam autonomizadas e levem a 'poupar operários'" (Ohno, 1997, p. 123).

---

4. Sobre o Kanban, diz Ohno: "Um pequeno pedaço de papel inserido em um envelope [...] de vinil" onde "está escrito quanto de cada parte tem que ser retirada ou quantas peças têm que ser montadas.[...] No método just-in-time, um processo posterior vai até um processo anterior para re-tirar mercadorias necessárias [...] eles estão conectados pela informação de retirada ou de movimen-tação, chamado *kanban de retirada* ou *kanban de movimentação.* [...] Um outro papel é o *in-process* ou *kanban de produção*, o qual solicita ao operador produzir a quantidade retirada do processo anterior. Estes dois kanban funcionam como um, circulando entre os processos dentro da Toyota [...], entre a empresa e suas associadas e também entre os processos em cada associada" (Ohno, 1997, p. 131). Usando o *kanban* para administrar além do estoque, também as necessidades gerais da produção, ele diz que "o Sistema revela claramente o excesso de trabalhadores. Por causa disso, alguns sindi-calistas têm suspeitado que se trata de um mecanismo para despedir operários. Mas não é esta a ideia" (Idem, p. 39).

GESTÃO DEMOCRÁTICA E SERVIÇO SOCIAL

Por isso, Ohno vai dizer que "a base do Sistema Toyota de Produção é a absoluta eliminação do desperdício" (Ohno, 1997, p. 25). Observação que repete à saciedade, ao longo do seu livro. Em uma das repetições, traz um adendo mais revelador, que grifamos: "o Sistema Toyota de Produção é um método para eliminar integralmente o desperdício e aumentar a produtividade" (Ohno, 1997, p. 71).

Ele está se referindo a todo e qualquer desperdício — de material, de máquinas e de trabalhadores — mas é a esses últimos que dedica especial atenção, porque ele sabe que ali está a fonte de criação do valor. A redução de custos e a lucratividade estão na razão direta da produtividade da fonte de valor: o trabalho da força de trabalho. Produzir com menos (trabalhadores) — é a palavra de ordem do toyotismo.

Expressamente, "a redução da força de trabalho significa aumentar a proporção de trabalho com valor agregado" (Ohno, 1997, p. 75).

Ele compreendia que "há duas maneiras para aumentar a eficiência: aumentar as quantidades produzidas", como fez Ford e o fordismo, ou "reduzir o número de trabalhadores" (Ohno, 1997, p. 77). Essa última é a chave da Toyota e também a chave para entender o toyotismo. Ohno, tinha para a alternativa assumida um ponto de partida: "Na Toyota, como em todas as indústrias manufatureiras, o lucro só pode ser obtido com redução de custos" (Ohno, 1997, p. 30).

A redução de custos de fato pode ser obtida em boas negociações com fornecedores, na escolha da tecnologia adequada e até mesmo na conservação dos equipamentos e instalações, sem falar da administração de estoque, para o que o Kanban tinha um papel importante. Mas o item de custos mais plástico e flexível é a força de trabalho, cuja variabilidade se presta à exploração crescente.

Ohno é convicto desta possibilidade de economia de custo por via da exploração máxima da capacidade de trabalho. Em algumas passagens do seu livro *O Sistema Toyota de Produção*, isto se revela de modo muito claro. Vejamos a que segue.

> o próximo passo para o Sistema Toyota de Produção foi o de embarcar na demolição do sistema de um número fixo de operários. Este foi o conceito da redução do número de operários. [...] Uma linha de produção com cinco operários é organizada de tal modo que o trabalho possa ser feito por quatro homens no

caso de um faltar. Mas a quantidade produzida é somente 80% do padrão. A fim de se por esta ideia em prática (demolição do número fixo), fazem-se necessários aperfeiçoamentos no *layout* da planta e nos equipamentos, assim como deve ser instituído o treinamento dos operários multifuncionais para que os tempos permaneçam normais (Ohno, 1997, p. 123-124).

Ou a passagem em que descreve um diálogo muito provável:

Atualmente podemos fazer cálculos muito rapidamente, e isto pode causar problemas. O seguinte incidente aconteceu no final de 1966 [...] Os Corolas [...] vendiam bem. [...] Eu instrui o chefe da seção de motores para que ele produzisse 5.000 unidades e usasse menos de 100 operários. [...] ele relatou: 'nós podemos produzir 5.000 unidades utilizando 80 operários' [...] perguntei a ele: 'Quantos operários podem produzir 10.000 unidades?' Ele respondeu imediatamente: '160 operários'. Então eu gritei com ele: 'na escola primária eu aprendi que duas vezes oito é igual a dezesseis. Depois de todos esses anos, você acha que eu devo aprender isso de você? [...] acha que eu sou idiota?' Não muito depois, 100 operários estavam produzindo mais de 10.000 unidades" (Ohno, 1997, p. 84).

Páginas adiante, ele volta ao tema: "Reduzir o número de operários quer dizer que uma linha de produção ou uma máquina pode ser operada por um, dois, ou qualquer número de operários. A ideia surgiu pela necessidade de se refutar o imperativo de um número fixo de operários por máquina" (Ohno, 1997, p. 124).

Sua confiança nas possibilidades de levar a exploração do trabalho a níveis radicais, o faz cunhar uma frase definitiva: "Na verdade, sempre digo que a produção pode ser feita com a metade dos operários" (Ohno, 1997, p. 124).

Ele já havia insinuado isto em página passada, quando comenta que "se considerarmos apenas o trabalho que é necessário como trabalho real e definimos o resto como desperdício, a equação a seguir será verdadeira, sejam considerados trabalhadores individuais ou a linha inteira: Capacidade atual = trabalho + desperdício" (Ohno, 1997, p. 39).

Esta questão lhe pareceu estar no nascedouro da Toyota: "durante toda a disputa sobre a redução da força de trabalho ao longo de 1950 e a posterior expansão dos negócios ocasionada pela Guerra da Coreia, a Toyota lutou com o problema de como aumentar a produção sem aumentar a força de trabalho" (Ohno, 1997, p. 38/39)

GESTÃO DEMOCRÁTICA E SERVIÇO SOCIAL

O Sistema Toyota é concebido com esta predisposição, como se pode perceber de suas palavras: "No Sistema Toyota de Produção pensamos a economia em termos de redução da força de trabalho e de redução de custos. A relação entre esses dois elementos fica mais clara se considerarmos uma política de redução da mão de obra como um meio para conseguir a redução de custos" (Ohno, 1997, p. 69).

Ele repete o raciocínio na página seguinte, como em inúmeras passagens do livro: "A redução da força de trabalho na Toyota é uma atividade que atinge toda a empresa e tem por fim a redução de custos. Portanto, todas as considerações e ideias de melhoria devem estar relacionadas à redução de custos" (Ohno, 1997, p. 70).

Portanto, o Sistema Toyota de Produção reúne vários conceitos e práticas, tais como os sistemas anteriormente conhecidos (taylorismo e fordismo), mas o centro de sua eficácia se encontra onde todos os demais estão: na produtividade da força de trabalho, encontrada com a redução do número de trabalhadores empregados. Trata-se de fazer com que um pequeno e proporcionalmente decrescente número de operários produza intensamente, criando valor excedente em poucas horas. Para isto a Toyota lança mão de tecnologia avançada e variados exercícios de racionalização do trabalho, depositando-se grande confiança nesses últimos, como se pode perceber da observação de Ohno no sentido de que "discutimos a redução de mão de obra para reduzir custos. Demonstramos até mesmo a partir de estatísticas reais da Toyota que, realizando racionalização verdadeira, a produção poderia ser feita de forma mais barata sem robôs" (Ohno, 1997, p. 122). Nesse sentido, "fica evidente que as estratégias participativas [dentre outras relacionadas à racionalização da produção] não rompem com a concepção taylorista da gerência, nem com a divisão entre concepção e execução no processo de trabalho" (Cesar, 1998, p. 122).

Não seria verdade dizer que os variados conceitos não têm real significado. *Just-in-time*, Autonomação, Kanban, rearranjos da planta de produção, terceirizações e parcerias são peças importantes na engrenagem. As terceirizações e parcerias, por exemplo, têm um papel importantíssimo no *just--in-time*, na medida em que realizam o fornecimento ou aporte de serviço na hora e minuto contratados, poupando a Toyota de estoques e do *empate de capital* — capital sem valorização imediata.[5] Mas o conceito direta e

---

5. "A Toyota impõe aos fornecedores seu sistema de produção: máxima flexibilidade, obrigação de instalar-se em um raio de 20 km de suas fábricas [...] emprego do kanban [...] (os custos salariais

consistentemente associado à eficácia toyotista é a *multifuncionalidade*, que permite a economia de mão de obra, a "eliminação do desperdício" da força de trabalho. Todos os trabalhadores se fazem disponíveis para todos os momentos da produção. Há o que se convencionou designar como um ambiente tenso, "fábrica tensa", ou como Gounet se refere "o gerenciamento *by stress* (por tensão): "Em toda a cadeia de produção há sinais luminosos com três luzes: verde, tudo em ordem; laranja, há superaquecimento, a cadeia avança em velocidade excessiva; vermelha, há um problema" (Gounet, 2002, p. 29). Ele continua: "alguém pode acreditar que o objetivo é [...] um verde tranquilizador. Nada disso!". E esclarece: "É preciso que os sinais oscilem permanentemente entre o verde e o laranja, o que significa uma elevação constante do ritmo de produção" (Gounet, 2002, p. 30). Os trabalhadores também estarão em alerta para se movimentar nas direções que se fizerem necessárias, com sua polivalência funcional e sua adesão cooperativa.

Ohno perseguiu a multifuncionalidade desde cedo. Segundo ele

> organizamos as máquinas paralelas ou em forma de L e tentamos fazer com que um trabalhador operasse três ou quatro máquinas ao longo da rota de processamento. Encontramos porém uma forte resistência por parte dos trabalhadores da produção, embora não tenha havido aumento de trabalho (*sic*) ou das horas trabalhadas. Nossos artífices não gostaram do novo arranjo que exigia que eles passassem a funcionar como operadores de múltiplas habilidades. Eles não gostaram de mudar de "um operador, uma máquina" para um sistema de "um operador, muitas máquinas" em processos diferentes (Gounet, 2002, p. 32).

Essa resistência seria superada sob o peso da pressão política do governo, o enfraquecimento dos sindicatos e o desemprego. Revelando isso, mas principalmente dando o fato como uma contingência japonesa, Ohno diz que

> A reorganização das máquinas no chão-de-fábrica para estabelecer um fluxo de produção eliminou o desperdício de estocar peças. Ela também nos auxiliou a atingir o sistema "um operador, muitos processos" e aumentou a eficiência da produção em duas e três vezes. Já mencionei que nos Estados Unidos esse sis-

---

são geralmente 30% a 50% inferiores), a montadora fixa as condições de preço, prazo e qualidade (Gounet, 2002, p. 28). Esta relação de ingerência da Toyota sobre suas parceiras é várias vezes referida por Ohno, inclusive na definição de kanban, que trazemos na nota 4.

GESTÃO DEMOCRÁTICA E SERVIÇO SOCIAL

tema não poderia ser facilmente implementado. Foi possível no Japão porque não tínhamos sindicatos estabelecidos por tipo de tarefa como os da Europa e dos Estados Unidos. Consequentemente, a transição do operador unifuncional para o multifuncional ocorreu relativamente sem problemas" (Ohno, 1997, p. 34).

Na verdade, o sindicalismo industrial japonês, para conveniência da Toyota, também passou por transição. Seu histórico de lutas e greves crescentes — "em 1946, há em média 118 paralisações do trabalho por mês, em 1947, 113, em 1948, 170" — também é abalado sob a pressão do governo, dos bancos e do desemprego (Gounet, 2002, p. 31). Nos anos 1950, esse sindicalismo combativo dá lugar ao sindicalismo doméstico (da empresa) e domesticado.

Sobre a "transição" funcional ele comenta que "um trabalhador pode atender a diversas máquinas, tornando possível reduzir o número de operários [...] ele pode operar um torno, lidar com uma furadeira e também fazer funcionar uma *freza*. Ele pode até soldar" (Ohno, 1997, p. 28/34).

Já dissemos que os aspectos político-sindicais e o desemprego pesaram na "transição". Nas palavras de Coriat, "o sindicalismo de empresa, cuja característica essencial é ser reputado como bem mais cooperativo" deu grande contribuição para isto (Coriat, 1994, p. 84). Mas devem ser acrescentados aspectos da gestão: o *emprego vitalício*, o *salário por antiguidade* e o *mercado interno*, práticas da empresa japonesa que potencializaram a cooperação sindical (Coriat, 1994, p. 85-92).

O emprego vitalício é uma promessa de estabilidade que "concerne às grandes empresas (30% apenas da população operária ativa, é a avaliação geral)", diz Coriat (1994, p. 88). O autor acrescenta que, apesar disso, "as empresas sempre recorreram a diminuições de pessoal quando julgaram necessário. O sistema dispõe de 'flexibilidade' que é utilizada neste nível, quando a necessidade se faz sentir".

O salário por antiguidade é, como diz o nome, um procedimento de melhorias salariais com o passar do tempo, cujo objetivo é evidentemente premiar aqueles que melhor servirem à empresa por mais tempo.

O mercado interno de trabalho é uma definição do subsistema de "mobilidade e promoção interna" dos trabalhadores, como sintetiza Coriat (1994, p. 92). Tem o poder de estimular as aspirações de encarreiramento, facilitando a cooptação de lideranças e sua submissão à empresa.

Os três métodos são igualmente parte do discurso ideológico, que inevitavelmente se faz presente também no toyotismo, como tivemos ocasião de expor no texto *O papel da ideologia nas teorias organizacionais* (Gurgel, 2015).

Como comporta a uma boa formulação ideológica, a promessa pode acontecer de fato e isso é o suficiente para inspirar nos trabalhadores o mesmo fenômeno a que chamamos de *esperança lotérica*: se participar do "jogo", poderá ganhar.

Em se tratando de ideologia, Ohno não fica nos métodos de relações industriais de trabalho. Em várias passagens do seu livro faz comparações do trabalho com o esporte, como também já lemos em Taylor. Suas imagens de *passar o bastão* e *corrida de revezamento*, que já conhecemos, são acompanhadas de *time de beisebol*, de vôlei, de remadores... Esforços discursivos, ideológicos, para reforçar seus métodos onde o senso de *equipe* tem *obrigatoriamente* que funcionar.

Dentre os traços de caráter ideológico presente no toyotismo que é necessário tratar, mesmo que brevemente, pois será objeto de discussão nos capítulos 5 e 6, está a questão da *participação*. A participação nessa dinâmica de gestão se limita a criar um clima de equipe que possibilite aumentar a produtividade, convocando os trabalhadores a "participar" do processo de produção. No entanto, o chamamento à participação se restringe ao "como fazer". Pois, as decisões sobre "o que fazer", "para que fazer" e "quanto fazer" continuam centralizadas na estrutura de comando estratégico da empresa, de que os trabalhadores não participam. Esse processo, conforme analisa Cesar (1998, p. 124), "a despeito do discurso gerencial sobre a técnica — na realidade, estão mobilizando uma ação eminentemente política, que tem na subordinação 'consentida' dos trabalhadores a expressão máxima da subsunção do trabalho ao capital".

Em síntese, o toyotismo é um sistema de produção:

— Destinado à produção diversificada, algumas vezes de pequenos lotes, oposta à produção em massa fordista;

— Cujos preços baixos e lucratividade se apoiam em elevada produtividade obtida com pequeno número de trabalhadores;

— Que são treinados para multifunções/multifuncionalidade, operando várias máquinas, em ambiente tenso, de trabalho intenso;

GESTÃO DEMOCRÁTICA E SERVIÇO SOCIAL

119

— Como parte do esforço para redução de custo, principalmente sobre o item trabalho, o toyotismo opera no *just-in-time*, evitando *desperdício* de capital, de equipamentos, instalações e operários;

— Usa a terceirização e a parceria, como meio de assegurar, no exato tempo, *just-in-time*, os componentes, materiais e serviços contratados a outras empresas, submetidas aos seus padrões e exigências, em operação horizontal, mais uma vez oposta ao verticalismo fordista;

— Realiza as comunicações necessárias da etapa posterior para a anterior, por ordens de demanda via um papel com especificações, o Kanban, que permite controlar a demanda da clientela, os estoques, a quantidade e os movimentos dos trabalhadores efetivamente envolvidos e outros fatos ocorridos na empresa;

— Para viabilizar a multifuncionalidade, dispõe as máquinas e ferramentas de maneira adequada, com rearranjo que habilita o compartilhamento de espaço pelos trabalhadores, e em que as máquinas contam com sistema de alarme visual, cujo vermelho indica a necessidade de intervenção do trabalhador (autonomação);

— Como formas de obtenção de cooperação, sinaliza para os trabalhadores com os elementos básicos da grande indústria japonesa: o emprego vitalício, o salário por antiguidade e o mercado interno de trabalho;

— Associa, a esses procedimentos de relações sociais de produção, apelos ideológicos para estimular a ideia de equipe, de cooperação, participação, *team*, qualidade total, enfim, discursos de exortação ao trabalho e colaboração;

— Conta para tudo isso com o sindicalismo de empresa japonês, advindo após violentos embates, perdidos pelo sindicalismo combativo antes existente, e cujo caráter cooperativo teve e tem importante papel na exploração do trabalho promovida pelo método "um trabalhador, várias funções".

Tornou-se comum atribuir ao toyotismo tudo mais que constitua nova ou aparentemente nova prática de gestão. Nisso se incluem os Círculos de Controle de Qualidade, CCQ, reuniões abertas a que são chamados os trabalhadores da empresa para darem espontaneamente suas sugestões sobre o trabalho e os produtos.

Para finalizar, é importante ressaltar, brevemente, pois retomaremos essa questão de forma detalhada no capítulo 6, que esses procedimentos adotados pela *administração flexível* e pelo *toyotismo*, indicam claramente a flexibilização da estrutura burocrática das empresas (terceirização, desregulação dos contratos de trabalho...), principalmente, no que se refere aos elementos que poderiam garantir algum tipo de proteção ao trabalhador e a seus interesses. Esse é, sem dúvida alguma, o grande tributo da reestruturação do capital pago pelos trabalhadores contemporâneos.

Sugestões bibliográficas

Nossa primeira e fundamental sugestão é a leitura de Karl Marx, *O capital* (São Paulo: Difel, 1985), livro 1, cap. 1, A mercadoria. Além deste capítulo, é interessante complementar, ainda com Marx, lendo Trabalho assalariado e capital, em Karl Marx e Friedrich Engels, *Textos*, v. 3 (São Paulo: Edições Alfa-Ômega, 1982). Uma leitura brasileira sobre o assunto é o livro de José Paulo Netto e Marcelo Braz. *Economia política* — uma introdução crítica (São Paulo: Cortez, 2006). A obra de Leo Huberman, *História da Riqueza do Homem* (Rio de Janeiro: Zahar, 1970), ajuda a materializar algumas referências da relação capital/trabalho que vemos tratadas naquelas passagens de Marx. Obras que debatem as duas correntes da gestão devem ser consideradas como importantes agregações, principalmente o livro de Harry Braverman, *Trabalho e capital monopolista* (Rio de Janeiro: Zahar Editores, 1977). O artigo de Claudio Gurgel e Agatha Justen, Teorias organizacionais e materialismo histórico, publicado na revista *Organização & Sociedade* (Salvador, v. 22, n. 73, p. 199-221, abr./jun. 2015) faz a cobertura da evolução teórica da administração ao longo do século XX, sob ótica marxista, e pode ser uma sistematização útil ao estudo crítico da gestão. Para se ter um quadro do ambiente neoliberal em que o toyotismo se desenvolve, são boas indicações a obra de David Harvey, *Condição pós-moderna* (Rio de Janeiro: Loyola, 1994), o texto de Alvin Toffler, *A empresa flexível* (Rio de Janeiro: Record, 1985), onde se vê a estreita relação com a estratégia da obsolescência acelerada e com a base técnica toyotista. Na área do Serviço Social, o livro de Ana Elizabete da Mota, *O Feitiço da Ajuda* (São Paulo: Cortez, 2008), publicado pela primeira vez em 1985, que tem como objetivo desvelar as "determinações do Serviço Social na empresa", é uma leitura que permite contextualizar criticamente a intervenção do assistente social neste campo profissional. Esse livro tornou-se um clássico sobre a temática na área do Serviço Social. O trabalho organizado pela mesma autora e publicado treze anos depois, *A nova fábrica de consensos* (São Paulo: Cortez, 1998), se concentra no estudo da reestruturação produtiva, seus impactos no mundo do trabalho e as repercusões operadas na intervenção do assistente social nas empresas. Essa mesma temática é desenvolvida pela professora Lúcia Freire (*O Serviço Social na reestruturação produtiva*, São Paulo: Cortez, 2003), oferecendo um estudo sobre a particularidade da reestruturação no Brasil, tendo como eixo a questão da saúde do trabalhador. Essa bibliografia da área do Serviço Social, apesar de não ter como objeto central as chamadas teorias organizacionais, oferece um panorama delas, principalmente do *toyotismo* e da *administração flexível*, em sua relação com a intervenção profissional do assistente social.

Filmografia

Papai batuta. Estados Unidos, 1950. Direção: Walter Lang. Duração: 85 min.

Conta a vida de Frank Gilbret, parceiro de Taylor e inspirador dos Estudos de tempo e movimentos. De modo bem-humorado, revela o racionalismo dominante na época.

Tempos modernos. Estados Unidos, 1936. Direção: Charles Chaplin. Duração: 87 min.

Chaplin faz uma crítica ao sistema fordista, ironizando seu mecanicismo e denunciando o caráter anti-humano do sistema.

A linha de montagem. Inglaterra e Estados Unidos, 1996. Direção: Peter Pagnamenta (BBC, Londres). Duração: 50 min.

Documentário expondo o desenvolvimento do fordismo, oferecendo detalhes muito ilustrativos da descrição contida no capítulo.

A sopa dos pobres. Inglaterra e Estados Unidos, 1996. Direção: Peter Pagnamenta (BBC, Londres). Duração: 50 min.

Documentário sobre a crise dos anos 1930 que traz uma descrição completa do New Deal, política de Roosevelt para reconstruir os Estados Unidos e que repercutiu em todo mundo, inaugurando o modelo keynesiano-fordista.

Do fordismo ao toyotismo — semelhanças e diferenças. Brasil. Direção: prof. Antonio Ney. Duração: 5:46 min. <https://www.youtube.com/watch?v=L94tFPTqhy4>

Trabalho acadêmico que combina cenas reais, ficção cinematográfica e textos acadêmicos sobre o fordismo, o toyotismo e sua transição.

O Capital. França, 2013. Direção: Costa-Gavras. Duração: 110 min.

Filme que expõe e discute a financeirização do capital e suas consequências no plano das relações humanas e da ética, na contemporaneidade.

Proposta de exercício

1 — Considerando as correntes teóricas apresentadas, taylorismo, fordismo, administração flexível e toyotismo, identificar inicialmente os elementos que caracterizam cada uma delas, a seguir, aqueles elementos que são comuns a todas e que explicam determinantemente a elevação da produtividade e a obtenção da cooperação. Finalmente, destacar qual dos elementos comuns identificados pode ser apontado como o fundamental para a produtividade e a cooperação.

CAPÍTULO 3

O Estado no capitalismo contemporâneo

Para iniciar este capítulo cabe retomar dois registros fundamentais já tratados no início do livro. O primeiro refere-se ao fato de que a burocracia, enquanto expressão da administração capitalista, é essencialmente uma ordem administrativa voltada para a dominação da classe burguesa para viabilizar sua finalidade de produção e apropriação privada da mais-valia, realizada pela exploração da força de trabalho. O segundo registro diz respeito à dinâmica contraditória que, principalmente, a burocracia pública opera para garantir a dominação, através de mecanismos que possibilitam a legitimação da ordem de exploração.

Em relação ao *caráter classista da burocracia pública* e a sua impossibilidade de suprimir as expressões da questão social, o texto de 1844 de Marx, ao fazer a crítica a Arnold Ruge, é certeiro ao tratar da administração do Estado:

> [...] a administração deve limitar-se a uma atividade formal e negativa, uma vez que lá onde começa a vida civil e o seu trabalho, cessa o seu poder. Mais ainda, frente a consequências que brotam da natureza a-social desta vida civil, dessa propriedade privada, desse comércio, dessa indústria, dessa rapina recíproca das diferentes esferas civis, frente a estas consequências, a impotência é a lei natural da administração (Marx, 2016, p. 8).

Ou seja, as mazelas da sociedade não podem ser superadas pela administração pública, elas são produtos das relações sociais de produção da sociabilidade burguesa, como vimos no Capítulo 1.

No entanto, o Estado ao não realizar os interesses do capital de forma automática (Holloway, 1982) e, devido à sua atuação de materializar a dominação também buscando o consenso dos explorados e dominados, ao atender certas demandas e necessidades das classes subalternas, realiza a dominação de forma contraditória. Por isso, podemos constatar no processo de desenvolvimento histórico da configuração do Estado capitalista, em determinados períodos e regiões, a ampliação de suas ações, realizadas pela burocracia pública, no que se refere ao atendimento de determinadas demandas e necessidades das classes subalternas. Os exemplos clássicos são as estruturações dos Estados de Bem-Estar em alguns países centrais, principalmente ao longo do período de 1950 a 1970.

A determinação em última instância para a efetivação de uma gestão democrática nos termos propostos está centrada na possibilidade (condições objetivas e subjetivas) de uma construção hegemônica na sociedade civil que conduza o Estado e sua ordem administrativa a desenvolver políticas públicas econômicas e sociais que venham a garantir a expansão de direitos. Por outro lado, a determinação em primeira instância deve ser buscada na formação estatal constituída ao longo do desenvolvimento capitalista e o ordenamento administrativo correspondente para verificar nessa instância os elementos que obstam e aqueles que podem potencializar a organização estatal e administrativa no sentido da universalização de direitos. Obviamente, esse raciocínio deve ser desenvolvido à luz da particularidade do desenvolvimento do capitalismo brasileiro.

Entendemos, como apresentado no Capítulo 1, que na sociedade de classes é impossível expandir direitos (atendimento de determinadas necessidades das classes dominadas na sociedade capitalista), se não possuir Estado forte na área social e, por consequência, uma burocracia pública estruturada para implementar as ações para a efetivação de direitos. Apesar, registra-se mais uma vez, que entendemos, como amplamente exposto anteriormente, ser o Estado e a burocracia instrumentos de dominação de classe.

No entanto, burocracia pública estruturada para a efetivação de direitos que atendam as classes subalternas é condição necessária, apesar de insuficiente, para ampliação de direitos no quadro da sociabilidade burguesa, devido a sua dinâmica contraditória na busca da legitimação da dominação, enquanto ordem administrativa do Estado capitalista.

A partir dessas referências e do contexto do capitalismo contemporâneo, traçado no capítulo anterior para analisar a dinâmica da administração no campo da produção, analisaremos, neste capítulo, o contexto atual da gestão no âmbito da reprodução social, enfocando os elementos gerencialistas que incidem sobre o Estado capitalista e as organizações da sociedade civil e traçando um breve panorama histórico do desenvolvimento da administração pública no Brasil.

3.1 O Estado no Capitalismo Contemporâneo

Este item tem como objetivo explicitar as conexões entre a dinâmica do capitalismo contemporâneo, a partir da crise da década de 1970, com as chamadas propostas de reforma do Estado, principalmente em sua dimensão administrativa, visando demonstrar que elas, na verdade, se estruturam como um movimento de *contrarreforma* neoliberal.

Do ponto de vista teórico, como ressalta Behring (2003), devemos rejeitar a utilização do termo "reforma" pelos neoliberais, mostrando que eles fazem uma "apropriação indébita" da concepção reformista, na medida em que a utilizam para identificar qualquer proposta de mudança ocorrida, independente do sentido, da orientação sociopolítica e da finalidade de sua implementação. Dessa forma, retira-se da concepção de reforma todo o arsenal histórico e teórico que sempre a relacionou com a orientação da intervenção dos movimentos progressistas e de esquerda na sociedade.

Corroborando com esta análise, Nogueira (1998, p. 17) assinala que:

> há de se tentar, no mínimo, reafirmar a consanguinidade entre *reformismo* e *esquerda*, e demonstrar que a concepção de reforma que tem a esquerda é a única capaz de se pôr da perspectiva da totalidade dos homens, dos iguais e, particularmente, dos desiguais.

A partir da análise que desenvolveremos a seguir, ficará nítido para o leitor que as propostas defendidas, conduzidas e implementadas, no contexto da reestruturação do capital, possuem caráter regressivo, pois buscam

GESTÃO DEMOCRÁTICA E SERVIÇO SOCIAL

destituir os avanços alcançados após a Segunda Guerra Mundial, em termos, principalmente, de direitos sociais.

3.1.1 Crise dos anos 1970: reestruturação do capital e a contrarreforma neoliberal do Estado

As crises do capitalismo são objeto de variadas teorias e explicações. Há um certo reconhecimento por parte de importantes teóricos, de orientações ideológicas diferentes, quanto a periodicidades, ciclos de crise e crescimento do capitalismo. Estudiosos como Gunther Frank, Immanuel Wallerstein, W.W. Rostow, recuperaram a tese de Kondratiev segundo a qual em períodos de 50 a 60 anos, as *ondas longas*, ocorrem ascenso e declínio no sistema econômico. Kondratiev tomou o período de 1780 a 1920 para o seu estudo, publicado em 1926 (Kondratiev, 1979).

Daquele ano para os dias atuais, muitas outras manifestações críticas do sistema — retrações e recessões, situações de crise de maior e menor extensão — se verificaram. É desse período, pós 1920, a Grande Depressão que a partir dos Estados Unidos colheu o mundo nos anos 1930.

Há portanto um certo consenso de que o sistema tem contradições que o levam a viver crises constantes.

Mandel observa que "houve 20 crises de superprodução, com intervalos mais ou menos regulares [...] Supor que uma doença que se repete 20 vezes tenha, a cada vez, causas particulares e únicas, fundamentalmente estranhas à natureza mesma do doente... é claramente inverossímil e ilógico" (Mandel, 1990, p. 211).

Anteriormente, Marx já observara essa imanência das crises no capitalismo, comentando que "as crises sempre representam apenas a solução violenta e temporária das contradições existentes, são explosões violentas que restabelecem o equilíbrio violado" (Marx, 1978, p. 259).

Igualmente, Keynes (1964, p. 299-300) explica que

"por movimentos cíclicos queremos dizer que, quando o sistema evolui, por exemplo, em direção ascendente, as forças que o impelem para cima começam adquirindo impulso e produzem efeitos cumulativos de maneira recíproca, mas perdem gradualmente a sua potência até que, em certo momento, tendem a ser substituídas pelas que operam em sentido oposto... existe certo grau de regularidade na sequência e duração das fases ascendentes e descendentes.

Os estudos sobre os ciclos econômicos, a partir de Kondratiev, estão sempre presentes a cada crise do sistema. Deles se extraiu a compreensão de que há uma evidente associação entre as ondas — crescimento e declínio — e as bases tecnológicas, forças produtivas, e modelo de acumulação. Portanto, como observa Theotonio dos Santos, "poderíamos associar cada ciclo a um regime de acumulação" de capital existente (Dos Santos, 2004, p. 151).

Por isso, a explicação para a crise dos anos 1970 deve ter como partida a configuração do regime de acumulação com que se deu o ascenso econômico reconhecido por todos, com início no imediato pós-guerra, 1945, até os anos finais da década de 1960. Sempre que fixamos períodos, há a necessidade de se considerar as defasagens de impacto dos fenômenos gerados nos países centrais sobre os periféricos, no sentido de dependentes. Assim também é preciso levar em consideração as condições próprias, algumas específicas, dos diversos países. A questão central que se coloca é capturar os elementos comuns e principais da crise, que estariam no regime de acumulação instituído em dado período.

Cabe portanto perguntar qual a base tecnológica e o regime de acumulação responsáveis pelo crescimento econômico do pós-guerra?

Podemos dizer que há quatro elementos que se reúnem para superar a crise dos anos 1930, instituindo um novo regime de reprodução do capitalismo:

a) O **sistema fordista** de produção, cujas características já vimos em páginas passadas e de onde se destacam a padronização e a durabilidade dos produtos, massivamente produzidos na linha de montagem;

b) O **modelo macroeconômico keynesiano**, em que o papel do Estado é assegurar o bom nível de consumo agregado, através do *pleno emprego*, do monitoramento da propensão a consumir e a poupar, além de políticas econômicas voltadas para proporcionar a infraestrutura (vias de transporte, energias, telecomunicações etc.) e outros aportes (insumos básicos, pesquisa e desenvolvimento etc.) necessários aos investimentos privados;

c) O **Estado de Bem-Estar Social**, definindo-se como assistência às necessidades básicas do cidadão. Inicialmente o EBES é restrito à área da saúde, assistência e previdência inglesas, depois ampliado para outras áreas sociais e assumido, gradativamente e sob variadas extensões, por quase todos os países da esfera capitalista. Ainda que se distingam entre si, em aspectos funcionais, ao EBES se devem acrescentar os estados social-democratas, cuja preocupação com a dimensão social é destaque;

d) O **modelo de controle social e administração burocrático**, destinado a dar racionalidade às relações de trabalho e negociais, imprimindo ao Estado e às empresas procedimentos aparentemente justos/legais, legitimados exatamente por isto — aparência de racionalidade e legalidade.

Essa combinação tinha um subtexto, um compromisso tácito: a abertura de um novo tempo de paz, colaboração entre as nações e as classes, com olhar especial para as carências dos trabalhadores e dos necessitados de toda ordem. Ainda que isso tenha sido abalado pela nova ordem internacional de *guerra fria*, se consolidou no novo regime de acumulação a ideia de que os trabalhadores e seus instrumentos de exercício e defesa de direito — sindicatos, partidos, movimentos, associações etc. — deveriam ter papel relevante na construção de "um mundo capitalista humanizado", em sucessão ao "capitalismo selvagem". Não é preciso dizer que a própria *guerra fria* em aparente paradoxo contribuiu para isto, com os países capitalistas compreendendo ser necessária uma resposta positiva ao avanço ideológico do socialismo.

É com essa *base tecnológica fordista*, com os *postulados keynesianos, programas do EBES* e *organização* e *gestão burocráticas*, que se produz a *era de ouro* do capitalismo moderno, para usar a expressão de Hobsbawm (1995). Crescimento médio de 4,9% da produção nacional dos países avançados, expansão do produto per capita em 3,8%, incremento das exportações em 8,6%, na média dos anos 1950-1973, e a taxa de lucro tendencialmente ascendente, entre 4 e 5%, de 1952 a 1966 (OCDE, 1986 e Harvey, 1994, p. 134 e 180).

A esse regime de acumulação se convencionou chamar de *modelo keynesiano-fordista*, sintetizando o conjunto de subsistemas constitutivos do regime de acumulação. Poderíamos, com mais precisão chamá-lo de *modelo keynesiano-fordista-assistencial-burocrático;* é "essa combinação, do ponto de vista da gestão, nos conceitos público e privado [...] quatro vertentes que se associaram, em diferentes proporções, conforme a experiência local" (Gurgel, 2003, p. 101)

No final dos anos 1960 — "em 1967 se apresentam os primeiros sinais da crise econômica" — particularmente nos Estados Unidos, que "não teve crescimento (– 0,5) [...] mas também na Europa, Canadá, Japão, Austrália etc." (Dos Santos, 2011, p. 197, 188, 199).

Essa crise se expressou nos declinantes números dos produtos brutos das principais economias mundiais. Em grande medida, suas estruturas econômico-sociais eram semelhantes, operando com o mesmo modelo keynesiano-fordista. Mas as demais economias também sofreram porque os EUA, em particular com Nixon e sua Nova Política Econômica, transferiram, como de praxe, a crise americana para todo o mundo: em agosto de 1971, o governo norte-americano congelou preços e salários, bloqueou a conversão de dólar em ouro e sobretaxou as importações em 10%.

Em termos estatísticos, é notável a passagem do auge ao declínio. As médias de crescimento do produto, nos anos anteriores à década de 1970, alcançaram patamares elevados de crescimento econômico. Certamente que o melhor exemplo a ser citado é o Japão, fenômeno de crescimento nos anos 1960, com taxa média de 10% de incremento anual. A economia japonesa encolhe nos anos 1970, com sua média de crescimento anual declinando para 3,6%. A Alemanha, de 4,1% desce a 1,3%; a França, de 5,4% cai a 1,1%; a Inglaterra, de 3,1% a 1,2%, naquele mesmo período. Com toda a Nova Política Econômica, o mesmo itinerário vai fazer a economia dos Estados Unidos, cuja média de crescimento sai de 4,4% nos anos 1960 para 2,5% nos anos 1970/1985. O conjunto dos países da Organização para Cooperação e Desenvolvimento Econômico — OCDE conheceu quedas semelhantes em sua produção nacional, descendo de uma média de crescimento de 5,1%, nos anos 1960, para 2,2%, nos anos 1970/1985 (Relatório da OCDE, 1986). Segundo Anderson, "nos anos 1970, a taxa de lucro das indústrias da OCDE caiu em cerca de — 4,2%" (Anderson, 1995, p. 15).

Vários fatores se reúnem para provocar essa crise. Entretanto, devemos considerar que se as bases tecnológicas e o modelo de acumulação são os responsáveis, no ciclo econômico, pelo apogeu, também o são pelo declínio.

Devemos partir da percepão tida por Toffler, referida no capítulo 2, que a crise se expressa concretamente no modelo de produção fordista, cujas características já referidas de padronização e durabilidade vão saturar o mercado consumidor. A um dado momento, a persistência em repetir os padrões e manter a longa vida dos produtos vai implicar em que os consumidores com capacidade de compra encontrem nas lojas o que já têm em seus estoques domésticos. A produção com essas características tem, ademais, o caráter do capitalismo, inclinado à superprodução/subconsumo e queda da taxa de lucro, seja (a) pelas escalas fordista elevadas — de produção e produtividade — sem correspondente massa de emprego e (b) seja pelo recurso crescente aos investimentos em capital constante/fixo, que igualmente reduz o volume de emprego (capital variável) e estreita o mercado consumidor.

Em síntese, a base tecnológica e o modelo de acumulação, antes descritos, responsáveis pelo crescimento da *era de ouro,* serão igualmente razões do declínio dos anos 1970.

Evidentemente que o primeiro choque do Petróleo, outubro de 1973, contribuiu para o agravamento da crise — mas ela já estava em andamento desde 1967. Ademais, a reciclagem financeira dos petrodólares se deu quase que imediatamente, irrigando o mercado financeiro internacional e fazendo esses capitais retornarem aos centros econômico-financeiros de onde tinham saído. Apesar de fortalecer o fenômeno da financeirização da economia, dando aos bancos um papel protagonista, não se pode atribuir a crise econômica, como fazem alguns, aos choques do petróleo.

Além da base tecnológica da produção, cabe observar que o regime de acumulação deu ao Estado um papel extremamente relevante. Este papel foi exercido tanto nas dimensões econômicas diretas e indiretas, pela ação keynesiana, como pela dimensão social, de consequências econômicas, características do Estado de Bem-Estar Social, tudo determinando crescentes despesas públicas. Conforme os dados de Tanzi, após a segunda Grande Guerra, 1945, as despesas públicas nos principais países do mundo se elevaram da média de 23,8% dos Produtos Nacionais respectivos para 28,0% e continuaram crescendo. De modo que em 1960 estes gastos nos países centrais já ultrapassavam a casa dos 30% do Produto Nacional. São gastos com sentido keynesiano, voltados portanto para o pleno emprego e infraestrutura do desenvolvimento; são gastos com motivação social, do EBES, dirigidos para as necessidades sociais e assistenciais; mas também são despesas militares, da pesquisa à ação armada, cujo consumo de riqueza foi exponencial. Uma breve exposição do fenômeno de crescimento das despesas do Estado pode ser observada no quadro a seguir.

Quadro 1 — Despesas Públicas de Países Capitalistas Centrais — 1920/1960/1975

(%)			
	1920	1960	1975
Alemanha	25,0	32,4	48,0
EUA	7,0	27,0	33,0
Canadá	13,3	28,6	38,0
França	27,6	34,6	43,0
Inglaterra	26,2	32,2	44,0
Itália	22,5	30,1	41,0
Japão	14,8	17,5	26,0

Fontes dos dados: TANZI, V.; SCHUKNECHT, L. *Public spending in the 20th century*: a global perspective. New York: Cambridge University Press, 2000. p. 4-5; e GIACOMONI, J. *Orçamento público*. São Paulo: Atlas, 2010. p. 18.

Essas despesas tornaram-se cada vez mais pesadas com a expansão das obrigações do Estado. De um lado, pressionado pelo patronato, que desejava menos impostos (e sonegava tributos), porém queria mais incentivos fiscais, mais créditos subsidiados, mais investimentos públicos e mais negócios com o governo; de outro, pelo movimento sindical e político, reclamando mais direitos, melhores salários e benefícios, além de serviços públicos (educação, saúde, transporte, seguridade etc.) para os trabalhadores e cidadãos, de modo geral. A isso tudo acrescentam-se as despesas das atividades básicas do Estado, que vão da representação externa à emissão da moeda; da arrecadação à segurança pública, regulação e fiscalização.

Esse conjunto de atividades do novo Estado moderno capitalista necessitou de órgãos, instituições e empresas, *operando-se uma grande ocupação de espaço de negócios por parte do Estado* — da energia à cultura; da telecomunicação à linha de ferro; das estradas ao fornecimento de insumos básicos, mineradoras e fábricas, bancos e centros comerciais de abastecimento. São inúmeras empresas públicas criadas, ao lado de instituições do que, até então, eram valores a serem garantidos aos cidadãos, como educação, saúde e assistência social.

Dialeticamente, o avanço do "pleno emprego", no ambiente de crescimento econômico, também se encarregava de elevar o preço da mercadoria força de trabalho, afetando a taxa de lucro. A combatividade sindical também se tornou um obstáculo à maior exploração do trabalho e à flexibilização em relação aos direitos trabalhistas e sociais.

O modelo burocrático de organização e gerência das ações públicas e dos negócios privados encarregou-se de imprimir estabilidade/rigidez à essa ordem instituída, uma vez que a fez com base em leis e às vezes na própria Constituição do país.

Ao lado disso, um movimento internacional socialista vigoroso nutria-se de resultados como a derrota americana no Vietnã, incentivando as lutas sociais e de classe nos diferentes países.

O papel do Estado, seja nos gastos de guerra, seja nos compromissos econômicos, seja nas obrigações sociais cada vez mais demandadas, passou da importante função de aumentar o investimento e o consumo de bens, para a preocupante situação de ter seu financiamento realizado às custas de empréstimos bancários ou emissões monetárias, aumentando a dívida pública e a inflação. Em grande medida pode-se dizer que alguns Estados nacionais conseguiram saldar seus compromissos e/ou manter programas de investimento essencialmente através da dívida pública.

Além da despesa crescente, pesava sobre as contas públicas a diminuição da receita, principalmente provocada pelas quedas da produção, da circulação e dos lucros. A receita pública, recolhimento de tributos em geral, reduzia-se por força da retração na produção fordista, contida em face da não circulação das mercadorias — a não realização da mais-valia. Isso não quer ignorar a corrupção e a sonegação, que ganhavam uma aparência de desobediência civil, sob o discurso da ineficiência do Estado. Sonegar ou roubar do Estado parecia a muitos uma recuperação de perdas. O Estado também perdia receita tributária com as renúncias e favores fiscais concedidos a empresas, tendo em vista atraí-las ou mantê-las. Ou ainda estimulá-las a investir. A decisão de Kennedy, nos EUA, de reduzir os impostos sobre os lucros reinvestidos é um exemplo, aliás seguido por outros países. Uma lista de outras pequenas ou episodicamente grandes perdas poderia ser feita, incluindo os projetos fracassados e os desperdícios do dia a dia.

Especificamente sobre a queda da receita fiscal, nos Estados Unidos, Lagemann e Bordin, tratando dos anos 1970 e 1980, apontam a considerável redução da contribuição tributária das corporações e sobre as vendas (Lagemann e Bordin, 1995, p. 364).

Para estimular investimento, Kennedy reduziu o imposto sobre lucros reinvestidos e deixou para seu sucessor o ônus de elevar a taxa de juros do tesouro, em busca de compradores para seus bônus, de modo a compensar a queda da receita tributária (Munevar, 2012, p. 216).

No Brasil, Gobetti e Amado (2011) demonstram como cai a renda disponível do setor público entre os anos 1970 e 1980 e como também caíram as despesas de consumo e salário.

Sobre o mesmo assunto, Simonsen (1989, p. 4), em artigo intitulado "A conta-corrente do governo: 1970-1988", também vai afirmar que "o verdadeiro drama é que o governo perdeu receita tributária real" (Simonsen, 1989).

Simultaneamente a isso, elevava-se a dívida pública, que impulsionava a taxa de juros para o alto.

Observa Netto que "as crises capitalistas, demarcando ciclos econômicos, não têm uma única causa: elas são o resultado da *dinâmica contraditória* do MPC Modo de Produção Capitalista" (Netto; Braz, 2006, p. 160). Há portanto nas crises do sistema uma pluralidade de causas — da anarquia da produção ao "subconsumo das massas trabalhadoras" (Netto; Braz, 2006, 160/161). Mas, como observa Marx, "a razão última de toda verdadeira crise é sempre a pobreza e a capacidade restringida de consumo das massas, com o que contrasta a tendência da produção capitalista a desenvolver as forças produtivas como se não existisse mais limite que a capacidade absoluta de consumo das massas" (Marx, 2001, p. 455 — livre tradução dos autores). Enfim, trata-se de uma expressão da contradição fundamental do sistema, a produção social apropriada individualmente tendo em vista o lucro e a acumulação. É quando uma enorme massa de produtos, socialmente produzida, é expropriada pelo capitalista, que agora tem que realizar o valor produzido, tentando vendê-lo, inclusive aos seus empobrecidos e reais produtores. Eis a contradição de onde derivam todas as outras:

> os produtos, criados agora socialmente, não passavam a ser propriedade daqueles que [...] eram realmente seus criadores, mas do capitalista. Nessa contradição, que imprime ao novo modo de produção o seu caráter capitalista, encerra-se, em germe, todo o conflito dos tempos atuais. [...] se revela a incompatibilidade entre a produção social e a apropriação capitalista (Engels, 1977, p. 47).

No particular da crise dos anos 1970-1980, instala-se um contexto em que as famílias, as empresas e o Estado, cada um desses agentes com seus motivos específicos, não demandam o mercado e não acionam o círculo virtuoso de > consumo > lucro > reinvestimento > emprego > salários > produção > consumo...

Parte das famílias, as que dispõem de recursos, já têm em seus estoques domésticos os bens oferecidos no mercado; a outra parte sofre da restrição ao consumo por sua própria pauperização; as empresas não compram porque não veem sentido em investir para um mercado saturado e retraído; o Estado não consome porque não tem receita tributária condizente para continuar com suas despesas e investimentos, uma vez que esta receita depende da produção e das vendas.

Nesse contexto, oscilando entre a retração e a recessão, sem vendas, com lucros e taxas de lucro cadentes, os empresários reduziram consideravelmente os seus investimentos e se voltaram para o mercado financeiro nacional e internacional. Como explica Wallerstein, "dado que las tasas de ganancia que provienen de la producción se reducen, los grandes capitales se vuelvan sobre la esfera financiera, para obtener ganancias sustantivas a partir de los procesos de especulación" (Wallerstein, 2005, p. 63). Isso, aliado à tendência à concentração dos capitais, especialmente em momentos de crise, levou ao que se denominou *financeirização do capital*, quando os bancos e sistemas financeiros passaram a reter fortunas em seus depósitos e, durante certo tempo, mantiveram a liderança sobre o setor produtivo e o Estado.

Esse cenário vai receber à perfeição a análise de Harvey, retomada por Arrighi, que acusa a existência de um quadro de *superacumulação*, no sentido de retenção de capitais, abundância de mercadorias, estoques excedentes, capital ocioso para o processo de produção, excedente de capital monetário, força de trabalho desempregada e rendas em declínio (Harvey, 2013).

A saída da crise haveria de se verificar no ataque a todas as fontes identificadas como críticas:

— *mudança na base tecnológica*. Ao fordismo é contraposta uma nova base de produção, flexível, seja aquela conhecida como *administração flexível* (Toffler) seja o *toyotismo* (Ohno, Coriat), ambos tão simétricos que acabam por se tornar uma *unidade conceitual*, como vimos no capítulo passado. Obsolescência planejada e acelerada, melhorias contínuas, diversidade de modelos, segmentação de clientela, produção de pequenos volumes ou adequação dos grandes volumes à variedade — forma superior da nova base técnica de produção.

Introduz-se a multifuncionalidade como requisito funcional para os trabalhadores, agora chamados a exercer variadas atividades no interior da empresa. Não significa que o fordismo tenha sido banido, mas sua concepção padronizada e duradoura, seu *especialismo* funcional, sua produtividade obtida exclusivamente pela escala, não predominam mais nem como modelo de produção industrial, nem como tendência hegemônica.

— *rompimento do acordo tácito com os trabalhadores e suas formas de representação.* Processa-se um movimento crescente de destituição de direitos e redução de benefícios, além da criação de várias formas de enfraquecimento dos movimentos sociais e sindicais, que vão de leis restritivas a greves (leis de greve), que incluem punições pecuniárias pesadas, até o recurso à violência policial, sob o discurso do antiterror e antivandalismo. Do ponto de vista prático e imediato, vários procedimentos são adotados tendo em vista também flexibilizar as relações sociais de produção: terceirização, parcerias, virtualização, banco de horas, *house work*, trabalhador jurídico, remuneração flexível... Evidentemente contando com o sindicalismo de empresa, que se desenvolveu a exemplo do Japão (vide *Toyotismo*, Cap. 2), ou formas colaboracionistas semelhantes.

— *redução do tamanho do Estado e do conceito de público.* O setor público estatal é eleito como o vilão da crise, atribuindo-se à sua intervenção a incompetência e o desperdício de recursos, responsáveis pela crise. Essa redução de tamanho se dá por 3 variantes: (a) o ataque à burocracia, com a valorização dos padrões gerenciais privados de gestão, flexíveis, *quase patrimoniais*; (b) a supressão teórica e ideológica das diferenças entre *valor público* e *valor privado*, imprimindo-se o caráter de mercadoria a todos os bens oferecidos pelo Estado (água, minério, crédito público, energia, cultura, saúde, educação etc.) e (c) a transferência de serviços públicos e ativos estatais para o domínio privado, principalmente nas formas de concessão e privatização.

O movimento internacionalmente vitorioso nesse contexto se denominou *neoliberalismo*, uma vez que se tratava de uma reação contra o modelo keynesiano-fordista, nos termos descritos — em última instância reação radical contra o socialismo — e a recuperação de valores liberais. Foi um retorno — há muito tempo defendido por forças econômicas e políticas — aos principais postulados liberais, cujo eixo principal evidentemente é a priorização e referência do mercado como ponto de partida e de chegada para todos os valores — materiais, humanos e espirituais.

Nessas condições, o discurso corrente foi o da *reforma do Estado*, não só para reduzi-lo, mas principalmente para ampliar o mercado em sua dimensão da *oferta de bens e serviços*. Por isso, proliferaram as concessões e privatizações, abrindo espaço aos investimentos privados nas áreas de negócio ocupadas pelo Estado. No que tange à reforma do Estado, essa é a grande reforma, ou mais precisamente a contrarreforma neoliberal, que vai absorver significativa parte dos capitais superacumulados.

Adicionalmente, outros elementos acessórios vão se introduzindo, ao toque dos acadêmicos, que imprimiram aspecto científico e técnico à reforma, incluindo o *accountability*, o acesso à informação, a responsabilidade fiscal, o controle social, o planejamento participativo, a fixação de metas nos serviços públicos e outras medidas, nem sempre apropriadas ao conceito de *valor público*. Todas entretanto emprestando aparência de modernização e elevada qualidade à administração pública, agora denominada *gerencial* — um pleonasmo a que os vencedores se deram ao luxo para enfatizar o caráter privado dessa administração pública. A revalorização do privado e do empreendimento mercantil ocupa o cenário da educação de modo avassalador, reconfigurando a escola e os educadores, reconstruindo um novo *homo economicus* — não só um profissional, mas também um cidadão *educado* na perspectiva do mercado. Como observam Frigotto e Ciavatta, "o duplo processo de privatização — vínculo crescente com a venda de serviços ao mercado e ótica pedagógica empresarial — tem sido um movimento mais amplo da educação na década de 1990" (Frigotto; Ciavatta, 2006, p. 354). Poderíamos dizer, dez anos depois, que esse fenômeno de mercantilização da educação em várias dimensões ocorre com mais intensidade desde aquela década até os nossos dias.

O balanço da contrarreforma, fazendo-se uma avaliação de impacto, é que as privatizações e concessões ampliaram efetivamente a oferta, como parte do próprio interesse empresarial de exploração do negócio. Mas a qualidade dos serviços e os grandes problemas públicos de saúde, educação, segurança e assistência não melhoraram. É possível dizer que o caráter mercantil adotado para esses serviços provavelmente os tenha piorado.

3.1.2 A proposta gerencialista para intervenção social: a reprodução da força de trabalho realizada pelo Estado e pelas organizações da sociedade civil

Falemos direta e claramente: a proposta gerencialista para a gestão do aparelho estatal e das organizações da sociedade civil, no contexto da contrarreforma do Estado, no quadro da reestruturação do capital, possui como finalidade central reduzir os gastos destinados às classes subalternas, para que mais recursos provindos da riqueza social produzida sejam direcionados para o processo de acumulação capitalista.

Nesse sentido, a principal determinação do gerencialismo é a identificação da administração do campo da produção, principalmente a administração empresarial, com a do campo da reprodução social, principalmente a administração pública estatal.

O gerencialismo, portanto, não considera a distinção existente entre a finalidade da administração da empresa privada, produção e apropriação da mais-valia, com aquela da administração pública estatal ou da administração das organizações da sociedade civil, destinada a fins relativos à reprodução social. Vale ressaltar que a finalidade da reprodução social se destina, principalmente, à manutenção da ordem social, através do atendimento de necessidades/interesses das classes subalternas e de ações repressivas e promoções ideológicas.

Apesar da concepção explícita de Kliksberg (1997), Grau (1998), Paula (2005), Nogueira (1998 e 2004) e Abrúcio (1997), apenas para citar alguns — que distinguem a administração pública da empresarial, nos Estados Unidos, por exemplo, centro de influência do ensino da administração pública no Brasil, a administração pública e a empresarial, apesar de comporem comunidades acadêmicas separadas, são fortemente relacionadas entre si, tendo como espinha dorsal a chamada administração científica, que é inerente, como vimos no capítulo anterior, à administração empresarial (Gaetani, 1999). Portanto, mais que uma articulação ou relação estreita, o que ocorre efetivamente é o desenvolvimento da administração pública sobre as bases da administração empresarial.

A distinção entre administração pública e administração empresarial é fundamental, pois demarca a configuração da gestão, na medida em que administrar é utilizar racionalmente recurso para atingir determinados fins. Se os fins da esfera da produção social (produção e apropriação da mais-

-valia) não são idênticos aos da esfera da reprodução social (manutenção da ordem atendendo a determinados interesses das classes subalternas), implica em que os recursos utilizados também não devam ser os mesmos e, portanto, a particularidade da administração de uma e de outra esfera terão configurações distintas.

Outro aspecto que merece destaque refere-se ao fato de que, do ponto de vista da reprodução social, podem existir propostas cuja finalidade se destine de forma mais consistente a atender demandas, necessidades e interesses das classes subalternas que outras. Em outras palavras, uma proposta de Estado de Bem-Estar, baseado em direitos amplos, apesar de voltada para a manutenção da ordem do capital, atende mais aos interesses das classes subalternas do que uma proposta de Estado Neoliberal. Se pensarmos na área das organizações da sociedade civil, podemos, inclusive, identificar organizações que têm como finalidade superar a ordem do capital. Neste sentido, mais radicalmente diferente deverá ser a gestão nestes tipos de organização.

Em sendo assim, transmutar as finalidades de um campo para o outro — ou seja, da produção para a reprodução social — se justifica, do ponto de vista do capital, visto que se procura remeter a finalidade da produção e apropriação privada da mais-valia para o campo da reprodução social. Esse processo reduz as possibilidades da esfera da reprodução social expandir suas contradições. A restrição se realiza na medida em que se subtrai da esfera da reprodução aspectos de sua função legitimadora, como, por exemplo, o atendimento das demandas e interesses das classes subalternas. Dessa forma, ampliam-se as condições econômicas para a reprodução do capital.

A consequência concreta, mais visível, desta transmutação, operada pelo gerencialismo no campo da administração pública, é a redução da intervenção do Estado no campo das políticas sociais. Dessa forma, amplia-se a função do Estado para a reprodução do capital.

O gerencialismo, proposta hegemônica de contrarreforma administrativa, como uma das dimensões da contrarreforma do Estado, está diretamente vinculado ao projeto neoliberal. Essa vinculação se apresenta explícita pela afinidade teórica existente entre as propostas filosóficas, políticas e econômicas das escolas neoliberais austríaca e de Chicago e a escola de Virgínia. Essa última será a base fundamental das propostas neoliberais para o campo da administração pública. Incorpora a *teoria da "escolha pública"* — desenvolvida, por volta de 1968, por J. M. Buchanan e presentes nos estudos administrativos realizados por Niskanem, em 1971. A *teoria da escolha pública* utiliza os princípios da economia, numa perspectiva utilitarista (Paula, 2005; Fedele, 1999; Grau, 1998). Conforme assinala Grau (1998, p. 223):

> Os fundamentos desse enfoque são o individualismo metodológico, o *homo--economicus* e a política como intercâmbio, tomando a liberdade como valor supremo em clara conexão com as chamadas teses neoliberais da Escola de Chicago e com o neoconservadorismo imperante.

A crítica fundamental da teoria da escolha pública ao Estado, no geral, e à burocracia, particularmente, está relacionada ao seu caráter de *rent-seeking* (orientação para renda). Ou seja, de acordo com os teóricos dessa escola, os governos e a burocracia agem buscando maximizar seus interesses individuais e/ou organizacionais das agências estatais, prejudicando, dessa forma, a eficiência econômica e social (Grau, 1998).

Conforme analisa Borges (2001), James Buchanan, principal expoente da teoria da escolha pública, ao entender que a anarquia, num mundo de indivíduos racionais egoístas, seria inviável, uma vez que ninguém obedeceria a regras que não fossem de seu interesse, defende a necessidade de um agente externo para garantir a implementação e o cumprimento das regras, evitando o estabelecimento de uma guerra hobbesiana de todos contra todos. Assim, coloca-se a necessidade do Estado.

Entretanto, no quadro da situação das democracias modernas, Buchanan analisa que os cidadãos se sentem alheios às decisões do governo e que os gastos realizados "refletem mais as preferências de políticos e burocratas autointeressados do que as suas próprias. Por outro lado, [...] a regra majoritária de votação traria o risco da 'tirania da maioria' [...], [apresentando] 'custos externos' ao indivíduo". Por isso, na perspectiva da escolha pública, a "troca no mercado é quase sempre um mecanismo decisório mais eficiente" (Borges, 2001, p. 168 e 169).

Dessa forma, na medida da inviabilidade da anarquia, da deficiência do processo democrático e da eficiência das trocas no mercado, a preferência da organização sociopolítica deve ser por governos pequenos e mercados livres. Nesse sentido, Buchanan sugere, do ponto de vista institucional, "a criação de regras legais rígidas, capazes de limitar o escopo da deliberação democrática", visando impedir a expansão do Estado, através da valorização de questões como estabilidade monetária e controle orçamentário (Borges, 2001).

Nessa perspectiva, ganha fundamento teórico a proposta neoliberal de redução da intervenção do Estado, em determinadas esferas da sociedade, a partir de mecanismos voltados para a privatização de empresas públicas, desregulamentação econômica, redução de gastos sociais — via focalização, descentralização e privatização — e a consequente redução do funcionalismo público.

Portanto, se a finalidade é o mercado e a redução do Estado para a área social, num quadro de ineficiência econômica e social derivado do comportamento *rent-seeking* dos políticos e da burocracia, os instrumentos administrativos devem ser adequados a essa finalidade, buscando superar os comportamentos inadequados.

Do ponto de vista político, a relação entre neoliberalismo e a dimensão administrativa da reforma do Estado é apresentada por Montaño (2002). Segundo o autor, o "projeto/processo neoliberal", como estratégia hegemônica de reestruturação do capital, desdobra-se em três dimensões articuladas: ofensiva contra o trabalho, reestruturação produtiva e a reforma do Estado. A reforma do Estado, então, "está articulada com o projeto de liberar, desimpedir e desregulamentar a acumulação de capital, retirando a legitimação sistêmica e o controle social da 'lógica democrática' e passando para a lógica da concorrência do mercado" (Montaño, 2002, p. 29). O autor, assim, desvela a conexão existente entre a dimensão econômica (interesses de classe/ ofensiva contra o trabalho e reestruturação produtiva) e a dimensão política e técnica da reforma do Estado.

A orientação da reforma do Estado está subordinada ao projeto político que a define. Dessa forma, as dimensões que compõem a reforma do Estado (reforma econômica, reforma fiscal, reforma previdenciária, reforma administrativa...) também estão subordinadas ao projeto político hegemônico. Nessa medida, a reforma administrativa não possuiu autonomia absoluta frente ao projeto político que orienta as propostas de reforma do Estado.

Paula (2005, p. 33) apresenta de maneira direta a relação entre a orientação política neoliberal e a formulação teórica da escolha pública que fundamentará a proposta de contrarreforma administrativa: "enquanto os neoliberais reforçavam suas visões sobre a eficiência do mercado em relação ao Estado, os teóricos da escolha pública elaboravam análises que sustentariam a crítica da burocracia do Estado".

Assim, tanto do ponto de vista teórico, *vinculação à teoria da escolha pública*, quanto do ponto de vista político, *subordinação ao projeto de redução da intervenção social do Estado*, não há dúvidas sobre a relação entre a concepção neoliberal e a proposta hegemônica de mudanças da administração pública, no campo da reprodução social, que impactará a esfera das organizações da sociedade civil.

Sendo assim, como perspectiva institucional, para fortalecer o processo de acumulação do capitalismo contemporâneo, reduzir o escopo democrático, evitar o comportamento *rent-seeking* dos políticos e dos burocratas e a expansão do Estado, a teoria da escolha pública propõe uma estrutura burocrática reduzida, sob comando político centralizado e, dialeticamente, aponta para sua flexibilização, via mecanismos gerenciais, através da descentralização, da transferência de atividades estatais para o mercado e da incorporação de mecanismos de concorrência na administração pública, na medida em que não se pretende expandir os gastos públicos para a área social (Grau, 1998; Borges, 2001; Fedele, 1999 e Paula, 2005).

Então, para atingir a finalidade de redução de gastos sociais com as classes subalternas, o cerne da proposta administrativa vinculada à concepção neoliberal supõe uma perspectiva para as políticas sociais fundada na desresponsabilização do Estado no trato das expressões da "questão social", através de ações focalizadas, fragmentadas e privatizadas, depositando a maior parte da responsabilidade, para o sucesso das ações, na própria sociedade. Apela-se, assim, para solidariedade social, através da convocação de organizações da sociedade civil para o desenvolvimento de medidas de caráter assistencialista, voluntário e filantrópico. Outra medida que compõe o quadro das políticas sociais é a ênfase em programas de transferência de renda focalizados e voltados para a pobreza absoluta, o que contribui para a finalidade de redução de gastos sociais (Silva et al., 2004).

Por outro lado, a operacionalização das referidas políticas sociais e das demais intervenções públicas estatais organiza-se com base na separação entre política e administração (Fedele, 1999), formulação e execução (Paula, 2005) e contratação e prestação de serviços (Ferlie et al., 1999), por intermédio de uma estrutura que combina uma centralização burocrática de poder para a formulação e deliberação política e controle da alocação dos recursos e descentralização da autoridade operacional (Grau, 1998).

Convém também destacar que a transmutação da finalidade do campo da produção para o da reprodução social implica, também, na transposição de recursos/meios/instrumentos tipicamente da esfera da produção para a da reprodução social. A consequência é a incorporação de tecnologias gerenciais comprometidas com a produção e apropriação privada da mais-valia, utilizadas pelas empresas capitalistas, nas ações realizadas pelo Estado e pelas organizações da sociedade civil.

Nesse quadro, será incentivada a adoção de diferentes *tecnologias gerenciais*, tipicamente empresariais, para ser aplicada à intervenção estatal e das organizações da sociedade civil na busca da redução dos custos com as despesas orientadas para as classes subalternas. Vejamos, brevemente, algumas dessas tecnologias empregadas.

A *descentralização* (Abrúcio, 1998; Paula, 2005), tanto no que se refere à relação do Estado com organizações da sociedade civil, quanto em relação aos entes da própria esfera estatal (município, estado e união) é uma dessas tecnologias. O discurso gerencialista prega a descentralização em nome de maior eficiência dos gastos públicos. No entanto, o parâmetro da eficiência gerencialista fica ocultado. Na verdade, o objetivo da descentralização propalada pelo gerencialismo é propiciar a redução dos custos das ações sociais, via "parcerias" com as organizações da sociedade civil e a desresponsabilização da esfera central com gastos sociais realizados nas esferas estaduais e municipais. A partir desses parâmetros é que se verifica a eficiência gerencialista.

Outro recurso gerencial utilizado na perspectiva da "eficiência" refere-se à *avaliação de desempenho organizacional* (Abrúcio, 1998). Foram estabelecidos mecanismos de registro e controle das ações, baseados em metas quantitativas a serem atingidas, visando aumentar a produtividade da organização e de seus funcionários. Essa dinâmica tem gerado, na maioria dos casos, intensificação do trabalho e redução da qualidade do atendimento, além de ocorrer uma tendência à burocratização do atendimento do usuário, na medida em que o fundamental passa a ser atingir as metas quantitativas definidas.

As organizações da sociedade civil que atuam executando programas, projetos e/ou serviços na área social (o chamado "terceiro setor") são valorizadas e incentivadas a atuar em "parceria" com o Estado, como possibilidade de implementar as cisões propugnadas pelo ideário neoliberal (política/administração; formulação/execução; contratação/prestação de serviços), visando atender a demanda das classes subalternas, com redução de custos.

Dessa forma, "há crescentes tentativas de se criar 'paramercados' no setor público, onde organizações antes verticais são separadas em dois setores — o de compra e o de prestação de serviços —, sendo a relação entre elas governada por contrato e não por hierarquia" (Ferlie et al.,1999, p. 170; grifos nossos), estabelecendo um novo *modelo contratual para a execução dos serviços públicos*, como instrumento gerencial.

Nesse quadro de inovações da gestão, a efetivação do *controle de qualidade* e da *eficiência* dos serviços passa a ser proposta, pelo gerencialismo, principalmente, através da *competição entre as organizações*, constituindo uma relação direta entre competitividade e qualidade/eficiência (Fedele, 1999). Os serviços realizados pelas organizações da sociedade civil, contratados pelo Estado, passam a ser objeto de licitação pública como forma de realizar competitividade entre as organizações. No entanto, este processo gera, também, a própria instabilidade do serviço na medida em que em determinado momento uma organização pode ganhar a concorrência e noutro momento outra organização pode ser a vencedora. Além disso, as organizações com melhores avaliações tenderão a ser beneficiadas com mais recursos e aquelas com níveis mais baixo de avaliação tenderão a receber menos recursos, criando um círculo virtuoso, no primeiro caso, e vicioso, no segundo. Há de se constatar que como vários serviços sociais públicos estão voltados para atender a população de determinada região (por exemplo: escolas, hospitais, centro de referência de assistência social, entre outros), se eles não forem bem avaliados e entrarem no círculo vicioso a população a qual se destina o serviço será penalizada pela lógica da competição.

Articulada à perspectiva da competição como impulsionadora da qualidade, os destinatários das ações públicas deixam de ser considerados e tratados como cidadãos e são convertidos, pelo gerencialismo, a *clientes/ consumidores e/ou contribuintes*. Essa conversão provoca uma redefinição política central, pois de sujeitos de direitos e cidadãos os indivíduos se transmutam em simples figura de uma relação de troca mercantil. O contribuinte "compra" o serviço e, portanto, como consumidor, se não estiver satisfeito com o produto, deve "comprar" de outra "marca". No entanto, como ressalva Abrúcio (1998, p. 189), de forma sintética:

> O pressuposto do modelo da competição é de que os consumidores podem escolher a unidade de serviço público de maior qualidade. Contudo esse pressuposto nem sempre é verdadeiro, pois nem todos os consumidores têm a

possibilidade de escolher de fato o equipamento social que lhes agrada, em virtude da existência de obstáculos geográficos e financeiros, os quais dificultam o acesso a todas as unidades de serviço público. Ademais, se todos os consumidores (ou boa parte deles) escolherem um número limitado de equipamentos sociais, estes ficarão lotados e tenderão também a perder qualidade. Enquanto isso, as unidades de serviço público que tiveram inicialmente uma má avaliação ficarão abandonadas e com a subutilização que por si só já resultará em desperdício de recursos públicos.

Vale ainda lembrar, como observam Sappington e Stiglitz (1987, p. 567-581), que a concorrência só funciona como um instrumento de controle, em condição de muitos vendedores e muitos compradores. Não é o caso dos setores privatizados e concedidos, de fato monopólios e oligopólios. Tanto é verdade que, em paralelo às privatizações e concessões, foram criadas várias agências reguladoras para cada área de negócio delegada ao setor privado (ANATEL, ANEEL, ANVISA, ANS, ANTT etc.).

A *redução de níveis hierárquicos* da organização também apresenta-se como uma lógica a ser incorporada pelas organizações, em nome de ampliar a delegação de tomada de decisão para os trabalhadores diretamente envolvidos na execução das tarefas (Paula, 2005). Aqui cabe destacar que essa maior delegação nunca atinge as questões centrais e estratégicas da organização e/ou da implementação do serviço.

Essa dinâmica de redução dos níveis hierárquicos da organização articula-se com o que Nogueira (2004) denomina de *participação gerencial*. A tendência deste tipo de participação é constituir-se como uma participação isolada, particularista e acrítica. Produz-se, dessa forma, um deslocamento da participação, que deveria ter uma conotação política e de cidadania, para uma esfera eminentemente gerencial, ou seja, um "tipo de participação que se orienta por uma ideia de política como 'troca' entre governantes e governados" (Nogueira, 2004, p.142).

Essas são, portanto, algumas das tecnologias gerenciais propostas pelo gerencialismo, em nome de viabilizar uma suposta eficiência dos serviços públicos, mas que, de fato, são propostas de utilização de recursos/meios/instrumentos adequados à finalidade de redução dos gastos sociais públicos.

As mudanças que hoje se têm operado na administração capitalista, de uma forma geral, vêm ao encontro de adequar esses preceitos à nova dinâmica de acumulação do capital. A diminuição de instâncias hierárquicas não é a quebra da hierarquia para garantir agilidade nas tomadas de decisões. As "reengenharias" estão voltadas para alcançar as necessidades descritas antes.

A redução dos mecanismos processuais da administração não indica o desaparecimento da burocracia, mas sua adequação à sociedade capitalista atual. A agilidade exigida pelo capitalismo para a tomada de decisão foi atendida pela organização burocrática. Hoje, como a velocidade das informações e processos aumentou, necessita-se de outros procedimentos (descentralização em determinados níveis, por exemplo) como forma de garantir a agilidade das respostas administrativas. Porém, isso não altera o caráter burocrático da organização.

Em outras palavras, as características determinantes da burocracia se mantêm intactas, até hoje, como proposta predominante para organização e direção dos centros de decisão do capitalismo em sua fase atual (financeira e flexível), nas sociedades com relações capitalistas estabelecidas, ou se apresentam como modelo a ser perseguido para a estruturação de uma racionalidade adequada ao desenvolvimento das referidas relações, nas sociedades onde o capitalismo ainda se encontra em processo de expansão e enraizamento na cultura local.

Por outro lado, na periferia dos centros de decisão das empresas e dos Estados as propostas são de enfraquecimento da administração burocrática, em nome da *flexibilidade gerencial*. Isso através das terceirização e flexibilização dos contratos de trabalho, do processo de diminuição da estrutura estatal — proposto pela chamada reforma administrativa — realizado através da combinação público-privado (privatização, terceirização ou "publicização") e da estruturação do quadro administrativo por vias não burocráticas (contratos precários e cargos comissionados).

Podemos considerar que esse formato de enfraquecimento/flexibilização da burocracia, principalmente através da estruturação do quadro administrativo por vias não burocráticas, pode assumir uma feição que se assemelha ao que Weber define como "burocracia patrimonial" (Weber, 1999a, p. 145).

Na medida em que parte do quadro administrativo passa a ser composto de funcionários que não passam por uma seleção de competência impessoal, via concurso público, mas através de uma relação direta com o dirigente/senhor, forja-se uma situação típica de dominação tradicional, pois, conforme ressalta Weber, em relação à dominação tradicional:

... seu quadro administrativo não se compõe primariamente de "funcionários" mas de "servidores pessoais" [...] Não são os deveres objetivos do cargo que determinam as relações entre o quadro administrativo e o senhor: decisiva é a fidelidade pessoal do servidor (Weber, 1999a, p. 148).

Portanto, hoje ocorre, do ponto de vista administrativo, um *processo de burocratização combinado com elementos gerenciais de flexibilização* — que podem tender à patrimonialização —, ou seja, um modelo que em hipótese alguma pode ser considerado pós-burocrático.

A intensificação da centralização burocrática configura uma burocracia monocrática. Segundo Weber (1999a, p. 145) a característica monocrática da burocracia se expressa pela concentração do poder necessária para alcançar

tecnicamente o máximo de rendimento em virtude de precisão, continuidade, rigor e confiabilidade — isto é, calculabilidade tanto para o senhor quanto para os demais interessados —, intensidade e extensibilidade dos serviços e aplicabilidade formalmente universal a todas as espécies de tarefas.

Sendo assim, a estruturação de uma burocracia monocrática garante a direção do capital num cenário de baixa contra-hegemonia. Nesse contexto, a concentração de poder viabiliza a organização da sociedade, em termos legais (abertura comercial, financeirização, redução do papel regulador do Estado...), no sentido de propiciar a expansão capitalista em sua formatação atual, dispensando a necessidade de uma estrutura burocrática para além dos núcleos de poder. O processo de burocratização monocrática, na atual conjuntura, refere-se à dominação monopólica que está ocorrendo e sua implicação na transformação desse poder econômico em dominação autoritária.

Historicamente, a intervenção burocrática na sociedade apresentou-se como uma condição necessária para constituição das sociedades de mercado, como muito bem sinalizou Marx, em relação ao processo de acumulação primitiva, e Weber, ao pensar a relação capitalismo e burocracia. Portanto, a centralização da burocracia e seu enfraquecimento na periferia decisória, no quadro atual, é uma necessidade para o desenvolvimento do capitalismo contemporâneo.

Sendo assim, a *contrarreforma da administração pública* — chamada gerencial — nada mais é, em sua essência, que uma proposta vinculada ao neoliberalismo baseada na sugestão de procedimentos gerenciais flexíveis — que podem tender à patrimonialização —, num quadro de centralização burocrática, para adequar a ordem administrativa a uma nova forma de comando, mais direta e mais explícita, efetivada pela classe dominante, para viabilizar a acumulação no contexto do capitalismo contemporâneo.

Nesse quadro, o recurso à flexibilização gerencial ou a uma "burocracia patrimonial" ou a elementos "patrimonialistas", combinado com a burocratização do núcleo central das decisões políticas e econômicas, contribui com o processo de fortalecimento "monocrático" do grande capital. Essa configuração cria obstáculos para a construção de possibilidades de estabelecimento de um contraponto aos interesses do capital, na medida em que enfraquece a organização burocrática estatal em sua amplitude. Nesses termos, os neoliberais não são contrários nem ao Estado nem à burocracia. Eles são contrários aos aspectos do Estado e da burocracia que podem fortalecer a construção e expansão dos direitos, ou seja, de sua ação destinada ao atendimento de determinados interesses das classes subalternas. E igualmente a aspectos que incorram em limitações para o seu livre movimento de expropriação da mais-valia e de apropriação dos fundos públicos.

Assim, o projeto gerencialista ataca a finalidade de universalização de direitos e sua dimensão racional/impessoal da ordem administrativa burocrática que potencializaria aquela finalidade. Ratifica-se uma finalidade fundada no atendimento de necessidades mínimas da população, coerente com a proposição neoliberal de reforço do mercado, e na mudança da estrutura burocrática para flexibilizá-la, na medida em que não se propõe a universalização de direitos.

3.2 Estado, organizações da sociedade civil e a dinâmica da gestão no Brasil

Para explicitar o caminho teórico-metodológico desenvolvido, o primeiro aspecto que abordaremos refere-se ao entendimento que temos sobre a relação que existe entre dominação e ordem administrativa.

Do ponto de vista marxista, a ordem administrativa como superestrutura da sociedade sofre, de maneira geral, influência advinda das determinações oriundas das relações sociais de produção. Por outro lado, a ordem administrativa como um dos instrumentos de materialização da dominação de classe presente no Estado sofre as interferências da formação social específica.

GESTÃO DEMOCRÁTICA E SERVIÇO SOCIAL

A determinação fundamental de uma ordem administrativa deve ser encontrada, portanto, na estrutura de classes da sociedade, na medida em que são os interesses antagônicos de classes que conformam os conflitos substantivos numa sociedade, exigindo a intervenção do Estado, através de sua ordem administrativa (Marx, 1996d).

Por outro viés, a abordagem weberiana, como vimos no Capítulo 1, indica que para cada tipo de dominação legítima se estrutura um tipo de ordem administrativa (Weber, 1999a e 1999b). Weber, apesar de não trabalhar a relação entre relações de produção e a configuração superestrutural da dominação, apresenta indicações históricas com que, a partir do ponto de vista materialista dialético, podemos desvelar as conexões entre estruturas econômicas fundadas na exploração e as tendências superestruturais da configuração das respectivas dinâmicas de dominação. Em consequência, podemos, também, explicitar as relações da superestrutura cultural, ideológica, jurídica e política existentes entre a dinâmica da dominação e a configuração da ordem administrativa.

Portanto, a ordem administrativa está intrinsecamente vinculada à configuração superestrutural da dominação existente na sociedade. E essa configuração superestrutural está, obviamente, relacionada à dinâmica das relações estruturais de produção.

Esquematicamente falando, podemos sintetizar, de forma geral, o quadro teórico exposto da seguinte forma:

Quadro 2 — Matriz Teórica.

Relações de Produção	Elemento Superestrutural da Dominação de Classe	Ordem Administrativa
Pré-capitalista ou de base colonial escravista	Tradição	Patriarcal/Patrimonial
Capitalista	Racionalidade Formal-Legal	Burocrática

Fonte: Elaboração própria.

Sendo assim, podemos estabelecer a conexão, de forma materialista e dialética, entre a estrutura de dominação de classe em diferentes períodos da história e as respectivas ordens administrativas instituídas. Em outras palavras, as relações de produção determinam, a partir de sua estrutura, o pacto de dominação de classe que conduz o desenvolvimento capitalista, numa dada formação sócio-histórica. Por consequência, o pacto de dominação determina, em termos gerais, a dinâmica da ordem administrativa vigente. A partir dessas indicações teórico-metodológicas, desenvolveremos nossa análise sobre a realidade brasileira, considerando nossa estrutura de dependência própria dos países da América Latina.

3.2.1 Razões históricas da imbricação do patrimonialismo e da burocracia na gestão pública brasileira

Para discutirmos as determinações históricas do desenvolvimento da administração pública brasileira, primeiramente situaremos o capitalismo brasileiro como uma particularidade do capitalismo dependente latino-americano, para explicitarmos que existem traços gerais da ordem administrativa do Brasil que também se encontram em outros Estados dependentes da região. Em seguida, entraremos na dinâmica concreta do capitalismo brasileiro para compreendermos a formação histórica e o desenvolvimento de nossa administração pública.

Breves considerações acerca da gestão do Estado na América Latina

A inserção dos países periféricos/dependentes na dinâmica do capitalismo tardio é realizada, em geral, a partir de uma divisão internacional do trabalho, onde cabe à periferia a produção de matérias-primas, gêneros alimentícios e bens de consumo não duráveis. Além dessa característica, os bens de consumo duráveis são produzidos a partir da associação com o capital internacional (empréstimo, investimento externo direto, pagamento de *royalties*...) e/ou comprando mercadorias do exterior, principalmente relacionadas ao capital constante, necessárias para a produção de bens industrializados (Marini, 2005).

Assim, seja através da construção dos preços de produção (diferencial da taxa de lucro) ou devido à origem do capital e/ou origem de determinadas mercadorias que compõem o capital constante (fixo) ocorre transferência de valor produzida na periferia para o centro. Esse movimento para os países centrais do valor produzido na periferia tem como consequência a redução do excedente disponível para a dinâmica interna da produção e reprodução das relações sociais dos países dependentes.

Do *ponto de vista do capital*, a consequência imediata é a redução da quantidade de mais valor que pode ser apropriado privadamente, seja para o consumo do capitalista, seja para a reprodução e ampliação do capital. Essa situação gera a necessidade estrutural de compensar a perda da mais-valia, ocasionada pela transferência de valor. Conforme explicita Marini (2005, p. 154):

> Vimos que o problema colocado pela troca desigual para a América Latina não é precisamente a de se contrapor à transferência de valor que implica, mas compensar a perda da mais-valia, e que, incapaz de impedi-la no nível das relações de mercado, a reação da economia dependente é compensá-la no plano da produção interna.

Neste sentido, Marini (2005) defende a tese de que a dinâmica da dependência implica na configuração da *superexploração da força de trabalho* como elemento estrutural do processo de produção e reprodução das relações sociais dos países periféricos. Nas palavras do autor:

> Chamada para contribuir com a acumulação de capital com base na capacidade produtiva do trabalho, nos países centrais, a América Latina teve de fazê-lo mediante uma acumulação baseada na superexploração do trabalhador. É nessa contradição que se radica a essência da dependência latino-americana (Marini, 2005, p. 162).

De acordo com Marini (2005), diante da sangria de mais valor dos países dependentes e da impossibilidade/dificuldade de aumento de produtividade (não acesso à tecnologia e não condição de desenvolver tecnologia de forma endógena, devido, dentre outras, à necessidade de altos investimentos), a elevação da taxa de mais-valia é realizada à custa da extração de mais trabalho não remunerado de seus operários. Essa elevação da extração do mais trabalho é realizada através da *violação do valor da força de trabalho*. Sendo assim, o que caracteriza a superexploração da força de trabalho nos países dependentes é seu caráter estrutural de violação do valor da força de trabalho como dinâmica da produção e reprodução das relações sociais capitalistas. Ou seja, a *superexploração da força de trabalho é uma particularidade do processo de acumulação capitalista que ocorre nas formações sociais dependentes*.

A efetivação da superexploração da força de trabalho, portanto a particularidade da economia capitalista dependente, é viabilizada pela manutenção de determinadas dinâmicas oriundas da economia colonial baseada no trabalho escravo/semiescravo.

Por um lado, a transferência de valor para os países centrais reduz o *quantum* de valor a ser acumulado e/ou distribuído internamente. Por outro lado, a economia de base colonial/escravista estrutura uma sociedade com fortes traços tradicionais e patriarcais. Em termos gerais, esses movimentos condicionam a conformação da burguesia latino-americana: frágil economicamente e ideologicamente e débil politicamente.

Nesse quadro, a revolução burguesa na América Latina tenderá a ser conduzida de forma não clássica, a partir da conciliação entre a burguesia e as oligarquias de origem colonial. A debilidade política da burguesia, para liderar o processo de expansão das relações capitalistas nesses países, produzirá — além da conciliação com o atraso e a exclusão das classes subalternas, devido à estrutura da superexploração da força de trabalho — a hipertrofia do Estado (Coutinho, 2011).

A partir do enfoque teórico-metodológico descrito antes e da configuração do capitalismo dependente, brevemente caracterizado, podemos sugerir que o desenvolvimento do aparato do Estado dependente está vinculado às ações administrativas necessárias para operacionalizar a expansão de nosso capitalismo dependente, desde o período agroexportador até a fase de consolidação monopólica, conduzido, desde sua origem, pelo pacto de dominação estruturado pela articulação entre interesses agrários tradicionais e a burguesia industrial, incorporando os setores populares de forma seletiva.

Portanto, a linha de análise proposta entende que as mudanças processadas no aparato administrativo respondem ao movimento global do capitalismo dependente e da configuração do Estado dependente, devendo ser entendidas sob esse prisma e não como um processo de racionalização da administração.

Nesse sentido, consideramos que ocorre uma imbricação dialética entre "patrimonialismo" e "burocracia" (Souza Filho, 2011), derivada do processo de desenvolvimento do capitalismo dependente a partir de um pacto de dominação que requer a manutenção dos elementos tradicionais da administração. Portanto, a ideia básica aqui presente resume-se no entendimento de que o aparato do Estado dependente, enquanto administração pública, nasce, desenvolve-se e se consolida a partir de uma *espinha dorsal que combina patrimonialismo e burocracia*, configurando uma unidade contraditória, coerente com a particularidade do capitalismo dependente e de seu Estado. Dessa forma, a gênese e a estrutura da ordem administrativa do aparato do Estado dependente se fundam no patrimonialismo e na burocracia, não porque se forja uma dicotomia entre o "velho" e o "novo", entre o "atraso" e o "moderno", mas sim devido à necessidade de objetivar a dominação operada pelos proprietários rurais e pela burguesia emergente. Essa dominação possui como fundamento relações de produção estruturadas através dos traços da sociedade colonial (base tradicional escravista/semiescravista) articulados à sociedade nacional capitalista emergente. Essa articulação cimenta as condições internas para a efetivação da superexploração da força de trabalho como particularidade de nosso capitalismo dependente.

O modelo administrativo do Estado dependente cunhado pelo processo de industrialização a partir dos anos 1930/1940 não se constitui como um modelo burocrático que encontra obstáculos para ser implementado. A ordem administrativa implementada é de manutenção da imbricação do patrimonialismo com a burocracia a fim de manter o pacto de dominação entre os interesses oligárquicos tradicionais, os quais exigem uma ordem administrativa patrimonialista, e os da burguesia industrial emergente, que necessita de uma administração burocrática, porém sob a ampliação dos mecanismos da burocracia, por conta da necessidade de implementação do projeto de industrialização e urbanização dependente.

A dinâmica da imbricação do patrimonialismo com a burocracia, no quadro do aparato do Estado dependente, pode ser resumida, tendo em vista a matriz teórica apresentada anteriormente, conforme o quadro a seguir:

Quadro 3 — Imbricação do Patrimonialismo com a Burocracia.

Relações de Produção do Capitalismo Dependente (superexploração da força de trabalho)	Elemento superestrutural da dominação de classe	Ordem administrativa
Capitalismo	Racionalidade Formal-legal (Burguesia)	Burocrática
interação dialética	interação dialética	interação dialética
Elementos remanescentes da base colonial escravista	Valores ideológicos pré-capitalistas (oligarquia agrária)	Patrimonial

Fonte: Elaboração própria.

Entendemos que, do ponto de vista estrutural, é nessa dinâmica de funcionamento do aparato do Estado dependente que se encontra a chave para explicação do baixo índice de institucionalidade desse aparato estatal e de seu alto índice de corrupção.

Administração pública no Brasil: determinações históricas e estruturais

O Estado patrimonialista brasileiro não possui vínculo genético com a oligarquia agrária cafeeira, ele é produto do processo de colonização portuguesa que traz para o Brasil sua estrutura estatal e administrativa e organiza a sociedade colonial a partir do padrão patrimonialista vigente.

O Estado, durante o período colonial, será a expressão do poder da nobreza, da burguesia comercial (que só se interessa na exploração colonial) e do poder senhorial. A dimensão patrimonialista da administração brasileira advém, de um lado, do poder do Rei de Portugal que controla o reino, baseado numa organização centralizada e, de outro lado, da tradição descentralizada da estrutura "patriarcal" dos proprietários rurais. A dimensão burocrática, apesar de praticamente ausente, existe devido à necessidade de se organizar os empreendimentos da coroa (comércio, navegação).

Ao longo do século XIX, no quadro do desenvolvimento do capitalismo industrial dos países centrais, ocorrerá a crise da economia colonial, na medida em que não são mais necessários produtos agrícolas coloniais e metais preciosos, mas sim alimentos e matérias-primas produzidas em massa. Nesse contexto, exige-se da periferia a continuidade de uma produção mercantil complementar, não mais no sentido de participar da acumulação primitiva, mas antes para rebaixar os custos de reprodução da força de trabalho e dos elementos componentes do capital constante, a partir do fornecimento, a baixo custo, de produtos alimentares e matérias-primas (Cardoso de Mello, 1998, p. 44-45). A economia mercantil-escravista nacional cafeeira terá essa função durante o Império.

No quadro de desenvolvimento da economia mercantil escravista nacional cafeeira, processa-se a transformação de setores do senhorio rural em fazendeiros homens de negócio (Fernandes, 1981). Os fazendeiros homens de negócio constituirão a oligarquia agrária que dominará política e economicamente a República Velha. Tais fazendeiros dissociaram a fazenda e a riqueza produzida por ela do *status* senhorial. Essa transição de senhores para fazendeiros realiza-se ao longo do século XIX e explicita, por um lado, o processo de aburguesamento do proprietário rural, e, por outro lado, determina o vínculo desse setor com a estrutura tradicional de poder. Esse vínculo torna-se mais evidente na dimensão "coronel" que esses atores desenvolverão a partir do final do século XIX.

Na República Velha, o Estado, enquanto estrutura de dominação, será a expressão das reivindicações dos comerciantes e dos fazendeiros de café, predominantemente, ou seja, do capital cafeeiro. Nesse sentido, a lógica racional-burocrática, necessária ao desenvolvimento capitalista, deverá ser mantida, porém de forma articulada à lógica patrimonialista, necessária à manutenção do poder e das aspirações tradicionais de *status*, mando e utilização privada do bem público, presentes tanto na cultura dos proprietários de terra quanto na dos comerciantes.

Nesse quadro, não há uma relação entre "atraso" e "moderno", a dominação senhorial/coronelista, para se objetivar, num contexto marcado por um projeto de integração nacional e expansão da economia exportadora capitalista, necessitará combinar estilos pré-capitalistas de dominação — pois a estrutura social (primeiramente mercantil-escravista, posteriormente capitalista-exportadora) nasce e se desenvolve a partir da escravidão e de setores livres que vivem e sobrevivem da relação de favor que estabelece com o proprietário rural (seja em sua versão senhorial, seja em sua versão *coronel*) — com elementos de racionalidade e formalismo, de tipo burocrático. A racionalidade e o formalismo são necessários à integração nacional e expansão capitalista na sua dimensão de comercialização, já que a produção é realizada à base da escravidão, num primeiro momento, e pela superexploração da força de trabalho, no momento pós-abolição.

Nesse período (Império e República Velha), o elemento patrimonial se sobrepõe ao elemento burocrático da administração pública, na medida em que temos a oligarquia agrária como classe dominante de uma economia mercantil escravista e da economia exportadora capitalista, ambas exportadoras de produtos agrícolas. A exigência da racionalidade burocrática limita-se a determinadas ações relativas à política econômica de proteção à exportação, segurança e integração nacional. A ausência de direitos civis, políticos e sociais reduz a necessidade de estruturas burocráticas do Estado.

As implicações desse entendimento nos remetem a pensar o *patrimonialismo* na ordem administrativa no Brasil não como uma dimensão que precisa ser modernizada para a superação do "velho" (elementos pré-capitalistas) — traço inercial que teima em persistir e que precisa ser expurgado, pois é um óbice para a eficiência da administração pública. Antes precisa ser entendido como constituinte da particularidade de nossa administração pública, advinda da particularidade de nossa estrutura de poder responsável pela expansão do capitalismo dependente brasileiro.

Portanto, a ordem administrativa no Brasil se realiza através da *imbricação do patrimonialismo com a burocracia, na medida em que está vinculada (genética, estrutural e funcionalmente) à dominação constituída por frações senhoriais/ oligárquicas e burguesas para conduzir o processo da expansão capitalista*, que tem início no Império e se consolida na República Velha. Nesse sentido não há dualismo. O novo se imbrica com o velho, o velho é funcional ao novo.

Esse é o cenário que se inicia na Independência, consolida-se com a Proclamação da República e encontra seu esgotamento no final da República Velha, quando entra em crise a economia exportadora capitalista e a hegemonia da oligarquia cafeeira, o que projeta um novo objetivo político: a industrialização e urbanização do País.

3.2.2 A dinâmica da administração pública no período 1930-1990: principais marcos

Este item será desenvolvido tendo como referência os momentos da história que demarcam as fases do desenvolvimento do capitalismo brasileiro. Nesse sentido, seguindo as indicações teórico-metodológicas anteriormente apresentadas, a partir da dinâmica das relações de produção, ao longo do processo de acumulação de capital engendrado em nosso País, buscaremos explicitar o pacto de dominação forjado e sua relação com as classes subalternas, encadeado no desenrolar de nossa formação social, para desvelar a configuração da ordem administrativa brasileira em cada período histórico determinado.

A revolução de 1930: burocracia e patrimonialismo no contexto de desenvolvimento do capitalismo industrial brasileiro

A Revolução de 1930 é um ponto de inflexão na trajetória histórica do Brasil, na medida em que representa o início de um novo projeto político e social para a sociedade: industrialização e urbanização, sob o comando da intervenção estatal, a partir do pacto conservador entre a oligarquia agrária e a burguesia emergente.

Do ponto de vista da economia política, esse projeto, como muito bem demonstrado por Oliveira (2003), é conduzido a partir da articulação entre a economia agrária e a indústria emergente, constituindo um entrelaçamento entre características de origem colonial (latifúndio e trabalho escravo) e capitalistas de produção, através da relação entre a produção agrícola baseada numa intensiva exploração de trabalho e a recente produção industrial que se beneficia daquela exploração.

Segundo a análise de Oliveira (2003, p. 45-47), a relação dialética entre a agricultura e o setor industrial emergente se expressa na funcionalidade da agricultura para o crescimento industrial, via fornecimento da força de trabalho e de alimentos, através da manutenção do padrão "primitivo" de acumulação na agricultura, "baseado numa alta taxa de exploração da força de trabalho" (Oliveira, 2003, p. 45).

Florestan Fernandes (1981, p. 241) completa a análise mostrando que o desenvolvimento capitalista no Brasil se processa a partir de uma dupla articulação: "1.) internamente, através da articulação do setor arcaico ao setor moderno [...]; 2.) externamente, através do complexo econômico agroexportador às economias capitalistas centrais". Esse tipo de transição da economia capitalista brasileira produziu uma aliança entre a burguesia industrial emergente e setores da oligarquia agrária para processar o projeto de industrialização e urbanização.

Do ponto de vista da *ordem administrativa*, a criação do Departamento Administrativo do Serviço Público (Dasp), em 1938, como órgão responsável para organizar e desenvolver a administração numa perspectiva racional-legal, apresenta-se como marco fundamental do fortalecimento da estrutura burocrática brasileira. Além disso, como lembra Torres (2004, p. 147), "é iniciado um amplo processo de criação de estatutos e normas para as áreas mais fundamentais da administração pública, especialmente quanto à gestão de pessoas (1936), compras governamentais (1931) e execução financeira (legislação de 1940)". Nunes qualifica essa dimensão da intervenção do Dasp como a tentativa de institucionalizar o "universalismo de procedimentos" na administração pública brasileira. Nas palavras do autor, "em geral o universalismo de procedimentos é associado à noção de cidadania plena e igualdade perante a lei, exemplificada pelos países de avançada economia de mercado, regidos por um governo representativo" (Nunes, 1997, p. 35). O "universalismo de procedimentos" não se estrutura como um mecanismo distinto da burocracia, ele se manifesta a partir da existência de determinados aspectos presentes na expressão material da racionalidade burocrática que pode ser potencializada para uma administração democrática — a despeito de seu sentido ser, de forma velada, organizar a expansão do modo de produção capitalista.

Nessa perspectiva, o desenvolvimento da administração pública, a partir de 1930, não se configurará como um processo de racionalização ampla da ordem administrativa, para implementar o projeto de industrialização e urbanização, mas sim num processo que, ao ampliar a dimensão burocrática, combinará a lógica racional-legal com os traços patrimonialistas da lógica pré-capitalista, na medida da permanência da oligarquia agrária na estrutura de poder, devido ao papel da agricultura para o processo de acumulação do capital industrial.

Simultaneamente, considerando que a partir de 1937 se instaura a ditadura varguista, a expansão burocrática será realizada sob um quadro de ausência democrática, produzindo um efeito de distanciamento da burocracia de determinados setores sociais, especialmente dos trabalhadores, reforçando, dessa feita, sua dimensão autocrática. Por outro lado, o governo Vargas utilizará a expansão da burocracia, via Dasp, como um dos elementos para viabilizar sua sustentação política, pois garantirá o controle da administração pública em suas mãos (Abrúcio, 2002; Torres, 2004 e Lima Júnior, 1998).

Conforme observa Nunes (1997, p. 53-54), essa utilização do Dasp para efeito da operacionalização da ditadura Vargas implementou o "insulamento burocrático" na administração pública brasileira. De acordo com Nunes (1997, p. 34),

> [...] o insulamento burocrático é o processo de proteção do núcleo técnico do Estado contra a interferência oriunda do público ou de outras organizações intermediárias. [...] O insulamento burocrático significa a redução do escopo da arena em que interesses e demandas populares podem desempenhar um papel [...] ao contrário da retórica de seus patrocinadores, o insulamento burocrático não é de forma nenhuma um processo técnico e apolítico...

Portanto, o "insulamento burocrático" significa um comportamento que não supõe o corte absoluto do acesso ao aparelho burocrático, mas obstrui esse acesso as classes dominadas e mantém canais de diálogo para as classes dominantes.

Nesses termos, a *burocracia* se expande no Brasil a partir de *três determinações fundamentais*: a) criar condições institucionais para implementar o projeto de expansão capitalista, estruturando "universalismo de procedimentos"; b) manter relações com o esquema de privilégios patrimonialistas já existente e que será ampliado e centralizado; c) viabilizar a sustentação do regime ditatorial, via fortalecimento do poder central, através de estratégias de "insulamento burocrático". Esse processo constitui a *modernização conservadora na administração pública*. Dessa forma, a administração pública brasileira terá um caráter racional-legal e de especialização nas questões relativas à industrialização e centralização do poder; buscará formas de articular a dimensão burocrática com a patrimonialista tradicional que permanecerá em certas áreas da gestão pública e, transversalmente, incorporará uma cultura autoritária e insulada, devido a sua utilização pelo regime ditatorial como instrumento de sustentação política.

Em relação às políticas sociais, de forma geral, podemos dizer que a política social no Brasil será constituída tendo como base as concepções de "cidadania regulada" (Santos, 1987), na perspectiva da política previdenciária — destinada aos trabalhadores urbanos que possuíssem sua profissão reconhecida legalmente —, a qual será implementada com base na lógica corporativo-estatal, e a "cidadania invertida" (Teixeira, 1991) como expressão da ação assistencial — destinadas aos demais segmentos da população —, configurando-se como recurso de clientelismo do poder central.

É importante destacar que esse formato de desenvolvimento de políticas sociais no Brasil se adéqua ao processo de incorporação seletiva e limitada das classes subalternas às riquezas produzidas nacionalmente pelo advento da ordem industrial. Ou seja, não existe um projeto de universalização e aprofundamento de direitos sociais e, portanto, *a estrutura burocrática organizada para operar as políticas sociais se efetiva, também, de forma seletiva e limitada*. Em linhas gerais, esse padrão de operar as políticas sociais não sofrerá alteração até o advento do golpe de 1964.

A burocracia pública no contexto da emergência do capitalismo monopolista brasileiro

Fernandes (1981, p. 251-288) identifica o período da década de 1950 e início dos anos 1960 como sendo o de início da irrupção do capitalismo monopolista no Brasil e mostra, com precisão, como esse processo se desenvolve no país mantendo a "dupla articulação". Ou seja, para impulsionar o salto industrializante a opção da burguesia industrial foi subordinar-se ao capital estrangeiro e articular-se aos setores tradicionais. Portanto, "o novo padrão de desenvolvimento capitalista terá de gerar, em termos estruturais, funcionais e históricos, novas modalidades de dependência em relação às economias centrais e novas formas relativas de subdesenvolvimento" (Fernandes, 1981, p. 259).

De acordo com Oliveira (2003, p. 55-58), aquela mesma articulação que combinava "alta taxa de exploração da força de trabalho" na agricultura e ampliação das condições de acumulação urbana-industrial, no início do processo de industrialização brasileiro, será mantida e ocorrerá, nesse novo contexto, entre o setor terciário e o setor industrial. Ou seja, como a industrialização brasileira desenvolveu-se com base numa "acumulação capitalista razoavelmente pobre", no momento de sua consolidação, a exigência de expansão do setor terciário teve de ser atendida, também, através do "crescimento não capitalístico do setor Terciário". Dessa forma, como argumenta Oliveira (2003, p. 57), "os serviços realizados à base de pura força de trabalho, que é remunerada a níveis baixíssimos, transferem, permanentemente, para as atividades econômicas de corte capitalista, uma fração de seu valor, 'mais-valia' em síntese", reafirmando, assim, a dinâmica de *superexploração da força de trabalho* no Brasil.

A estratégia implementada, do ponto de vista administrativo, para operar a "irrupção do capitalismo monopolista", será marcada pela reprodução das características centrais da administração pública que se estrutura a partir de 1930. Entretanto, essa estratégia expandirá, significativamente, a dimensão "insulada" da ordem burocrática — dimensão utilizada para viabilizar a ação racional destinada à organização institucional, legal e econômica necessária para a fase da industrialização em pauta, combinada com a exclusão dos setores populares. Fortalecerá a dimensão patrimonialista através, principalmente, da manutenção do poder dos governadores de estado e da implementação das políticas sociais (prioritariamente as de assistência social) e, por fim, estagnará as iniciativas pautadas para a ampliação da dimensão do "universalismo de procedimentos" prometido na ordem burocrática.

O processo de expansão do "insulamento burocrático" é realizado a partir da *Assessoria Econômica* instituída no segundo governo Vargas e, principalmente, através dos *Grupos Executivos* formados por JK (Nunes, 1997, p. 101 e 110). Ou seja, a ordem burocrática brasileira vai se fortalecendo a partir da dimensão que reduz o "escopo da arena em que interesses e demandas populares podem desempenhar um papel" (Nunes, 1997, p. 34). Portanto, as possibilidades democráticas da ordem burocrática não serão desenvolvidas e exploradas.

A dimensão racional da burocracia será desenvolvida parcialmente. Como essa dimensão estará combinada a mecanismos de recrutamento que não privilegiam a impessoalidade — apesar de garantir competência técnica para o projeto em tela —, impedir-se-á a possibilidade de existir um quadro administrativo comprometido, direta ou indiretamente, com interesses das classes trabalhadoras.

As características da administração pública na área das políticas sociais serão mantidas. Por um lado, a expansão quantitativa das instituições da área previdenciária promoverá a intensificação da combinação de especialização burocrática com lealdade patrimonialista, conquistada através da manutenção da política tradicional de empreguismo em troca de apoio político, visando à incorporação seletiva e parcial da classe trabalhadora, via institutos de previdência.

Então, a *ordem administrativa* no contexto de consolidação do Estado desenvolvimentista se desenvolverá a partir da *expansão da dimensão da racionalidade capitalista e da especialização técnica da burocracia*, num quadro de insulamento de uma estrutura paralela de gestão, evitando a utilização dos mecanismos de mérito e de impessoalidade na composição de seus quadros. Essa expansão será articulada à *manutenção dos espaços patrimoniais e clientelistas* no campo das políticas sociais — visando à incorporação seletiva e parcial das classes trabalhadoras — e na forma de participação das camadas dominantes tradicionais na estrutura de poder. Dessa forma, a dimensão de racionalidade da burocracia em seu sentido de estruturação formal e impessoal de procedimentos será bloqueada, inviabilizando a construção de uma ordem administrativa que pudesse contribuir com o fortalecimento de ações voltadas aos interesses das classes populares.

Esse cenário da administração pública dos anos 1950 do século passado será radicalizado, a partir da ditadura civil-militar, através da sua institucionalização, operada via Decreto-lei n. 200/67.[1]

---

1. A origem do projeto do Decreto-lei n. 200/67 é atribuída ao Instituto de Pesquisas e Estudos Sociais, IPES, importante think tank que subsidiou o golpe de 1964, inclusive fornecendo quadros

Fase monopólica do capitalismo brasileiro e a formalização do insulamento burocrático

O Decreto-lei n. 200/67 expressa o coroamento legal e institucional da estrutura administrativa desenvolvida na década de 1950 para operar a "irrupção do capitalismo monopolista". Ou seja, o Decreto-lei n. 200 não apresenta inovação substantiva em relação à estrutura da ordem administrativa que já vinha sendo adotada desde a década de 1940 e que foi intensificada na década de 1950.

Nesse sentido, em sua aparência, a reforma administrativa de 1967, se expressará como um novo modelo de gestão a ser desenvolvido no Brasil (Bresser-Pereira, 1996; Torres, 2004). No entanto, em sua essência, ela apenas potencializará os elementos advindos da década de 1950, através da normatização e institucionalização de seus mecanismos, para consolidar o processo de monopolização capitalista no quadro da estratégia desenvolvimentista.

A reforma administrativa de 1967, no contexto da ditadura, é, portanto, um imperativo necessário para lançar definitivamente o capitalismo brasileiro à fase monopólica de seu desenvolvimento.

Oliveira (2003, p. 100-105) demonstra que a situação de manutenção da desigualdade social durante a expansão capitalista no período pós-1964, mais precisamente a partir de 1967, explica-se pela necessidade de se realizar um processo de acumulação compatível com a estratégia de monopolização e aceleração da industrialização do período. Esse processo realiza-se através do aprofundamento da exploração do trabalho como mecanismo central para enfrentar as contradições entre relações de produção e desenvolvimento das forças produtivas, na medida em que é "necessário aumentar a taxa de lucro, para ativar a economia, para promover a expansão" (Oliveira, 2003, p. 100). Nesse sentido, afirma o autor, o aprofundamento da taxa de exploração do trabalho apresenta-se como requisito estrutural da expansão monopólica. Esse fato reafirma a estrutura de *superexploração da força de trabalho* no Brasil.

Dessa forma, entendemos que a reforma de 1967 é a expressão mediata do projeto econômico de monopolização do capitalismo, no contexto de uma opção política das classes dominantes orientada, por um lado, para manter

---

administrativos, como ministros de Estado, à ditadura que se seguiu. A pesquisa de Elaine Bortone, realizada como dissertação do mestrado em administração da Universidade Federal Fluminense, UFF, traz interessantes dados e documentos sobre esta atuação e o próprio esboço de projeto do Decreto-lei n. 200/67, elaborado pelo IPES (Elaine Bortone, 2014).

GESTÃO DEMOCRÁTICA E SERVIÇO SOCIAL

a "dupla articulação" e, por outro lado, para excluir as classes trabalhadoras do processo de participação política. Excluem-se os trabalhadores e suas representações das decisões sobre o desenvolvimento e da ampliação do acesso às riquezas produzidas, mantendo assim, como destaca Oliveira (2003), o caráter concentrador de poder, renda e propriedade.

Diferentemente, portanto, das interpretações (Bresser-Pereira, 1996, 1998b; e Grau, 1998) que identificam a reforma administrativa de 1967 como um marco no processo de aprimoramento do desenvolvimento da ordem administrativa brasileira, consideramos que, efetivamente, o que ocorreu, no Brasil, do ponto de vista administrativo, a partir do golpe de 1964, foi a institucionalização e expansão da estrutura anterior, porém sob a égide da consolidação monopólica do capitalismo brasileiro e sua integração no plano internacional.

A expansão da estrutura administrativa se processa através da descentralização,[2] operada, principalmente, pela ampliação da administração indireta. Esta ampliação provocará pelo menos duas consequências para a administração pública.

A primeira delas refere-se à incorporação de critérios empresariais na administração pública, gerando um processo de competição intraburocrático, em que a cooperação e a solidariedade entre agências é substituída pelo *ethos* da concorrência.

A segunda consequência diz respeito ao tratamento diferenciado que se estabeleceu entre a administração indireta voltada para atividades econômicas, priorizada para receber investimentos em termos de infraestrutura, qualificação profissional e remuneração dos servidores e a administração direta (e a indireta da área social), "responsável pelas políticas públicas mais fundamentais na área social, era sucateada, desmotivada, mal remunerada e desaparelhada, deixando boa parte da população brasileira sem uma ação estatal minimamente razoável" (Torres, 2004, p. 156-157).

Essas duas consequências serão nefastas para o desenvolvimento e fortalecimento do universalismo de procedimentos e expansão de direitos

---

2. Conforme indica Torres (2004, p. 153-154), a descentralização proposta em 1967 se refere a três planos: na própria administração direta, através da distinção entre direção e execução; na relação estabelecida entre administração federal e unidades da federação e, por fim, na transferência para a administração indireta e iniciativa privada de determinadas ações.

no interior da ordem burocrática da administração pública. Em primeiro lugar, o espírito de competição e concorrência entre as agências da administração indireta das atividades econômicas se expandirá para o conjunto da administração pública, prejudicando fortemente a integração e articulação dos diferentes organismos da administração que são fundamentais para o desenvolvimento das políticas sociais. Em segundo lugar, o sucateamento da administração direta afetará de forma substantiva as estruturas destinadas à implementação de políticas sociais, preservando as áreas vinculadas à fazenda, relações exteriores e forças armadas.

Ao longo desse período (1964-1985), com a restrição dos direitos civis e políticos, os direitos sociais implementados pela ditadura civil-militar, por meio de suas políticas sociais, marcaram o início do desmonte do aparato de regulação da cidadania, unificando, uniformizando e ampliando os serviços sociais, com certa tendência universalizante. Como não se procedeu a uma alteração substancial das bases de financiamento das políticas sociais, devidos ao dilema estrutural da dependência, conforme abordado anteriormente, ampliaram-se os serviços de baixa qualidade.

Nesses termos, conforme sinaliza Werneck Vianna (1998), institui-se uma "americanização perversa" na seguridade social brasileira. As políticas sociais de baixa qualidade foram organizadas através de uma estrutura administrativa também de baixa qualidade. A expansão de serviços não foi acompanhada por um incremento proporcional nos investimentos para sua implementação. Isso se deu, devido, principalmente, ao investimento no processo de consolidação da fase monopólica no País, mas também devido à priorização de outras áreas da administração direta (relações exteriores, forças armadas e fazenda) e pelo investimento nas organizações da administração indireta responsáveis pela intervenção econômica do Estado. Apesar disso, houve no período uma expansão da estrutura administrativo-burocrática do setor social.

Cabe ainda ressaltar que o campo das políticas sociais e, principalmente, na área da assistência social, a articulação com padrão patrimonialista continuou vigendo como forma de processar a ordem administrativa da área.

Resumidamente, no contexto do desenvolvimento e consolidação da fase monopólica do capitalismo brasileiro (1950-1979), a materialidade da configuração da administração pública brasileira pode ser vista da seguinte forma:

a) para as questões de segurança, relações internacionais e questões fiscais — *BUROCRACIA valorizada e reconhecida;*

b) para a questão social — *Mix de BUROCRACIA centralizadora, autoritária e sucateada, fundada no corporativismo estatal* (Estado controlando as instituições da sociedade civil, principalmente as vinculadas ao trabalho, para viabilizar a incorporação seletiva e regulada) e *PATRIMONIALISMO, fundado na estrutura clientelista* (para garantir a lealdade política de setores tradicionais, através da relação entre Poder central-Poder local e Poder local-população-clientela);

c) para a intervenção nas questões diretamente econômicas (política monetária, fiscal, industrial) — *BUROCRACIA INSULADA, baseada no corporativismo estatal* (Estado privatizado por interesses do capital. A expressão material dessa estrutura burocrática são as administrações indiretas criadas durante a ditadura).

Nesse contexto, no Brasil, não houve o problema de se ter Estado frágil, mas sim forte para a oligarquia e, posteriormente, para a burguesia, e nunca para a classe trabalhadora, ou, pelo menos, que procurasse atender, de forma mais substantiva ou consequente, aos interesses dessa classe. Assim, nosso problema se expressou na ausência de um Estado que assumisse um papel mais forte de mediador dos interesses da classe trabalhadora e não apenas de agente que reforça a ação voltada para subjugar as camadas subalternas, além de ter desenvolvido uma burocracia forte para as finalidades econômicas capitalísticas e frágil para implementar políticas sociais (Nogueira, 1998, p. 12-14).

Década de 1980: processo de democratização, resistência ao modelo neoliberal e fortalecimento da burocracia pública

No Brasil, com a "crise do milagre", esboçada a partir de 1973, vindo no contexto da crise mundial do capitalismo, o controle social imposto pela ditadura começa a entrar em declínio.

No entanto, no início da década de 1970, o Brasil conseguira adiar a crise econômica, através do processo de endividamento externo. O endividamento serviu para enfrentar a queda da receita tributária, o crescimento das demandas sociais, a elevação dos preços do petróleo e dos bens de capital e continuar estimulando e apoiando o crescimento econômico pautado no processo de industrialização. "Com os empréstimos os países pobres e em desenvolvimento compravam produtos das economias desenvolvidas, azeitando economias que estavam em recessão e contribuindo para que elas suportassem melhor a crise" (Gonçalves e Pomar, 2000, p. 12).

Nesse contexto, o processo de "modernização conservadora", implementado pela ditadura civil-militar, tanto no período conhecido como "milagre econômico" quanto ao longo do governo Geisel, produziu a aceleração do processo de industrialização e urbanização da sociedade brasileira. Com isso, trouxe à tona um novo quadro de relações sociais e de organização sociopolítica. O novo operariado, o trabalhador rural sindicalizado, a classe média e os moradores dos bairros populares, entre outros, complexificaram o tecido social do Brasil pós-1970.

Esse cenário desenhado após os anos de 1970 abre um campo de potencialidades significativas para a redefinição da correlação de forças no Brasil. Somou-se à insatisfação econômica a indignação política com o sistema ditatorial instaurado no País. Começavam a aumentar as pressões da sociedade sobre o governo civil-militar.

Inserido nesse panorama social, político e econômico, vamos encontrar o ressurgimento dos movimentos sociais no Brasil. Esses atores entram em cena na luta pela redemocratização do País, nas suas mais diversas dimensões (econômica, social, política, cultural...), a partir da metade da década de 1970.

Os anos de 1980, no plano internacional, configuraram-se como o período de "retomada da hegemonia norte-americana" (Tavares, 1998) realizada através da diplomacia do dólar forte e da "adoção de programas armamentistas de alto conteúdo tecnológico, visando dobrar a União Soviética e exaurir sua capacidade financeira" (Teixeira, 2000, p. 3).

Nesse contexto de mundialização, processou-se uma violenta crítica ao padrão sistêmico de integração social que conduziu o capitalismo à sua época de ouro: crescimento econômico, pleno emprego e proteção social sob coordenação do Estado.

No Brasil, a crise da dívida nos anos de 1980 apenas explicita o problema de maior envergadura da economia brasileira, qual seja: a fragilidade do padrão de financiamento. Assim, conforme observa Fiori (1993), a convergência da crise mundial com a crise do padrão de desenvolvimento brasileiro determina a crise vivida nos anos da década de 1980.

No entanto, diferentemente do que ocorria nos países centrais, no Brasil, os anos da década de 1980 são de revigoramento das forças democráticas da sociedade civil e da ampliação das lutas sociais. Do ponto de vista democrático, o clímax ocorreu com o desenvolvimento do movimento pelas eleições diretas (Movimento Diretas-Já). O movimento, coordenado suprapartidariamente, não logrou êxito e, mais uma vez, o acordo entre as elites dirigentes viabilizou a repetição de uma "revolução pelo alto" no País, mantendo, dessa forma, o pacto de dominação conservador.

O indubitável fortalecimento das organizações progressistas da sociedade civil, o surgimento do sindicalismo combativo desatrelado do Estado, a criação de um partido orgânico de base popular, o Partido dos Trabalhadores, apesar de não terem sido suficientes para provocar uma ruptura no sistema político, formaram um conjunto de elementos de contraponto não só ao regime autocrático, como também à prática política tradicional brasileira fundada em fortes traços patrimonialistas.

Os movimentos sociais organizados foram protagonistas de uma ampla mobilização popular, visando à participação no processo de elaboração da nova Constituição Federal, através das emendas populares. A Constituição de 1988 apresentou grandes avanços em relação aos direitos sociais, apontando, claramente, para a construção de um Estado de Bem-Estar social provedor da universalização desses direitos.

Além disso, a Constituição introduziu "mecanismos institucionais de participação popular na atividade legislativa e na definição de políticas governamentais" (plebiscito, referendo e iniciativa popular) (Benevides, 1991, p. 17) e abriu possibilidade, através dos incisos VII do art. 194 e II do art. 204, de se criarem mecanismos de democracia participativa. Entretanto, no que se refere à ordem econômica e a alguns aspectos significativos da ordem política, dimensões fundamentais para viabilizar a efetivação de um Estado de Bem-Estar no Brasil, a CF/88 foi extremamente conservadora.

As lutas na área social, por diversas razões, foram aquelas em que os grupos democráticos mais obtiveram vitórias (capítulo da seguridade, criança, educação etc.). Esses movimentos lutavam tanto pela democracia social quanto pela ampliação da democracia política.

Conforme ocorrera com as políticas sociais, são inseridas, na carta constitucional, propostas democráticas para a administração pública, voltadas para o fortalecimento de sua dimensão burocrática: reforço dos procedimentos para garantir a impessoalidade e o mérito na estruturação do quadro de pessoal (contratação através de concurso público), organização de princípios para a estruturação de plano de carreiras e salários, definição de ordenamento para contratar obras, serviço e compras, garantia de direitos trabalhistas, estabelecimento de mecanismo de proteção ao cargo. Dessa maneira, prioriza-se a administração direta e se expandem essas regras para a administração indireta. Por outro lado, como vimos, são também criados mecanismos democratizadores e de controle social e público para acompanhar a formulação e a implementação de políticas: participação da população e o fortalecimento do ministério público.

Dessa forma, os preceitos aprovados na Carta de 1988, em relação à *administração pública*, buscavam garantir uma *espinha dorsal burocrática para o Estado brasileiro*, fundada na impessoalidade, no mérito e na proteção ao cargo, expandindo instrumentos de controle democrático, para estruturar uma ordem administrativa permeável à sociedade em relação à participação na definição de suas intenções e ações, buscando evitar, assim, a "burocratização" (excesso de normas, regras e rigidez administrativa), a ação autorreferenciada da burocracia e seu "insulamento".

Diferentemente do que preconiza Bresser-Pereira (1996 e 1998), a Constituição Federal de 1988 não foi um retrocesso aos anos 1930, em relação à estruturação da administração pública, tampouco um retrocesso aos anos 1950, no que se refere ao plano político.

Em relação ao cerne da questão tratada aqui (organização de uma espinha dorsal burocrática), os desvios que possam ter ocorrido não comprometeram a lógica para a efetivação da construção de uma estrutura burocrática em sua totalidade e, mais que isso, os preceitos constitucionais mostravam--se coerentes com uma perspectiva de aprofundamento e universalização de direitos que setores da sociedade clamavam à época.

Portanto, longe de uma "visão equivocada por parte das forças democráticas", conforme considera Bresser-Pereira (1996, p. 275), as forças democráticas, conscientemente ou não, propuseram, coerentemente com a finalidade de universalização e aprofundamento de direitos numa sociedade de classes, a estruturação de uma ordem administrativa burocrática, a partir de suas determinações de impessoalidade, mérito e estrutura formal-legal.

Sendo assim, no final da década de 1980 estrutura-se no país um paradigma legal-institucional, via Constituição Federal, que delineia os fundamentos para a construção de um Estado de Bem-Estar de cunho universalista e institucional, com elementos democratizadores, viabilizador de direitos e estruturado a partir de uma ordem administrativa burocrática, fundada na impessoalidade e no mérito.

No entanto, esse paradigma enfrentará uma conjuntura no Brasil hegemonizada pelo ideário neoliberal. Esse movimento entre a proposição democrática prevista na Constituição Federal de 1988 e a regressão neoliberal dos anos 1990 será debatido no próximo item.

3.3.3 A proposta neoliberal de contrarreforma administrativa no Brasil: impacto na gestão pública estatal e na gestão das OSC

Dissemos, no subcapítulo 3.1.1, tratando da crise dos anos 1970, que sempre que fixamos períodos históricos, há necessidade de se considerarem as defasagens de impacto dos fenômenos gerados nos países centrais sobre os periféricos, no sentido de dependentes. Assim também é preciso levar em consideração as condições próprias, algumas específicas, dos diversos países.

A crise que colheu o Brasil no final dos anos 1970, nos seus termos específicos, tem particularidades, ainda que nos seus fundamentos esteja igualmente associada à base técnica e ao regime de acumulação, enfim, ao modelo de acumulação e reprodução do capital no Brasil.

De início, portanto, cabe observar que nossos tempos são diferentes. Enquanto a análise da crise a partir dos Estados Unidos toma como ano de referência mais preciso o ano de 1967 é exatamente este ano de 1967 que vai registrar o início do chamado "milagre brasileiro": a "expansão iniciada em 1967 alcança seu auge em 1973", "o 'milagre econômico' de 1968-1973", diz Bresser-Pereira referindo-se a esse tempo de incremento do PIB brasileiro (Bresser-Pereira, 2014, p. 221 e 223). É o período frequentemente festejado pelos que apoiaram a ditadura civil-militar, de 21 anos — período tão festejado que passa a falsa impressão de ter sido a ditadura um êxito econômico total.[3] Segundo o mesmo Bresser-Pereira, "o produto bruto cresceu a uma

---

3. O artigo *Educação em tempo de saudosismo autoritário. A ditadura e sua gestão: novos mitos 40 anos depois,* na revista Movimento, expõe dados suficientes para demonstrar que as taxas de crescimento obtidas naquele período (média de 11,3%) se assemelham a taxas dos anos 1960 anteriores ao golpe civil-militar (média 9,4%), no Brasil. Expõe também outras taxas: inflação, dívida externa e salário mínimo real, em que os anos democráticos anteriores têm melhores resultados que os anos da dita-

taxa de 11,3%", "a poupança pública [...] alcançou 9,5% do PIB em 1973", "os investimentos privados e os investimentos do Estado eram também elevados (15,7% e 9,5% do PIB, respectivamente)" (Bresser-Pereira, 2014, p. 221). Portanto, a base técnica fordista, que hegemonizava o sistema produtivo brasileiro, o Estado, que cumpria com seu papel keynesiano, aliado às políticas sociais e às políticas públicas em geral — o regime de acumulação e reprodução — tanto quanto em outros países, respondiam ao projeto de desenvolvimento associado que se praticava no Brasil desde os anos 1950.

É verdade que isso se obtinha em grande medida a custa do endividamento público, quando a liquidez internacional já existente facilitava o financiamento brasileiro. Essa estratégia já vinha sendo executada desde o golpe civil-millitar. Não é fato, portanto, que apenas após 1973 o governo "passou a recorrer de maneira irresponsável à poupança externa" (Bresser-Pereira, 2014, p. 227). A dívida externa, que em 1964 se encontrava em U$ 3 bilhões, gradativamente se projetou a U$ 43,5 bi, em 1978 (Furtado, 1981, p. 52). Nesse intervalo, a dívida externa já havia mais que triplicado, em 1973, chegando a U$ 13,9 bi, naquele ano, segundo o próprio Bresser-Pereira (2014). Esse endividamento haveria de se agravar porque, nas palavras de Furtado, "no decênio compreendido entre 1964 e 1973, não obstante um considerável aumento do produto interno, não se assinala nenhum ganho de autonomia na capacidade de autotransformação, nem tampouco qualquer reforço da aptidão da sociedade para autofinanciar o desenvolvimento" (Furtado, 1981, p. 43).

O endividamento exigia pagamento de juros e amortizações que iam agravando o déficit público. Com baixa arrecadação, o Estado recorreu cada vez mais aos bancos, em círculo vicioso que comprometia a capacidade de investimento e pagamento públicos, além de puxar para cima a taxa de juros e o índice de preços.

"No início de 1979, o quadro da economia brasileira já apresentava claros sinais de crise", diz Bresser-Pereira em sua obra citada (Bresser-Pereira, 2014, p. 229). Os dados do IPEADATA vão acusar taxas negativas de –4,3% e –2,9, respectivamente em 1981 e 1983, e 0,8% em 1982 (IPEADATA, 2004).

---

dura. Além disto, salvo de 1967 a 1973, a maioria dos anos de ditadura registrou taxas de incremento do PIB menores que a média dos anos democráticos anteriores. Não é verdade, portanto, que a privação da liberdade, a violência, as prisões e torturas, a morte de milhares de pessoas, tenham valido economicamente a pena. Não valeram. E ainda que os resultados fossem melhores, continuariam não justificando os anos de terror do Estado. Veja Gurgel, C. Movimento, n. 1 (maio 2006), Niterói, EdUFF, 2006, p. 95-107.

Em paralelo, nesse mesmo período, entre 1979 e 1983, expressando as condições da luta de classes e nos marcos do modelo de acumulação, a ditadutra cedia à pressão do movimento pela anistia dos presos e banidos políticos. Centenas de lideranças saíram das cadeias e outras retornaram ao Brasil, em clima de ascenso político democrático e socialista. Fundava-se o Partido dos Trabalhadores, cuja proposta se colocava como o renascimento da luta política operária e do radicalismo proletário. Em 1983, criava-se a Central Única dos Trabalhadores, entidade que nascia na contramão do sindicalismo cooperativo, o sindicalismo "pelego".

O crescendo do movimento social continuava, manifestando-se nas organizações independentes da sociedade, nas mobilizações de bairros e de categorias profissionais, cujas associações adensavam a luta popular e sindical.

Esse processo resultou na grande campanha por eleições diretas (Diretas, já!), em 1984, e, a seguir, na parcial derrota da ditadura nas eleições presidenciais, ainda indiretas, mas sob grande pressão popular. O desdobramento seguinte, em 1986, foi a convocação da Assembleia Nacional Constituinte, chamada a elaborar e promulgar uma nova Constituição que, como visto no subcapítulo anterior, traduzisse a redemocratização e as necessidades econômicas e sociais dos brasileiros.

Entre os empresários, durante esse período, repercutia mal a queda dos investimentos públicos e dos negócios no mercado. Ambos os casos devidos a combinação do endividamento público com o esgotamento da base produtiva fordista, cujos produtos massivamente produzidos, continuavam padronizados. Para agravar a situação, houve os choques do petróleo, a compressão salarial e a taxa de juros em crescimento exponencial.

Os diversos setores empresariais e as grandes entidades patronais — FIESP, FIRJAN, CNI, CNC e inúmeras associações industriais paulistas passaram a se manifestar contra o "Estado empresário", apontando para o que chamavam de "atrofia" e defendendo a diminuição do papel dos governos.

Saídos da ditadura, os movimentos sociais e politicos democráticos e socialistas igualmente criticavam o Estado — pelo arrocho salarial, pelos serviços públicos de má qualidade, pela repressão e outros problemas conhecidos e acentuados com a crise. Reconhecendo que esses movimentos, em suas críticas, não tinham os mesmos objetivos que os empresários, o fato é que o alvo se tornou o mesmo. No plano internacional, o embate entre neoliberais *versus* keynesianos e socialistas, esses vistos como estatistas e estatizantes, crescia, impulsionado pelos "thinks thanks" liberais[4] e as premiações sucessivas da academia sueca (Nobel) aos economistas neoliberais Friedrich Hayeck (1974) e Milton Friedman (1976), nomes populares entre os afeitos a esse debate.

Dois projetos estavam em andamento, ainda que as nuances do projeto liberal ainda não estivessem completamente compreendidas e estabelecidas. As nuances se referem principalmente às forças que, igualmente liberais, se localizavam em outros partidos e até mesmo no interior do Partido dos Trabalhadores. Essas forças expressavam a vitória ideológica que se verificava na sociedade: as ideias neoliberais avançavam socialmente, com grande apoio de lideranças políticas, intelectuais e acadêmicas e da grande imprensa (*Globo, O Estado de São Paulo* e seus reprodutores) tradicionalmente associada aos grupos patronais brasileiros e estrangeiros.

É nesse cenário que os conservadores e liberais brasileiros se apresentam às eleições presidenciais, em confronto direto com as forças social-democráticas e socialistas, no embate eleitoral que seria vencido por Collor de Mello na disputa final com Lula, em 1989.

Ainda que não se possa dizer que ali se definiu a direção que tomaria o Estado e a sociedade, a vitória de Collor interrompeu os passos institucionais dados pelos setores progressistas, que fizeram dos anos 1980 — a *década perdida*, segundo o grande capital — um tempo de conquistas orgânicas, políticas e ideológicas.

Essa situação não interrompeu, porém, o movimento popular, com destaque para os estudantes, os "cara-pintadas", que, em 1992, pôs na rua uma maciça campanha pelo *impeachment* de Collor, debaixo de graves acusações de corrupção do Presidente — acusações partidas de seu próprio irmão e aliado, até então.

O *impeachment* de Collor abriu uma nova estação eleitoral para a presidência da República, em 1994, cujo desfecho foi mais uma vez a derrota de

---

4. *Thinks-thanks* são entidades constituídas por acadêmicos, empresários, políticos e intelectuais, estrito senso, que desenvolvem atividades políticas, difundindo ideias e propostas e subsidiando ações dos seus representantes e lideranças e incidindo na opinião pública por variados meios, principalmente revistas, jornais, livros e *mídia* eletrônica. São exemplos de *thinks thanks* liberais o Institute of Economic Affairs, a Atlas Economic Research Foundation, o Instituto Millenium e o Instituto Liberal, os dois últimos muito conhecidos no Brasil. Acessando os sites de informação (Google, por exemplo) com facilidade se têm mais detalhes e até mesmo os nomes dos seus componentes.

Lula, agora para o Partido da Social Democracia Brasileira, PSDB. Explicitando o caráter da chapa vencedora, o PSDB fizera uma aliança com o Partido da Frente Liberal, PFL, em coligação que implementaria o projeto de contrarreforma, de inspiração neoliberal. Voltando as nuances que passavam despercebidas ao grande público, significativamente o Secretário-Geral do Partido dos Trabalhadores e coordenador da campanha de Lula, Francisco Weffort, foi nomeado ministro da Cultura do novo governo de Fernando Henrique Cardoso. Estava posta e exposta, agora de modo bastante claro, a hegemonia ideológica em curso no Brasil.

Dessa maneira, é reeditado, de forma orgânica, o pacto de dominação conservadora que implementou o projeto desenvolvimentista, mas que, na conjuntura da crise daquele modelo, organiza-se para orientar uma intervenção social pautada nas teses neoliberais. A propósito, observa Fiori (1998, p. 17):

> ... diante da hipótese de uma aliança de centro-esquerda que poderia revolucionar o sistema político e social brasileiro, [...] FHC preferiu [...] e decidiu-se por uma aliança de centro-direita com o PFL [...]. Uma aliança que obviamente não se explica por razões puramente eleitorais [...]. O que a nova aliança de FHC se propõe, na verdade, é algo mais sério e definitivo: remontar à tradicional coalizão em que se sustentou o poder conservador no Brasil. Este é o verdadeiro significado direitista de sua decisão...

Anos antes, exatamente em 1989, realizou-se em Washington, nos Estados Unidos, uma reunião de cúpula em que as agências multinacionais — Banco Mundial e FMI principalmente — avaliaram o andamento de suas propostas para a América Latina, tendo em vista enfrentar a crise. Pela importância da informação, transcrevemos a passagem do livro *O Consenso de Washington*, escrito pelo embaixador Paulo Nogueira Batista, aquela época acompanhando os fatos de perto, enquanto embaixador brasileiro na ONU, sediada em Nova York, onde exerceu a presidência do Conselho de Segurança da ONU, no biênio 1988-89.

Escreveu Batista (2001, p. 11):

> Em novembro de 1989, reuniram-se na capital dos Estados Unidos funcionários do governo norte-americano e dos organismos financeiros internacionais ali sediados — FMI, Banco Mundial e BID — especializados em assuntos latino-americanos. O objetivo do encontro, convocado pelo Institute for International Economics, sob o título "Latin American Adjustment: How Much Has

Happened?", era proceder a uma avaliação das reformas econômicas empreendidas nos países da região. Para relatar a experiência de seus países, também estiveram presentes diversos economistas latino-americanos. Às conclusões dessa reunião é que se daria, subsequentemente, a denominação informal de "Consenso de Washington". Embora com formato acadêmico e sem caráter deliberativo, o encontro propiciaria oportunidade para coordenar ações por parte de entidades com importante papel nessas reformas. Por isso mesmo, não obstante sua natureza informal, acabaria por se revestir de significação simbólica, maior que a de muitas reuniões oficiais no âmbito dos foros multilaterais regionais. Nessa avaliação, a primeira feita em conjunto por funcionários das diversas entidades norte-americanas ou internacionais envolvidos com a América Latina, registrou-se amplo consenso sobre a excelência das reformas iniciadas ou realizadas na região, exceção feita, até aquele momento, ao Brasil e Peru. Ratificou-se, portanto, a proposta neoliberal que o governo norte-americano vinha insistentemente recomendando, por meio das referidas entidades, como condição para conceder cooperação financeira externa, bilateral ou multilateral.

O balanço da reforma neoliberal na América Latina apontava para o Brasil e o Peru como os dois países cujas mudanças não haviam evoluído. A que mudanças se referiam? John Williamson, ex-conselheiro do FMI e ex-economista-chefe do Banco Mundial para o sul da Ásia, e Pedro-Paulo Kuczynski, este ironicamente ex-ministro da economia e ex-primeiro ministro peruano, assim definem as mudanças esperadas sob título de *reforma do Estado* na América Latina:

> disciplina fiscal; uma mudança nas prioridades para despesas públicas; reforma tributária; liberalização do sistema financeiro; uma taxa de câmbio competitiva; liberalização comercial; liberalização da entrada do investimento direto; privatização das empresas estatais; desregulamentação; direitos da propriedade assegurados (Williamson e Kuczynski, 2003, p. 1).

No Brasil, as privatizações já se tinham iniciado no governo Sarney, porém timidamente, merecendo a avaliação feita em 1989 a que Batista se refere. Collor tentou responder positivamente ao Consenso de Washington, implementando algumas medidas dentre aquelas listadas: liberalização comercial, liberalização da entrada de investimento direto e privatização de empresas estatais, principalmente, porém tudo ainda de modo insatisfatório para as agências internacionais e os mercados. Faltava consistência programática ao seu governo, que enfrentava baixa governabilidade, expressa na rala maioria de que dispunha no Congresso. Também lhe faltavam operadores

GESTÃO DEMOCRÁTICA E SERVIÇO SOCIAL

qualificados e competentes para levar adiante a reforma neoliberal, a *contrarreforma*, expressão usada para designar o oposto do que se esperava em termos de reforma do aparelho do Estado e do Estado, como um todo.

Sua destituição, com pouco mais de dois anos de governo, sem dúvida se deveu em grande parte à pressão popular, mas sua incapacidade política de levar adiante o projeto burguês, para o qual tinha sido eleito, certamente pesou na inércia que marcou o comportamento dos seus potenciais defensores. Collor foi deixado a sua própria sorte, que naquele momento não era das maiores. A grande imprensa, que o apoiou na eleição, não fez o mesmo no *impeachment*.

O projeto neoliberal encontrará condições políticas e competência executiva, governabilidade e governança necessárias, na gestão de Fernando Henrique Cardoso, eleito presidente com facilidade em 1994. Seu prestígio crescente advinha do êxito duradouro do Plano Real, que estabilizou os preços, domando a inflação, tida como a inimiga número um dos brasileiros. É esse prestígio que o governo empenha no projeto da reforma neoliberal do Estado, já em 1995, primeiro ano do mandato. Todos certamente lembrados da avaliação negativa do Consenso de Washington e do seu significado para o apoio financeiro das agências internacionais.

A condução neoliberal da política macroeconômica do governo Cardoso, aprofunda a "contrarreforma conservadora e regressiva" do Estado brasileiro (Behring, 2003).

Na década de 1990, essa "contrarreforma" "tem a envergadura das mudanças da década do pós-1930 e do pós-1964 e guarda nexos com o passado" (Behring, 2003, p. 115).

Portanto, é fundamental frisar: as mudanças de 1930 e 1964 foram mudanças dentro do projeto desenvolvimentista, conduzido por um pacto conservador, e a dos anos 1990 é um "projeto radical de transnacionalização da economia brasileira" (Fiori, 2001a), conduzido de forma liberal e subordinada (Fiori, 1998), implementado no contexto de reestruturação capitalista, guiado pelo mesmo pacto conservador.

A primeira determinação (o projeto em tela) organiza o fundamento economicista e gerencial da proposta de contrarreforma da administração pública, e a segunda (estrutura de coalizão de classe) articula esse fundamento com a particularidade brasileira de manutenção dos traços tradicionais do pacto conservador de dominação estabelecido. Esse pacto prolongará a vigência da imbricação do patrimonialismo com a burocracia como elemento estrutural da ordem administrativa brasileira.

Fazendo eco à voz geral do pensamento hegemônico, nacional e internacional, o ministro da Administração e Reforma do Estado, o mesmo Bresser-Pereira já citado, vai dizer que a crise pela qual passava a economia brasileira se devia ao Estado.

Como mais tarde ele escreveria:

> A Grande Depressão dos anos 1930 decorreu do mal funcionamento do mercado, a Grande Crise dos anos 1980, do colapso do Estado Social do século vinte (Bresser-Pereira, 1997, p. 9).

> A grande crise dos anos 1930 originou-se no mal funcionamento do mercado. [...] Esta crise, porém, não tem mais como causa a insuficiência crônica de demanda de que falava Keynes. Esta é a causa da crise do mercado nos anos 1920 e 1930. [...] Sua causa fundamental será agora a crise do Estado (Bresser-Pereira, 1997, p. 10, 12).

Esse diagnóstico da crise dos 1970, já aparece, em 1995, no Plano Diretor da Reforma do Aparelho do Estado, comandada pelo então ministro, quando se lê:

> A crise do Estado teve início nos anos 70, mas só nos anos 80 se tornou evidente. Paralelamente ao descontrole fiscal, diversos países passaram a apresentar redução nas taxas de crescimento econômico, aumento do desemprego e elevados índices de inflação. Após várias tentativas de explicação, tornou-se claro afinal que a causa da desaceleração econômica nos países desenvolvidos e dos graves desequilíbrios na América Latina e Leste Europeu era a crise do Estado (Plano Diretor da Reforma do Aparelho do Estado, PDRAE, 1995, p. 10).

Páginas anteriores, na *Apresentação* do PDRAE, em novembro de 1995, o próprio presidente FHC escrevera:

> A crise brasileira da última década foi também uma crise do Estado. Em razão do modelo de desenvolvimento que governos anteriores adotaram, o Estado desviou-se de suas funções básicas para ampliar sua presença no setor produtivo [...] a reforma do Estado passou a ser instrumento indispensável para consolidar a estabilização e assegurar o crescimento sustentado da economia (PDRAE, 1995, p. 6).

É essa "presença no setor produtivo" e as políticas sociais universalizantes os principais alvos da contrarreforma neoliberal. Atribuir ao Estado

GESTÃO DEMOCRÁTICA E SERVIÇO SOCIAL

a causa da crise é um mero pretexto. O Estado não poderia ser a razão da crise, mas parte dela, dado que sua baixa liquidez advinha da crise do mercado, abalado pela queda da demanda, em grande medida pelo pauperismo, mas naquele momento também causada pelas limitações do modelo fordista. O Estado, privado de tributos pela queda dos negócios, é apenas um agente reflexo da crise do mercado (ver item 3.1.1).

Os problemas da superacumulação também eram enfrentados pelo empresariado brasileiro e a economia como um todo. A disponibilização de áreas atraentes de negócios, seja para o capital brasileiro, seja para o capital estrangeiro, no sistema financeiro "inundado pela liquidez", como disse Harvey (1994, p. 154), era o *indispensável* para a estabilização e o crescimento da economia. Por isso, em agosto de 1995, antes de publicar o PDRAE, o governo aprovou a emenda constitucional n. 6, que revogou o artigo 171 do texto original da Constituição de 1988, versando sobre empresa brasileira e capital nacional. Retirando a matéria da Constituição e a remetendo a uma lei complementar mais generosa com o capital estrangeiro, o governo procedeu à flexibilização necessária que o Consenso de Washington requeria ("liberalização da entrada do investimento direto") e abriu caminho para o aporte de capitais nas privatizações. Como disseram Celso Bastos e Yves Gandra Martins, "colocando ponto final à distinção introduzida pela Constituição de 1988 entre empresas brasileiras [de capital estrangeiro] e empresa brasileira de capital nacional" (Bastos e Martins, 2000, p. 44).

O fraco desempenho da reforma neoliberal, seja antes da reunião em Washington, seja imediatamente depois, com Collor, é superado por resultados mais robustos a partir do governo de Cardoso, em 1995. O quadro a seguir dá uma ideia da mudança ocorrida, permitindo ver como se expandem as privatizações no período 1995-2002.

Quadro 4 — Privatização no Brasil — Resultados Acumulados.

Período	Receita de Venda	Dívidas Transferidas	Resultado Total	%
1990-1994	8.608	3.266	11.874	11,2
1995-2002	78.614	14.810	93.424	88,8
Total	87.222	18.076	105.298	100,0

Fonte: BNDES. *Privatização no Brasil*: 1990-1994/1995-2002. Disponível em: <www.bndes.gov.br/SiteBNDES/export/sites/default/bndes_pt/.../Priv_Gov.PDF>. Acesso em: 12 jan. 2016.

Para obter esses números, o capital estrangeiro é estimulado a investir pela Emenda n. 6 a que nos referimos. Os quadros a seguir ilustram o crescimento do aporte de investidores internacionais, sensibilizados pela EC n. 6, aprovada em agosto de 1995. Nesses quadros se pode ver a significativa mudança na composição dos capitais investidos na aquisição de empresas públicas brasileiras, quando no governo de Cardoso prevalece o capital externo. Não porque eventualmente o governo Collor se opusesse a isso, mas porque ao seu tempo ainda sobrevivia o artigo 171 da Constituição Federal, cujo teor deveria ser alterado, pela EC 6, para atender a uma das exigências do Consenso de Washington: a liberalização da entrada do investimento estrangeiro direto.

Quadro 5 — Evolução dos Investimentos Estrangeiros na "Reforma" Brasileira.

Governo Collor/Itamar — 1990-1994			Governo F. H. Cardoso — 1995-2002		
US$ milhões			US$ milhões		
Tipo de Investidor	Receita de venda	%	Tipo de Investidor	Receita de venda	%
Empresas nacionais	3.116	36%	Investidor Estrangeiro	41.737	53%
Instituições financeiras	2.200	25%	Empresas Nacionais	20.777	26%
Pessoas físicas	1.701	20%	Setor financeiro nacional	5.158	7%
Fundos de pensão	1.193	14%	Pessoas físicas	6.316	8%
Investidor estrangeiro	398	5%	Entidades de Previdência Privada	4.626	6%
Total	8.608	100%	Total	78.614	100%

Fonte: BNDES. *Privatização no Brasil*: 1990-1994/1995-2002. Disponível em: <www.bndes.gov.br/SiteBNDES/export/sites/default/bndes_pt/.../Priv_Gov.PDF>. Acesso em: 12 jan. 2016.

Acima de tudo, estava em curso um plano, na exata acepção da palavra: contendo diagnóstico, diretrizes e objetivos. O diagnóstico já é conhecido — o Estado entrou em crise; as diretrizes se definem como "descentralizar e redesenhar estruturas, dotando-as de inteligência e flexibilidade, e sobretudo desenvolver modelos gerenciais para o setor público capazes de gerar resultados" (PDRAE, 1995, p. 40). Dentre os resultados esperados, a obtenção do superávit primário para atender a mais uma exigência do Consenso de Wasington. Ali igualmente se diria que "a modernização do aparelho do Estado exige, também, a criação de mecanismos que viabilizem a integração do cidadão no processo de definição, implementação e avaliação da ação pública. Através do *controle social* crescente será possível garantir serviços de qualidade".

Houve um redesenho inteiramente arbitrário, aparentemente definido por um pequeno grupo, dado que, segundo a *Apresentação* de Cardoso (PDRAE, 1995, p. 8), "o Plano [...] é resultado de ampla discussão no âmbito da Câmara da Reforma do Estado" constituída por 6 pessoas. É esse seleto grupo que vai "redesenhar" o aparelho do Estado, apresentando-o segundo o quadro a seguir, que expressa o sentido mais profundo que se pretende dar à reforma neoliberal: a transferência de funções e propriedade do público para o privado. Transferência essa que possibilitou o redirecionamento dos capitais superacumulados do mercado financeiro para a economia real.

Quadro 6 — Redesenho do Aparelho do Estado segundo o PDRAE.

FORMA DE PROPRIEDADE / FORMA DE ADMINISTRAÇÃO					
	Estatal	Pública Não Estatal	Privada	Burocrática	Gerencial
NÚCLEO ESTRATÉGICO Legislativo, Judiciário, Presidência, Cúpula dos Ministérios, Ministério Público	◯			◯	
ATIVIDADES EXCLUSIVAS Regulamentação, Fiscalização, Fomento, Segurança Pública, Seguridade Social Básica	◯				◯
SERVIÇOS NÃO EXCLUSIVOS Universidades, Hospitais, Centros de Pesquisa, Museus	Publicização → ◯				◯
PRODUÇÃO PARA O MERCADO Empresas Estatais	Privatização →		◯		◯

Fonte: PDRAE, 1995, p. 48.

Os objetivos globais anunciados são:

Aumentar a governança do Estado, ou seja, sua capacidade de governar com efetividade e eficiência [...] Limitar a ação do Estado àquelas funções que lhe são próprias, reservando, em princípio, os serviços não exclusivos para a propriedade pública não estatal, e a produção de bens e serviços para o mercado para a iniciativa privada. Transferir parcialmente da União para os estados e municípios as ações de caráter local [...] Transferir [...] para os estados as ações de caráter regional (PDRAE, 1995, p. 45).

Aumentar a governança do Estado significaria a introdução de métodos e técnicas da gestão privada, aquilo que ficaria conhecido como *gerencialismo* (visto em detalhe no subcapítulo 3.1.2); transferir funções da União para estados e municípios, os dois últimos objetivos, já se havia decidido na Constituição de 1988. Restava portanto "limitar a ação do Estado àquelas funções que lhe são próprias", conforme a decisão dos 6 membros da Câmara da Reforma do Estado. São eles que definem os "serviços não exclusivos" e "produção para o mercado". Nesses dois campos de atividades estão a saúde, a previdência, a assistência, a educação, a telecomunicação, a pesquisa e a cultura (serviços não exclusivos) e as empresas e sociedades de economia mista (produção para o mercado). Grande gama de serviços/empresas abertos ao investimento privado.

O destino desses serviços e empresas seria/é a privatização, expressa ou disfarçada sob o título de *publicização*. Na verdade, a *publicização* trata-se da passagem de hospitais, postos de saúde, escolas e outros serviços públicos às *Organizações Sociais*, figura criada pela "reforma", que na verdade, como diz Bandeira de Mello, "são organizações particulares", "entidades privadas" (Bandeira de Mello, 2005, p. 220), constituídas por grupos que se articulam para controlar esses serviços e os transformar em mercadoria. Assim é que a saúde e a educação, por exemplo, foram e estão gradualmente cada vez mais sujeitas à exploração comercial como um negócio privado.

As empresas públicas — empresas e sociedades de economia mista — que estão localizadas, pelo redesenho, como "produção para o mercado" são/serão privatizadas, no exato sentido da palavra: o serviço e o ativo da empresa são adquiridos pelo investidor privado. Foram os casos da Companhia Siderúrgica Nacional, os bancos estaduais, a Companhia Vale do Rio Doce e outras. Poderão ser o caso do Banco do Brasil ou da PETROBRAS.

Também no campo da "produção para o mercado" estavam as telefônicas e as companhias de energia elétrica e fornecimento de água e saneamento, pontes, portos e aeroportos, entre outros. Eles foram em sua grande maioria parcialmente privatizados, dado que não tiveram os serviços transferidos ao setor privado definitivamente nem tiveram os seus ativos comprados. Os serviços, por exemplo, da ponte Rio-Niterói foram concedidos/ regime de concessão a um grupo privado por um dado tempo previsto no contrato de concessão; a empresa concessionária também não é proprietária da ponte (o ativo público). A titularidade do serviço e a propriedade da ponte continuam do Estado. As concessões são regidas pela Lei n. 8.987/95, que regulamentou o art. 175 da Constituição Federal.

Percebe-se daí que o objetivo de "limitar a ação do Estado", com o redesenho realizado pela contrarreforma neoliberal, é alcançado por três vias: *publicização, privatização e concessão,* ainda que neste último caso possa-se falar de *privatização temporária e parcial.*

Muito semelhante às concessões são as *Parcerias Público-Privadas (PPP)* figura também criada no âmbito da contrarreforma neoliberal. As parcerias são uma forma semelhante à concessão incluindo a antecedência de uma obra pública. O contrato prevê portanto uma obra e a seguir a administração do serviço pelo parceiro contratado. "A Lei n. 11.079/2004 criou uma espécie nova de concessão", diz Bandeira de Mello (Bandeira de Mello, 2005, p. 719). Apesar de se apresentar de modo pouco preciso em sua caracterização como concessão, o certo é que as parcerias público-privadas são uma via secundária de passagem de serviços públicos à exploração privada. Com o adicional de serem contratos muito privilegiados, seja pela existência de fundos que garantem os lucros do parceiro privado, seja porque o parceiro público facilita em muito a obtenção de financiamentos das agências públicas, como Caixa Econômica e principalmente BNDES, cujos empréstimos aos parceiros privados têm sido extremamente generosos. Vale dizer que os contratos também podem ser mais longos que aqueles das concessões clássicas, chegando a 35 anos. Os governos recentes de Lula e Dilma desenvolveram inúmeras PPPs — para portos, aeroportos, estádios de futebol, vilas olímpicas, estradas e pontes.

Em rigor, deve-se ler de modo inverso o objetivo de *limitar a ação do Estado.* Na verdade, trata-se de *aumentar a presença do investidor privado,* que agora pode contar com os espaços antes ocupados pelo Estado para colocar seus capitais superacumulados.

Do ponto de vista social, limitar a ação do Estado é também, como chama atenção Souza Filho, "desmobilizar o Estado enquanto possibilidade de universalidade (ampliação do atendimento aos interesses das camadas dominadas da sociedade), consequentemente, inviabilizar estruturalmente uma burocracia, também com essa orientação" (Souza Filho, 2013, p. 195).

O *gerencialismo* (meio declarado de chegar ao objetivo de *aumentar a governança* do Estado) é, de certo modo, uma forma diferenciada de privatização. Consiste em levar a lógica e as práticas da gestão de empresas para o ambiente dos serviços e dos órgãos públicos. Assim, os hospitais, os postos de saúde, as escolas públicas passaram a ser tratadas como empresas, com a fixação de metas, a exemplo de uma fábrica. Metas estão sendo determinadas para os postos de saúde, fixando-se um tempo-padrão, ao estilo *taylorista* (vide cap. 2), para o atendimento dos pacientes. Nas escolas, foram criados índices de desempenho que consideram quantidade definidas de aprovação de estudantes como produção-padrão. A diminuição da quantidade de aprovações repercutirá negativamente na escola, que poderá perder financiamento e outros recursos e apoios. Nos casos em que hospitais, postos de saúde e escolas estão convertidos a Organizações Sociais, essa lógica e esses métodos são mais acentuados e mais variados, registrando-se distorções maiores, como contratos com cooperativas de trabalho irregulares, compras e serviços superfaturados, desvios de recursos públicos e até mesmo abandono de unidades deficitárias por parte dos seus gestores privados. O Tribunal de Contas do Município do Rio de Janeiro registrou entre 2012 e 2015 várias irregularidades nas OS que administram os postos e hospitais da Cidade. Em apenas uma unidade, a Maternidade Maria Amélia Buarque de Holanda, a OS deu um prejuízo à prefeitura superior a R$ 1 milhão. A matéria de *O Globo*, sob título *Organização Social que administra maternidade dá rombo de R$ 1,1 milhão aos cofres da prefeitura*, diz que

> Investigações do Tribunal de Contas do município indicam que o Instituto SAS (Sistema de Assistência Social e Saúde), Organização Social que assumiu a gestão da Maternidade Municipal Maria Amélia Buarque, no Centro, lesou os cofres da prefeitura em pelo menos R$ 1,1 milhão num período de um ano. Uma auditoria do TCM nos contratos entre a OS e a prefeitura — de março de 2012 ao mesmo mês de 2013 — aponta indícios de contratações com sobrepreço e serviços superfaturados (*O Globo*, 22 jun. 2015). Disponível em: <http://oglobo. globo.com/rio/organizacao-social-que-administra-maternidade-da-rombo- -de-11-milhao-aos-cofres-da-prefeitura-16516880#ixzz3xGC7998i>. Acesso em: 14 jan. 2016.

Iniciativas como as Organizações Sociais (OS) e as Organizações da Sociedade Civil de Interesse Público (OSCIP), independentemente da sua boa ou má condução, manifestam mais uma vez a faceta contrária à universalização dos direitos que atendem às camadas populares, dado que representam crescentemente a desresponsabilização do Estado e a tendência de privatizar/mercantilizar as políticas sociais.

Essa lógica e os métodos privados invadiram toda a sociedade, que passou a se referenciar no que o mercado quer ou não quer, imprimindo-se, por exemplo, à educação o que nos anos 1990 chamou-se de *ditadura do mercado*. Aquilo que não for adestramento para o exercício de função operacional no mercado, não tem significado ou valor na educação.

Muitas daquelas organizações da sociedade civil, cujas origens remontam ao movimento popular dos anos 1980, foram se colocando nesse cenário de modo adaptativo, se assumiram como Organizações Não Governamentais, ONG, e mais tarde se qualificaram como Organizações da Sociedade Civil de Interesse Público, OSCIP. A atenção dessas organizações é para com os Editais que as permitem desenvolver serviços públicos, em troca de remuneração direta por parte do Estado. Essa é a parte da privatização com aparência social, frequentemente envolvendo valores menores e submetendo as antigas e combativas organizações independentes em instituições domesticadas e cada vez mais voltadas aos ganhos financeiros dos Editais.

Finalmente, cabe lembrar a afirmação do PDRA de que "através do *controle social* crescente será possível garantir serviços de qualidade". Essa passagem anteriormente citada foi logo a seguir reduzida ao esquecimento porque, diria Bresser-Pereira, dois anos depois, "o mercado é o melhor dos mecanismos de controle, já que através da concorrência obtêm-se, em princípio, os melhores resultados com os menores custos e sem a necessidade do uso do poder" (Bresser-Pereira, 1997, p. 37). O então ministro parecia desconhecer que, em regime monopolista ou oligopolista, nesse caso frequentemente cartelizado, a concorrência desaparece e seus supostos efeitos controladores e reguladores também, como já lembrado no subcapítulo 3.1.2 (Sappington e Stiglitz, 1987).

Correspondendo à *onda longa* neoliberal, o controle da sociedade sobre o Estado foi igualmente submetido ao *fundamentalismo do mercado*, como dizia o bilionário americano George Soros, até ele incomodado com a hegemonia duvidosa do neoliberalismo.

O controle social, que exige a existência de um movimento social forte, tornou-se apenas uma forma de coonestação de decisões centralizadas e as vezes autoritárias. Seu principal meio, os Conselhos Gestores de Políticas Públicas, estaduais e municipais, não opera como instrumento efetivo de democracia popular. São, geralmente, espaços de negociação de favores, com representações muitas vezes escolhidas pelo próprio governo, e seu funcionamento é precário e pouco transparente (Bulla e Leal, 2004; Bravo e Correia, 2012; Gurgel e Justen, 2013; Duriguetto e Souza Filho, 2014). A despeito dessa realidade, consideramos que os conselhos continuam sendo espaços importantes para a luta política e social.

Sintetizando, a estratégia do Plano Diretor era viabilizar o ajuste fiscal e a mudança institucional da administração pública, através de dois mecanismos.

O primeiro mecanismo estava voltado, por um lado, para a redução do aparelho do Estado, ou melhor, como já dissemos, para a ampliaçao dos espaços de exploraçao econômica privada (privatização, concessão e publicização), capaz de escoar grande parte do capital superacumulado. Adicionalmente, provocaria um impacto imediato nas contas públicas pela mesma via da privatização, acrescida da terceirização, extinção de órgãos e focalização dos gastos sociais. No plano organizativo, promoveria a centralização e o fortalecimento dos núcleos de decisão e controle das políticas (núcleos estratégicos).

Do ponto de vista da ordem administrativa, esse mecanismo que combina redução dos gastos com fortalecimento dos centros de decisão, estrutura uma ambiguidade no tratamento da burocracia. A centralização das decisões é realizada através do processo de centralização burocrática. Essa concentração de poder se efetiva nos chamados núcleos estratégicos do Estado. No caso da organização administrativa do governo FHC, esse procedimento é inconteste.

Pelo lado da estratégia de redução dos gastos públicos, encontraremos a diminuição da estrutura burocrática da administração pública, com a terceirizacao, as contratações precarizadas de pessoal, a extinção de cargos e a redução do pessoal efetivo do quadro estatutário. A Emenda Constitucional n. 19 e o processo de terceirização são expressões emblemáticas dessa estratégia.

A EC n. 19 formalizou, no plano institucional, uma série de possibilidades para restringir a estruturação do quadro burocrático da administração pública.

Nessa perspectiva, consolida-se o tratamento paradoxal da burocracia. Por um lado um movimento de centralização burocrática, via núcleos estratégicos e, por outro, o esfacelamento do quadro burocrático, via medidas de flexibilização e precarização, voltadas para a redução do gasto público.

Os mecanismos gerenciais que viabilizaram a flexibilização da administração pública foram o que, no caso brasileiro, possibilitaram articular a ordem administrativa neoliberal centralizada burocraticamente, baseada na finalidade precípua de redução do Estado e ajuste fiscal, com a lógica tradicional patrimonialista necessária para contemplar uma dominação fundada na continuidade do pacto conservador.

A incorporação dos setores tradicionais na estrutura de dominação exigia uma ordem administrativa que contemplasse traços de patrimonialismo. Ou seja, o novo ordenamento administrativo, além de garantir o projeto de transnacionalização, via centralização burocrática, deveria também manter, através da estruturação de uma ordem administrativa com elementos de patrimonialismo, a participação dos setores tradicionais no poder, para viabilizar o pacto de dominação conservador articulado pelo governo FHC.

Nesse sentido, podemos dizer que ocorre um transformismo na ordem patrimonialista brasileira, em que os setores tradicionais, para se manterem no poder, aderem à finalidade neoliberal de transnacionalização radical da economia nacional e se adéquam aos novos instrumentos administrativos para viabilizar a manutenção da dominação tradicional.

O gerencialismo do governo FHC, portanto, estrutura-se possibilitando a manutenção da dominação tradicional. Não suprime nem supera o patrimonialismo. Na verdade, como vimos, a contrarreforma administrativa, através da dimensão flexível/gerencial, repõe o patrimonialismo sobre outras bases.

Portanto, a ordem administrativa brasileira se reestrutura mantendo a imbricação da burocracia com o patrimonialismo, porém num contexto de centralização burocrática e patrimonialismo em transformismo, mediado pelos mecanismos de flexibilização gerencial. Em relação à burocracia, ocorre um tratamento ambíguo, pois ao mesmo tempo em que reforça as decisões burocráticas centrais em determinadas áreas, esvazia a burocracia em nome de uma descentralização que na verdade se materializa através da desresponsabilização e privatização das ações que deveriam ser estatais.

O governo do Partido dos Trabalhadores (2003-2014) — mesmo considerando ter havido uma reorientação neodesenvolvimentista[5] do projeto econômico implementado no Brasil — reproduziu a base política firmada no pacto conservador; manteve o tripé macroeconômico; fortaleceu o mundo das finanças; potencializou a exportação de *commodities*, fundada no agronegócio; subsidiou o grande capital industrial; não expandiu as políticas sociais de caráter estrutural; desenvolveu política assistencial concentrada na transferência de renda; e não alterou o perfil da reforma administrativa implementada pelo seu antecessor. Em sua essência, continuou a expandir a presença do capital privado na ordem econômica, agora ampliando no interior do Plano de Aceleração do Crescimento as parcerias público-privadas e a forma tradicional de concessões.

Diante do exposto, podemos dizer, apoiando a afirmação de Gonçalves (2012, p. 24), "que dentre os méritos ou pontos fortes [dos governos PT] não se encontram 'grandes transformações', 'reversão de tendências estruturais' e 'políticas desenvolvimentistas'". Na verdade, encontramos a manutenção da estrutura da dependência e, por consequência, a dinâmica de restrição dos recursos do fundo público para a inversão em políticas sociais.

Nas palavras de Osório (2012, p. 104), "o que temos na América Latina são novas formas de organização reprodutiva que reeditam, sob novas condições, os velhos signos da dependência e do subdesenvolvimento como modalidades reprodutivas que tendem a caminhar de costas para as necessidades da maioria da população".

Nesse quadro, a contrarreforma da administração pública avançou também através das reformas da previdência do setor público, da criação das fundações estatais, da transferência de serviços públicos sociais para as

---

5. A polêmica sobre o projeto econômico de desenvolvimento do PT se concentra na análise da implementação ou não no Brasil de um projeto neodesenvolvimentista e/ou do caráter desse projeto. Para a defesa da perspectiva neodesenvolvimentista implementada pelo governo PT, ver OLIVA, A. M. *As bases do novo desenvolvimentismo no Brasil*: análise do governo Lula (2003-2010). Campinas: Tese de Doutorado, 2010; e SADER, Emir (Org.). *10 anos de governos pós-neoliberais no Brasil*: Lula e Dilma. São Paulo/Rio de Janeiro: Boitempo/FLACSO Brasil, 2013. A crítica a esta posição pode ser encontrada em GONÇALVES, R. Governo Lula e o nacionaldesenvolvimentismo às avessas. *Revista Sociedade Brasileira de Economia Política*, São Paulo. n. 31, p. 5-30, fev. 2012. GONÇALVES, R.; FILGUEIRAS, L. *A Economia Política do governo Lula*. Rio de Janeiro: Contraponto, 2007. MOTA, Ana Elizabete (Org.). *Desenvolvimentismo e construção hegemonia*: crescimento econômico e reprodução da desigualdade. São Paulo: Cortez, 2012. MAGALHÃES, José Paulo de Almeida (Org.). *Os anos Lula*: contribuições para um balanço crítico 2003-2010. Rio de Janeiro: Garamond, 2010.

Organizações Sociais (OS), da transferência dos hospitais universitários para a Empresa Brasileira de Serviço Hospitalares (EBSERH).

Corroborando estes fatos concretos, a produção documental dos governos do PT não deixa dúvidas acerca do caráter gerencialista que predomina na gestão petista da reforma administrativa. Em análise de vários documentos[6] produzidos pelos governos do Partido dos Trabalhadores, Vargas (2012) também demonstra as afinidades dos conteúdos desses documentos com os princípios gerencialistas presentes no PDRAE, comandado por Bresser-Pereira.

A reforma do Estado poderia de fato beneficiar-se do controle social, a participação ativa da sociedade organizada, desde os primeiros momentos das decisões governamentais, do planejamento público e da definição de políticas públicas. Reformas que efetivamente democratizassem o aparelho do Estado (reforma administrativa), que humanizassem as relações de trabalho (reforma trabalhista), distribuíssem melhor a carga fiscal e enfrentassem a sonegação (reforma tributária), melhorassem as condições de pensionistas e aposentados (reforma previdenciária), eliminassem a influência decisiva do capital na política e criassem formas de controle das representações eleitas (reforma política), enfim, reformas que de fato colocassem os interesses das classes subalternas no centro da vida social e da república.

Não é preciso muito esforço para identificar os problemas e as soluções. A dificuldade está em que o centro da sociedade tem sido o capital e o lucro — o mercado. A reforma e mais ainda as transformações necessárias precisarão de nova (re)união das forças sociais e políticas que hoje se encontram dispersas e divididas.

---

6. Os documentos analisados foram: "Anteprojeto de Lei Orgânica da Administração Pública Federal e Entes de Colaboração", de autoria da Comissão de Juristas constituída pela Portaria n. 426, de 6 de dezembro de 2007, do Ministério do Planejamento, Orçamento e Gestão. "Documento de Referência do Programa Nacional de Gestão Pública e Desburocratização — GesPública — (ano 2008-2009)", Anexos do Documento de Referência (Anexo I: "Decreto n. 5.378, de 23, de fevereiro de 2005"; Anexo II: "Decreto de 17 de março de 2009"; Anexo III: "Carta de Brasília" ["Agenda Nacional de Gestão Pública" que reafirma os princípios da Carta de Brasília], Decreto n. 6.944, de 21 de agosto de 2009); "Inventário das Principais Medidas para Melhoria da Gestão Pública no Governo Federal Brasileiro", de 2009.

Sugestões bibliográficas

Ao tratarmos da crise do capital dos anos 1970/80, cabe inicialmente a leitura de Theotonio dos Santos, em Do terror à esperança (São Paulo: Ideias & Letras, 2004),uma abordagem ampla sobre todo o contexto e o centro da crise do sistema. Também, sobre o mesmo assunto, vale mais uma vez recorrer à obra de José Paulo Netto e Marcelo Braz, *Economia política* — uma introdução crítica (São Paulo: Cortez, 2006). A eles, acrescentamos o livro de Ernest Mandel, *A crise do capital*, os fatos e sua interpretação marxista (São Paulo: Ensaio 136, 1990), o texto de Immanuel Wallerstein, *La crisis del capitalismo* (Cidade do México: Los libros de contrahistorias, 2005) e o trabalho de Dídimo Fernandez e Marco Gandásegui, *Hijo, Estados Unidos más allá de la crisis* (Cidade do México e Toluca: Siglo XXI Editores, CLACSO e Faculdade de Ciências Sociais da UAEM). Nesse livro, cabe destaque para o texto de Orlando Caputo Leiva, Crítica a la interpretación financeira de la crisis. A obra de David Harvey, *Condição pós-moderna* (Rio de Janeiro: Loyola, 1994) evidentemente se constitui em importante referência para o debate sobre a crise do modelo keynesiano--fordista e a acumulação flexível, a que se deve acrescentar seu texto, relativamente antigo (1982), mas recentemente publicado no Brasil, *Os limites do capital* (São Paulo: Boitempo, 2013). No particular da educação e do seu papel no reforço da consciência neoliberal e priorização do mercado e do privado, sugere--se o livro de Gaudência Frigotto e Maria Ciavatta, *A formação do cidadão produtivo*: a cultura do mercado no ensino médio técnico (Brasília: INEP, 2006).

No estudo e debate sobre a experiência da contrarreforma neoliberal do Estado no Brasil, a referência é o Plano Diretor da Reforma do Aparelho do Estado, PDRAE, um guia usado, principalmente no primeiro governo de Fernando Henrique Cardoso (1995-1998), para realizar a reforma do aparelho do Estado e fazer algumas incursões em outros terrenos da relação Estado--Sociedade. O pequeno, mas riquíssimo, texto de Paulo Nogueira Batista, *O Consenso de Washington*: a visão neoliberal dos problemas latino-americanos (São Paulo: Consulta Popular, 2001) é extremamente elucidativo quanto ao sentido de integração com o capital globalizado que tem a reforma brasileira. Para complementar o conhecimento, cabe a leitura de Depois do Consenso de Washington: crescimento e reforma na América Latina (São Paulo: Saraiva, 2003), de John Williamson e Pedro-Paulo Kuczynski, ambos profundamente articulados com os organismos internacionais do capital, razão porque oferecem uma visão muito informativa do projeto neoliberal para o subcontinente americano. O documento do BNDES, Privatização no Brasil: 1990-1994/1995-2002, disponível em: <www.bndes.gov.br/SiteBNDES/export/sites/default/bndes_pt/.../Priv_Gov.PDF>, é uma fonte de dados e informações muito relevantes para compreender a reforma neoliberal no Brasil. Para uma leitura que examina a reforma sob o crivo da aspirada democratização do Estado, é indicado ler os livros dos assistentes sociais Elaine Rosseti Behring, *Brasil em contrarreforma*: desestruturação do Estado e perda de direitos (São Paulo: Cortez, 2003) e de Rodrigo de Souza Filho, *Gestão pública & democracia* — a burocracia em questão (Rio de Janeiro: Lumen Juris, 2013).

Filmografia

Dívida Pública Brasileira — A soberania na corda bamba. Brasil: La Mestiza Audiovisual, 2014. Direção e roteiro: Carlos Pronzato. Duração: 63 min.

Documentário que expõe o itinerário da formação da dívida e suas consequências no plano econômico, político e social do Brasil.

Privatizações: A Distopia do Capital. Brasil, Caliban, 2014. Direção: Silvio Tendler. Duração: 56 min.

Documentário expondo criticamente o processo de privatização no Brasil.

O dia que durou 21 anos. Brasil, São Paulo, 2013. Direção: Camilo Tavares. Duração: 1h17min.

Documentário que recupera o processo do golpe civil-militar de 1964, seus desdobramentos e sua relação com os interesses econômicos e geopolíticos internacionais.

Amor sem escalas. Estados Unidos, 2009. Direção: Jason Reitman. Duração: 1h49min.

Filme ficcional em que se expõem os novos padrões de relações sociais de produção e suas consequências no plano das relações humanas e afetivas.

Um sonho intenso. Rio de Janeiro, 2015. Direção: José Mariani. Duração: 103min.

Documentário que faz o histórico econômico-social do Brasil de 1930 aos anos atuais, buscando projetar o futuro e ouvindo, para isso, economistas e sociólogos brasileiros.

Riff-Raff. Reino Unido, 1991. Direção: Ken Loach. Duração: 1h35m.

Filme que se ambienta na Europa, mas que pode ser tomado para o mundo capitalista contemporâneo, retratando as novas condições precárias de trabalho que se agravaram com o novo regime de acumulação descrito no capítulo.

O Corte. França, 2005. Direção: Costa-Gavras. Duração: 2h2min.

Filme que expõe, a partir da demissão de um administrador de empresa, as graves possibilidades da competição e da luta por status no ambiente do mercado contemporâneo.

Proposta de Exercício

1 — A crise dos anos 1970/1980 teve como resposta a contrarreforma neoliberal do aparelho do Estado, descrita neste capítulo. Explique porque se fala de contrarreforma e esboce uma ideia do que consistiria uma efetiva reforma, capaz de encaminhar grandes transformações, na perspectiva da Gestão Democrática.

2 — Pesquise, em grupo, o PDRAE e relacione a proposta de publicização apresentada com o que o capítulo indica como sendo transferência de responsabilidade do Estado para a esfera privada.

Parte II

INDICAÇÕES TÉCNICO-OPERATIVAS:
direção e organização

CAPÍTULO 4

Orientações gerais para a intervenção técnico-operativa

De forma geral, o panorama apresentado nos capítulos 2 e 3 em relação à configuração da administração, tanto no campo da produção como no da reprodução, indica que a estrutura burocrática tem sido limitada aos nichos de decisão central. Conforme o padrão de gestão contemporâneo, a cadeia administrativa pode e deve ser processada por uma estrutura gerencial flexível, podendo assumir um caráter patrimonial, que garanta lealdade máxima à condução determinada pelo polo dirigente e pela alta burocracia, visando impedir/diminuir as possibilidades de intervenções administrativas contestatórias. A estrutura burocrática, pelo discurso ideológico exigir algum grau de materialidade, quanto ao caráter de impessoalidade, especialização, conhecimento e seleção por competência do servidor, acaba por colocar em risco a direção hegemônica proposta, na medida em que abre possibilidades dos níveis intermediários e operacionais da administração burocrática constituírem movimentos de resistência ao projeto dominante e cobrarem o cumprimento dos compromissos burocráticos legais.

A possibilidade de estruturação do caráter patrimonial da administração atual se apresenta, principalmente, no recrutamento e seleção dos servidores "periféricos" e de níveis intermediários e operacionais, tanto nas empresas quanto no Estado, que combinam certo nível de competência com o "pacto de fidelidade" com o "senhor/contratante". Dessa forma, articulam-se as regras formalmente definidas com uma estrutura patrimonial para garanti-las e não colocá-las em questão. Com isso fragilizam-se ainda mais as possibilidades de construção contra-hegemônica na sociedade, na medida em que se combina servidor cooptado, por suas condições especiais de trabalho, para contribuir com a condução hegemônica posta, e servidores que dependem do "senhor/contratante" para manter seu emprego e por isso devotam lealdade máxima para com o projeto hegemônico.

No contexto traçado, será possível falar da organização estatal ou de uma empresa privada sem mencionar princípios de competência definidos formalmente, hierarquia, documentação e administração baseada em regras? Ou ainda: existe alguma organização (estatal ou empresarial) cujo núcleo estratégico do quadro administrativo não seja nomeado por uma hierarquia, com competências definidas, contratados formalmente (segundo qualificação reconhecida), remunerados com salários em dinheiro, que exercem o cargo como profissão única ou principal, com perspectiva de carreira, trabalhando em separação com os meios administrativos e submetidos a um sistema de disciplina e controle?

Nesse sentido, o que estamos enfatizando é que a burocracia — nos termos determinados aqui — não é um modelo de gestão como o taylorismo, fordismo ou toyotismo, pois todos são modelos de gestão burocrática com a presença de particularidades constituídas a partir das determinações centrais da burocracia. Assim, sem sombra de dúvidas, os traços essenciais da burocracia permanecem nesses modelos.

A empresa privada, portanto, não deixou de ser burocrática em seus traços e determinações essenciais. O máximo que acontece é que ela mudou determinados procedimentos e organização do trabalho, restringindo e flexibilizando as estruturas burocráticas (pensemos em atividades terceirizadas fundamentais para a lógica atual do capitalismo e a situação dos trabalhadores e gerentes dessas empresas periféricas), porém sem alterar, e até mesmo fortalecendo, a estrutura burocrática do centro estratégico.

A carreira e a proteção na burocracia empresarial são compensadas por melhores salários, premiações e progressões, condicionados pela instabilidade do emprego, o que leva o funcionário a ter uma relação maior de subordinação com seu "senhor/contratante". Do ponto de vista do empresário, a possibilidade de rotatividade de pessoal, mesmo em escalões estratégicos, devido à existência de oferta de mão de obra qualificada, possibilita a entrada e saída de gerentes sem que ocorram mudanças abruptas de continuidade na burocracia empresarial. Ou seja, o funcionário empresarial está pressionado pelos dois lados: falta de proteção trabalhista e oferta de mão de obra qualificada.

No caso da empresa, o elemento que possibilita relativa garantia/segurança para o funcionário é o "segredo burocrático" conquistado pela prática profissional.

Assim, o taylorismo, fordismo e toyotismo, enquanto modelos de administração, nada mais são do que formas diferentes de organizar a estrutura burocrática da empresa e seu processo de produção.

Nesse sentido, se formos rigorosos com os conceitos e reflexões apresentados até aqui, diferentemente do que o modismo neoliberal apregoa, mudar a gestão do Estado na perspectiva gerencial não significa implantar um modelo pós-burocrático oriundo e desenvolvido na empresa privada, pois ele não existe. O que existe são possibilidades de modelos de gestão dentro da ordem burocrática, através do desenvolvimento de algumas características e redução da importância de outras, reforçando os elementos de flexibilização gerencial, que podem até se constituir como determinações de uma administração patrimonialista. Como destaca Paula (2005, p. 95), "a organização pós-moderna é uma nova expressão da burocracia, pois trata-se de uma adaptação do antigo modelo organizacional ao novo contexto histórico".

Ao criticar a arrogância da tese do esgotamento da burocracia e da formulação de uma nova modalidade de administração pública, Nogueira (2004, p. 42) destaca:

> Na verdade, nenhuma reforma do aparelho do Estado feita sob o capitalismo tem como se objetivar *contra* a burocracia, em nome da superação de algum "defeito estrutural" que esse modelo conteria. Se for pensada com critérios políticos e pragmáticos consistentes, e não como agitação, ela só pode ter como meta *reconstruir a burocracia* [...]. Não havia nos anos 1900, e nem há hoje, qualquer motivo justificável para que a reforma do aparelho do Estado seja "orientada pelo mercado" em vez de se concentrar na recuperação e na atualização das capacidades burocráticas.

Consequentemente, esse mecanismo faz com que a finalidade economicista passe a ser o elemento central da administração estatal. Nesse sentido, a burocracia estatal, além de servir mediatamente para a manutenção da ordem do capital, é pressionada para atuar diretamente com esse objetivo.

Em outras palavras, no quadro de profunda concentração do poder econômico nas mãos de poucas empresas e numa situação de hegemonia significativa da burguesia, todas as instituições da sociedade passam a ser forçadas a operar mais diretamente dentro da lógica do capital. Esta se configura como a orientação da ideologia e da ação política dominantes. E a estrutura do Estado não foge a essa regra.

A partir da perspectiva teórica e análise histórica desenvolvidas, nesta segunda parte, apresentaremos indicações técnico-operativas para a intervenção no campo da gestão que tenham como orientação a democratização.

Dessa forma, discutiremos a concepção da gestão democrática no quadro da conjuntura atual (Capítulo 4) para indicarmos propostas de intervenção factíveis nas funções gerenciais direção (Capítulo 5) e organização (Capítulo 6).

4.1 A perspectiva teórico-política de enfrentamento da conjuntura atual

Retomemos de início a concepção de gestão democrática que desenvolvemos nos capítulos iniciais.

Em termos gerais, indicamos que tanto no campo da produção — em ações que elevem o trabalho-pago (salário direto) em relação ao trabalho não pago —, quanto no campo da reprodução social — que pode ampliar o salário indireto, através, principalmente, de políticas sociais públicas, sob responsabilidade do Estado — é possível a partir da *gestão democrática contribuir para que ocorra uma retração da exploração da força de trabalho, realizada por mecanismos que ampliem a participação das classes subalternas nos processos de gestão das organizações, políticas, programas, projetos e serviços estruturados em nossa sociedade.* Esse é o horizonte a ser perseguido por uma administração que se pretenda democrática. Esse horizonte, portanto, se configura como orientação ético-política e estratégica para a intervenção do gestor democrático.

Entretanto, a realização dessa perspectiva de gestão ocorre em um contexto econômico, social, político e cultural adverso, marcado pela ofensiva do capital e pelo retrocesso das dinâmicas sociopolíticas e dos ideários que possibilitaram, durante "a era de ouro" do capitalismo, certos avanços políticos e sociais para as classes subalternas, em determinadas regiões. Nesse cenário adverso, atuar pautando-se na perspectiva democrática de gestão é, sem dúvida, remar contra a corrente.

Por um lado, já delineamos anteriormente, que o *eixo estratégico* da atuação na perspectiva da *gestão democrática* deve ser conduzido pela orientação destinada a viabilizar a *participação das classes subalternas (usuários e trabalhadores da organização) no processo de gestão que venha ampliar as condições de vida nas esferas civil, política e social dessas classes, visando contribuir com a superação da ordem do capital.* Por outro lado, é essencial entendermos as configurações institucionais para podermos estabelecer a estratégia de intervenção nesse campo de mediação.

Como visto em páginas anteriores, tanto no campo da produção (empresa capitalista) como no da reprodução social (Estado e organizações da sociedade civil), o quadro atual está marcado pelas reestruturações que concentram poder burocrático, nos centros estratégicos de tomada de decisões das organizações, e flexibilizam a burocracia nas dimensões intermediárias/táticas e operacionais, possibilitando, inclusive a retomada de padrões patrimonialistas como mecanismo de gestão.

Entendendo a burocracia como a estrutura administrativa própria do capitalismo e que expressa a contradição da dinâmica de dominação de classe realizada, a concentração burocrática nos níveis estratégicos e a fragilização da estrutura burocrática nos níveis intermediário/táticos e operacionais tendem a fortalecer o escopo da dominação e minimizar as dinâmicas contraditórias existentes nas organizações.

Esse processo, como sinalizamos anteriormente, evidencia-se nas empresas e nas organizações da sociedade civil, através das terceirizações e desregulamentação das relações de trabalho. No Estado, essa dinâmica é introduzida, principalmente, pelas "parcerias" com as organizações da sociedade civil para implementação de políticas públicas e pela fragilização/flexibilização da estrutura de contratação de servidores públicos, abrindo as possibilidades de contratação sem se pautar nos elementos clássicos da burocracia estatal (concurso público, proteção ao cargo, perspectiva de carreira, exercício do cargo como profissão única e principal, entre outras).

A consequência fundamental dessa dinâmica é, no campo da produção (empresa capitalista), a perda de direitos trabalhistas e a possibilidade de intensificação da exploração, portanto, a expansão do tempo excedente (trabalho não pago) frente ao tempo necessário (trabalho pago). No campo da reprodução social, principalmente nas organizações estatais, o efeito é a redução dos serviços públicos enquanto direito de cidadania e dever do Estado, pois, se reduz a intervenção social do Estado, e, por decorrência, essa redução dos serviços públicos estatais promove a redução da burocracia pública e a perda da autonomia (mesmo que somente relativa) do servidor público, impactando na diminuição do salário indireto do trabalhador.

Sendo assim, entendemos que a tarefa central, na conjuntura atual, a ser desenvolvida por uma gestão democrática, em relação ao aspecto institucional, deve se orientar no sentido de explorar as contradições dos contextos organizacionais para impulsionar e estimular dinâmicas que possam contribuir com o processo de democratização.

Entendemos que no contexto atual da luta de classes e de seu impacto nas dinâmicas organizacionais, defender parâmetros da racionalidade formal-legal da burocracia em termos de legalidades, normatividades e regras que permitam a expansão e garantia de direitos e a manutenção e fortalecimento da institucionalidade burocrática, enquanto estrutura essencial da organização e de seu quadro de pessoal, parece ser ações fundamentais enquanto elementos necessários para explorar as contradições das organizações. Simultaneamente, é fundamental propor o aprofundamento de mecanismos de democratização da burocracia, para viabilizar maior controle social e público (Soares, 2003), como forma de propiciar transparência e possibilitar maior participação das classes subalternas na definição e acompanhamento das ações organizacionais.

Em síntese, podemos dizer que no quadro do capitalismo, em geral, e, principalmente no cenário atual, a *gestão democrática* deve ter como norte para a suas *intervenções técnico-operativas* o *fortalecimento da espinha dorsal burocrática das organizações* que possibilite a expansão e garantia de direitos, *combinada com a expansão da participação das classes subalternas* nos diferentes níveis de decisão e controle das organizações. Esta orientação técnico-operativa se subordina à perspectiva ético-política voltada para a *universalização e ampliação das condições de vida nas esferas civil, política e social das classes subalternas, como forma de contribuir com a superação da ordem do capital.*

Nesse sentido, defendemos a perspectiva de que existe certa autonomia dos meios em relação aos fins e que alguns parâmetros da burocracia podem e devem ser incorporados para uma proposição de ampliação e aprofundamento de direitos no quadro atual da luta de classes.

Conforme já sublinhamos, a burocracia é a expressão da administração capitalista e está vinculada à finalidade da produção e apropriação privada da riqueza produzida socialmente, através da mais-valia, via exploração da força de trabalho. Contudo, isso não a impossibilita de expressar-se concretamente através de mecanismos que podem servir a fins não capitalistas, na medida em que ela apresenta contradições inerentes à sua função na sociedade burguesa. É na sua particularidade, enquanto ordem administrativa, que encontramos os elementos concretos dessa possibilidade, no sentido de operar determinados interesses das classes dominadas.

A *autonomia relativa* da burocracia é um dos elementos que podem propiciar uma intervenção mais ampla voltada para os interesses das classes subalternas, principalmente no campo da reprodução social no contexto das organizações estatais. Para o fortalecimento da autonomia relativa da burocracia é fundamental a efetivação de alguns elementos de sua expressão material (estrutura e quadro administrativo).

A *"mecanização rigorosa do aparato burocrático"*, estabelecida através de salário, carreira que não depende da arbitrariedade, sentimento de honra estamental e possibilidade de crítica pública, estrutura o caráter profissional "objetivo" do cargo, facilitando a adaptação às condições objetivas dadas (Weber, 1999b, p. 207).

É interessante notar que Marx, nos anos 40 do século XIX, já indicava essa análise sobre a burocracia. Segundo ele, para a burocracia "a autoridade é o princípio de seu saber e o culto à autoridade é sua disposição", dessa forma a burocracia apresenta-se através da "obediência passiva, da fé na autoridade, do *mecanismo* de uma atividade formal, fixa, de princípios, ideias e tradições fixos" (Marx, 2010, p. 66).

No entanto, contraditoriamente, os elementos de "mecanização" combinados com o instrumento de *"direito ao cargo"*,[1] propiciam uma autonomia relativa da burocracia, devido à contradição de sua função na sociedade, permitindo, assim também, sua atuação em confronto com o dominante e com a estrutura de dominação.

Para completar, poderíamos dizer que determinados aspectos da estrutura burocrática fortalecem sua dimensão de relativa autonomia. Por exem-

---

1. Segundo Weber, "a burocracia aspira, por toda parte, ao desenvolvimento de uma espécie de 'direito ao cargo', mediante a criação de um procedimento disciplinar ordenado e a eliminação do poder totalmente arbitrário do 'superior' sobre o funcionário, enquanto procura assegurar a posição deste, sua ascensão regular, seu sustento na velhice" (Weber, 1999b, p. 232).

plo: a) a existência dos princípios das competências fixas, mediante regras, leis ou regulamentos administrativos; b) o processo da administração dos funcionários ser realizado de acordo com regras gerais, mais ou menos fixas e mais ou menos abrangentes, que podem ser aprendidas (Weber, 1999b, p. 198-200); e c) o fato de que, em relação ao poder de mando e obediência, tanto o senhor legal típico quanto a burocracia estão vinculados às regras impessoais (Weber, 1999a, p. 142).

Também Gramsci tratou da autonomia relativa da burocracia. Para esse autor, existe uma relação entre a classe social em que o burocrata é recrutado e o seu valor político (Gramsci, 2000, p. 62-63). Nesse sentido, se um determinado Estado, ou uma outra organização qualquer, possui um recrutamento difuso de profissionais para a ocupação de sua estrutura burocrática, isso pode gerar uma seleção de quadros que possuem valores políticos diversificados. Num contexto de socialização da educação e de seleção por concurso público, a probabilidade de constituição de quadros burocráticos de valores distintos amplia-se consideravelmente. Assim sendo, podemos encontrar na burocracia indivíduos que não se comportam como agentes exclusivos da dominação (Gramsci, 2000).

Esse aspecto da composição de classe da burocracia é objeto de análise desde Weber (1980), que criticava o fato de a burguesia alemã não disponibilizar seus melhores filhos para gerir o Estado (destinando-os à gestão de suas empresas). Mais recentemente, Poulantzas retoma a discussão da composição de classe na burocracia do Estado, destacando o que chama de "o pessoal do Estado", para dizer que "as contradições de classe se inscrevem no seio do Estado por meio também das divisões internas no seio do pessoal de Estado em amplo sentido" (Poulantzas, 1985, p. 177). Poulantzas supõe uma ocupação por níveis do poder, dizendo que "lugar de classe burguesa para as altas esferas [...] pequena-burguesia para os escalões intermediários e subalternos dos aparelhos de Estado". Mas observa, que "as contradições e divisões no seio do bloco no poder repercutem, portanto, no seio das altas esferas do pessoal do Estado. Mais: uma vez que amplas parcelas desse pessoal são da pequena burguesia, as lutas populares forçosamente afetam-no" (Poulantzas, 1985, p. 177-178).

Dessa forma, garantir a autonomia relativa da burocracia, via proteção do quadro administrativo e seleção baseada na competência, possibilita refratar a luta de classes no interior das organizações, principalmente das organizações do Estado, pois possibilita a contratação de funcionários que não necessariamente estão alinhados ao projeto político de dominação existente. Nesse caso, forças progressistas podem ser encontradas, também, no interior da burocracia.

No entanto, a questão essencial que se coloca é a da *participação das classes subalternas nos espaços de decisões* que deverão ser implementadas pela estrutura burocrática, assim como sua *participação nos mecanismos voltados para o controle democrático das ações da burocracia*, para que ela não se *insule* e também para que as demandas das classes subalternas sejam efetivamente atendidas.

Deve ficar explícito que uma estrutura de participação e controle sobre a burocracia, apesar de necessária na sociedade de classes, não é um elemento que promove a superação dessa ordem, apesar de poder contribuir com tal processo de superação.

Uma das formas de superação da burocracia é a democratização efetiva da administração. Para Marx, a Comuna de Paris foi o exemplo histórico de sua época, na medida em que "ela arranjou para a República a base de organizações verdadeiramente democráticas" (Marx, 1984, p. 299).

A expressão democrática da administração da Comuna configurou-se pela constituição de uma gestão pública exercida diretamente pelos trabalhadores eleitos por sufrágio universal, responsabilizáveis e substituíveis a qualquer momento, tanto para a área executiva-legislativa quanto para a judiciária e demais ramos da administração (Marx, 1984, p. 296-297).

Para Lênin, o capitalismo criou "as premissas para que 'todos' possam realmente participar na administração do Estado", através da alfabetização geral e da educação e disciplina dos trabalhadores propiciadas pelo "grande, complexo e socializado aparelho dos correios, dos caminhos de ferro, das grandes fábricas, do grande comércio, dos bancos, etc." (Lênin, 1980, p. 290).

Gramsci discute a questão da burocracia e sua relação com a democracia, a partir do debate sobre "centralismo democrático". A questão que se coloca, para o marxista italiano, refere-se à forma como se estabelece a relação entre organização e movimento da sociedade. O "centralismo democrático" é o que se expressa efetivamente como orgânico, pois constitui-se como

uma contínua adequação da organização ao movimento real, um modo de equilibrar os impulsos a partir de baixo com o comando pelo alto, uma contínua inserção dos elementos que brotam do mais fundo da massa na sólida moldura do aparelho de direção, que assegura a continuidade e a acumulação regular das experiências: ele é "orgânico" porque leva em conta o movimento, que é o modo orgânico de revelação da realidade histórica, e não se enrijece mecanicamente na burocracia; e ao mesmo tempo, leva em conta o que é relativamente estável e permanente ou que, pelo menos, move-se numa direção fácil de prever etc. (Gramsci, 2000, p. 91).

Ou seja, a organização deve estar aberta para incorporar os impulsos vindos de baixo no aparelho de direção, evitando enrijecer-se enquanto burocracia. Dessa forma, o autor ressalta a importância do controle da burocracia ser exercido a partir de baixo, para combater seu centralismo (Gramsci, 2000, p. 274).

Conforme podemos constatar, a partir das análises anteriores, o fundamental a registrar é que as questões de participação nas decisões e controle sobre a burocracia devem ser pensadas a partir de perspectivas democratizadoras da administração. Só assim pode-se estruturar propostas efetivas de superação da ordem burocrática.

Podemos dizer que, de um ponto de vista radical, a democratização da sociedade no geral e da administração em particular é a forma de superar a administração burocrática.

Assim, a partir das considerações levantadas ao longo deste livro e considerando o cenário de forte hegemonia liberal e conservadora, defendemos que a *estratégia central,* do ponto de vista da **gestão democrática**, deve ser a de *fortalecer a estrutura burocrática das organizações para além dos centros estratégicos, buscando reforçar os elementos de sua expressão material (estrutura e quadro administrativo) que propiciam a construção da autonomia relativa da burocracia.* Por um lado, como forma de ampliar os espaços para propostas comprometidas com os dominados, que viabilizem melhorias imediatas nas condições de vida da população e, por outro, como mecanismo para contribuir com a formação de um quadro administrativo que tenha condições de colocar-se a serviço da classe trabalhadora. Ao mesmo tempo, é fundamental propor o *aprofundamento de mecanismos de democratização de tomadas de decisão, com a participação das classes subalternas,* para combater a tendência autorreferenciada da burocracia e sua paralisia/reação a mudanças (Nogueira, 1998, p. 260-261), criando maior controle social e controle público (Soares, 2003), como forma de propiciar transparência e fragilizar a direção hegemônica, criando, dessa forma, condições para o fortalecimento de ações contra-hegemônicas.

Sendo assim, é possível, se estivermos atentos ao limite estrutural que a burocracia oferece para o desenvolvimento da democracia e às questões de dominação e controle presentes em sua realização, pensarmos numa matriz de administração tendo como referência elementos da organização burocrática. Esses elementos podem possibilitar a intervenção administrativa numa perspectiva pautada no atendimento das demandas e necessidades das classes subalternas, na medida em que a "racionalidade" burocrática permite a utilização de algumas das expressões de sua materialidade, visando a ampliação e o aprofundamento de direitos, numa sociedade de classes.

4.2 As funções gerenciais básicas: direção, organização, planejamento e controle

O debate sobre quais as funções constituem o processo de gestão está posto desde o início das formulações presentes na chamada administração clássica, através da obra de Henry Fayol, *Administração industrial e geral*, conforme sublinha Gurgel (2014).

No entanto, não nos interessa aqui retomar este debate, o fundamental é indicarmos o que se tem construído, com certo consenso, hoje em dia, acerca das funções gerenciais e seus significados.

Em primeiro lugar, cabe destacar que, conforme ressalta Tenório (1997), são quatro as *funções gerenciais básicas: direção, organização, planejamento e controle.*

A segunda questão fundamental a ser tratada refere-se ao fato de que "administração [...] compreende quatro processos principais interligados: planejamento, organização, direção e controle" (Maximiano, 2000, p. 26-27). Em outras palavras, para "que a organização alcance os seus fins determinados" — ou seja, *para gerir/administrar uma organização, política, programa, projeto, serviço e/ou atividade — é necessário realizar estas quatro funções gerenciais.*

Portanto, a gestão/administração realiza-se a partir das funções gerenciais (direção, organização, planejamento e controle). Equívoco comum é tratar, por exemplo, gestão e planejamento com elementos distintos e/ou que estariam num mesmo nível no interior do processo administrativo. A gestão nestes casos tende a se confundir com a função direção e na maioria das vezes nem sequer é tratada de forma determinada. O leitor que chegou até aqui conosco, não pode ter mais dúvidas sobre a concepção de gestão/administração.

Essas funções constitutivas do processo de gestão estão intrinsecamente relacionadas, elas não são etapas estanques e encadeadas de forma sequencial cujo gestor deverá implementar passo a passo. A inter-relação entre elas é permanente e dinâmica elas constituem "uma unidade na diversidade". A unidade das funções gerenciais qualifica e determina o processo de gestão, ou seja, qualifica e determina as "mais variadas escalas de utilização de recursos para atingir objetivos" (Maximiano, 2000, p. 29).

Entretanto, essa unidade formada, que é a expressão efetiva da gestão em sua dinamicidade concreta, não elimina as particularidades dos seus elementos constitutivos.

Assim sendo, um gestor qualificado deve ter capacidade de operacionalizar, implementar, efetivar as diferentes funções gerenciais, mesmo que ele próprio não domine tecnicamente cada função em sua particularidade e profundidade.

Esse processo de interação dialética que faz com que a gestão se apresente como a expressão da unidade de diferentes funções gerenciais deve ser radicalmente absorvida pelo gestor para que ele possa conduzir o processo administrativo entendendo as interações permanentes e dinâmicas existentes entre as diferentes funções.

A figura abaixo busca se aproximar de uma síntese desta questão:

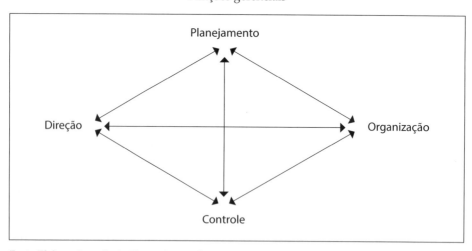

Fonte: Elaboração própria. Figura inspirada em Maximiano (2000, p. 27).

O retângulo externo representa a unidade formada pelas quatro funções gerenciais (direção, organização, planejamento e controle) e expressa o processo de gestão. As setas indicam que cada função se relaciona com as outras três, num movimento de dupla implicação, ou seja, afeta e é afetada por cada função gerencial. Dessa forma, por exemplo, a direção afeta o planejamento, a organização e o controle, da mesma forma que cada uma dessas funções afeta a direção. E, assim, sucessivamente e permanentemente se realiza o processo de gestão. Ao tratarmos de cada função em particular, buscaremos exemplificar esta interação assinalada.

Na medida em que as funções gerenciais constituem o processo de gestão, a implementação dessas funções deve ser orientada pela perspectiva teórico-política que fundamenta a gestão. Este é o terceiro elemento que devemos destacar.

Dessa forma, os fundamentos da gestão democrática devem orientar a efetivação das funções gerenciais.

Isso significa dizer que *os elementos técnico-operativos da cada função gerencial (direção, organização, planejamento e controle) devem ter como orientação imediata o fortalecimento da espinha dorsal burocrática e expansão dos mecanismos de participação das classes subalternas nos níveis de decisão e controle das organizações, com o objetivo de ampliar e universalizar as condições de vida nas esferas civil, política e social das classes subalternas, visando contribuir com a superação da ordem do capital.*

O quarto aspecto que devemos sublinhar é que o gestor em qualquer nível da organização (estratégico, tático ou operacional) e independente do escopo de sua responsabilidade (política, programa, projeto, serviço ou atividade) deve implementar essas diferentes funções. Essa questão merece uma observação essencial: não estamos aqui identificando o gestor como sendo apenas aquele indivíduo que possui o título de diretor, gerente, coordenador, administrador, gestor, superintendente ou o que o valha, qualquer profissional que possui responsabilidade sobre certa atividade que envolva um grupo de indivíduos na execução de tarefas, independente da titulação que possua, administra um processo e, portanto, substantivamente, é um gestor e, assim, está sob sua responsabilidade desenvolver as funções gerenciais.

Entendemos serem estes quatro aspectos essenciais e preliminares para avançarmos no tratamento das funções gerenciais.

A partir deste momento, apresentaremos, brevemente, as quatro funções gerenciais garantindo maior destaque para as funções planejamento e controle, na medida em que as outras duas, direção e organização, serão trabalhadas com maior profundidade nos capítulos seguintes. Cabe ainda ressaltar que, apesar de tratarmos neste capítulo as funções planejamento e controle de forma mais detalhada, não é nosso objetivo, pelos limites do livro, avançarmos nos aspectos metodológicos e procedimentais, mas apenas situarmos o leitor de maneira mais evidente o sentido dessas funções e seus respectivos direcionamentos teórico-políticos considerando a concepção de gestão democrática desenvolvida.

Função direção

A função direção está relacionada às ações que devem ser realizadas para "conduzir e motivar pessoas a exercerem suas tarefas a fim de alcançar os objetivos organizacionais" (Tenório, 1997, p. 22). Essas ações envolvem, como muito bem destacam Gurgel (2014) e Tenório (1997), atividades de coordenação e de liderança da equipe de trabalho.

A coordenação, do ponto de vista prático, refere-se à busca de três objetivos: equilibrar as quantidades de recursos de acordo com a necessidade; garantir a articulação dos cronogramas e a satisfação do coletivo de trabalho e harmonizar as diferenças entre as pessoas e órgãos, em função do objetivo definido (Gurgel, 2014, p. 90).

A atividade de liderança, por outro lado, deve desempenhar quatro papéis estratégicos: "meio de ligação com a clientela interna e/ou externa; solucionador de problema e viabilizador de soluções; controlador de conflito e estimulador de entendimento e efusividade, treinador e orientador" (Gurgel, 2014, p. 92).

Likert, em *Novos padrões em administração*, apresenta quatro sistemas administrativos: sistema autoritário-coercitivo; sistema autoritário-benevolente; sistema consultivo e sistema participativo. Sem dúvida alguma, para a perspectiva da gestão democrática não há alternativa a não ser desenvolver a função direção no sentido do fortalecimento do sistema participativo (Likert, 1971).

No quadro de uma gestão democrática, essas atividades de direção devem, em termos mais gerais, a partir da orientação da participação, contribuir para o fortalecimento de uma hegemonia voltada para a transformação das condições de vida das classes subalternas, visando à superação da ordem do capital. Conforme observa Nogueira (2004, p. 243):

> O maior desafio dos dirigentes democráticos e dos recursos humanos "inteligentes", dentro e fora das organizações — ou seja, também no Estado e na sociedade —, é dar curso a uma dinâmica de reforma intelectual e moral que tenha potência para criar novas hegemonias. A força, as razões administrativas e a exigência de produtividade não são, de modo algum, o melhor caminho para se chegar a formas solidárias e democráticas de sociabilidade ou a novos pactos de convivência. *Dirigir* ficou muito mais importante que *dominar*.

Desta forma, concordamos inteiramente com Nogueira (1998) quando afirma que, no atual contexto, do ponto de vista da gestão e de seus operadores, o essencial numa proposta de construção contra-hegemônica ao neoliberalismo não está na apreensão de tecnologias gerenciais, mas sim na qualificação das pessoas para atuar na fronteira entre a técnica e a política.

Nesse sentido, acompanhando mais uma vez a reflexão de Nogueira (1998, p. 190-191), diríamos que os gestores democráticos devem se converter em lideranças capazes de atuar na administração de forma a ampliar as adesões em torno de um projeto democrático de sociedade e de gestão. Para isso, o gestor deve ter competência teórico-metodológica, ético-política e técnico-operacional tanto para analisar os movimentos da economia, da política, da sociedade e de seus grupos e indivíduos, quanto para "pesquisar, negociar, aproximar pessoas e interesses, planejar, executar e avaliar".

Essas questões serão aprofundadas e detalhadas, do ponto de vista técnico operativo, no capítulo 5. Vejamos em seguida a função organização.

Função organização

A função organização "é a ação de agrupar pessoas e recursos, definir atribuições, responsabilidades e normas, de modo a atingir a finalidade e os objetivos previstos" (Tenório, 1997, p. 22). De forma mais detalhada, Gurgel, referindo-se à organização capitalista (2014, p. 81), explica:

> Organizar é tomar decisões sobre (1) alocação de homens (corpo social) e meios (corpo material) em torno de atividades de natureza homogênea, constituindo

os departamentos, (2) a definição de autoridades e responsabilidades, (3) o estabelecimento das relações de superioridade e subordinação hierárquica e funcional, e (4) a indicação do fluxo de informações e comandos formais dentro de uma [organização].

De acordo com Maximiano (2000, p. 265/266), "organização é um atributo de qualquer conjunto estruturado ou ordenado segundo algum critério [...]uma empresa organizada tem uma estrutura organizacional que define com precisão as responsabilidades, a autoridade e a comunicação das pessoas que nela trabalham".

Tendo como perspectiva as reflexões anteriores sobre a finalidade da gestão democrática, do ponto de vista da função gerencial organização fica nítida a direção que dever ser a base para a construção da espinha dorsal da organização.

A gestão democrática deve ter como objetivo, no campo da função organização, a estruturação da burocracia combinada com mecanismos de controle democrático interno (participação dos trabalhadores da organização) e externo (participação dos usuários da organização) à organização como tarefa central para o fortalecimento da universalização e aprofundamento de direitos.

Essas questões serão aprofundadas e detalhadas, do ponto de vista técnico operativo, no capítulo 6. Vejamos em seguida a função planejamento.

Função planejamento

A função planejamento destina-se a projetar a organização para o futuro e indicar os meios necessários para sua efetivação, durante um prazo determinado.

Nas palavras precisas de Tenório (1997, p. 22), planejamento "é a ação de determinar a finalidade e os objetivos da organização e prever as atividades, os recursos e os meios que permitirão atingi-los ao longo de um período de tempo determinado".

Muitas vezes essa função é tratada de maneira formal e não como o esforço racional de antecipar e programar ações para atingir os objetivos definidos e que deve servir como o caminho a ser trilhado pela organização. Caminho esse que, ao ser realizado, pode apresentar obstáculos que deverão ser analisados e, se for o caso, removidos. Muitas vezes a remoção dos obstáculos requer redefinir a própria trilha traçada originalmente. Dessa forma, o planejamento deve ser compreendido como uma função dinâmica.

A formalidade no trato do planejamento tende a considerá-lo como um documento exigido por alguma instância hierárquica superior que deve ser elaborado e posto nos arquivos institucionais, ou como um manual de passos a seguir que, rigidamente cumpridos, levará a organização a atingir os objetivos indicados. Tanto o procedimento de elaboração do planejamento como exigência institucional, quanto sua operacionalização como se fosse um modelo rígido a ser seguido possuem como perspectiva uma compreensão formalista do processo de planejamento. Romper com o trato formalista dado ao planejamento e situá-lo como uma função gerencial dinâmica é um movimento central do ponto de vista administrativo.

Entendemos que o planejamento estratégico é a perspectiva que possibilita um enfrentamento de forma mais radical ao formalismo do planejamento. Por isso, faremos uma brevíssima exposição acerca da lógica estratégica para o planejamento.

A necessidade de incorporar a noção de estratégia ao planejamento, de forma geral, passou a ser sentida na medida em que se acentuavam as mudanças sociais, econômicas e políticas que impactavam a sociedade. Por isso, podemos identificar a década de 1970 como sendo o marco de seu desenvolvimento e expansão, tanto no campo empresarial — através, principalmente, das formulações de Igor Anssof (Gurgel, 2014) — quanto no espaço estatal — via a produção do ex-Ministro da Economia do Governo do Presidente Salvador Allende, Carlos Matus (Matus, [1972] 1998).

Entendemos que a perspectiva da gestão democrática implica a estratégia, conforme tratada por Matus (Huerta, 1996 e Matus, 1993a, 1993b e 1998). Matus (1998) indica que o procedimento estratégico não se sobrepõe à realidade "emerge da realidade", por isso deve ser "situacional". A análise da situação concreta é a dimensão fundamental de um planejamento que se pretenda estratégico. Essa análise permite que os planejadores analisem a realidade em sua dinamicidade, buscando compreender a diversas determinações que a constituem e suas respectivas relações, para compreender possíveis tendências da realidade, a partir das ações dos diferentes sujeitos que atuam sobre ela.

O conhecimento sobre a realidade deve ser produzido como uma totalidade dinâmica, aberta e contraditória de condições objetivas que interferem na ação humana que simultaneamente incide sobre as condições objetivas dadas, produzindo nova realidade. Dessa forma, a partir de determinadas condições da realidade e das ações das forças sociais consideradas como orientadas por finalidades distintas constrói-se nova realidade.

A finalidade da gestão democrática deve ser buscada a partir de uma planificação estratégica, consideradas as condições objetivas (realidade dada) e subjetivas (ação humana) que incidem sobre a organização. O *planejamento a ser elaborado por uma gestão democrática deve ter como objetivo estratégico a orientação imediata do fortalecimento da espinha dorsal burocrática e expansão dos mecanismos de participação das classes subalternas nos níveis de decisão e controle das organizações, com o objetivo de transformar as condições de vida nas esferas civil, política e social das classes subalternas, visando contribuir com a superação da ordem do capital.*[2]

Compreendendo que a gestão democrática situa-se no campo político da luta para transformar as condições de vida das classes subalternas, visando superar a ordem do capital, o sistema de planejamento estratégico situacional, desenvolvido e sistematizado por Carlos Matus (Matus, 1993a, 1993b, 1998 e 2007 e Huerta, 1996), aproxima-se à concepção de gestão democrática, tanto para o campo da produção social quanto para o da reprodução social, pois, o que difere entre um e outro espaço não é o propósito que se pretende alcançar, mas sim as condições objetivas e subjetivas e o escopo das alternativas possíveis para que a finalidade de transformar as condições de vida das classes subalternas seja atingida.

A gestão democrática exige um planejamento que seja eminentemente político e que tenha condições de analisar a realidade e entender que os sujeitos que são afetados e que também incidem sobre ela são sujeitos, do ponto de vista mais geral, com perspectivas antagônicas em relação ao projeto de sociedade que se pretende constituir. Dessa forma, agir estrategicamente, para saber reconhecer e se relacionar com sujeitos que podem ser

---

2. Na área do serviço social o trabalho de maior reconhecimento sobre planejamento continua sendo o da assistente social e professora Myrian Veras Batista, *Planejamento Social: intencionalidade e instrumentação*. São Paulo: Veras Editora, 2000.

aliados, adversários ou inimigos, é fundamental para o êxito da finalidade democrática em questão e que se encontra em disputa.

A gestão democrática é uma gestão incompatível com os objetivos do capital, por isso não se confunde com a gestão corporativa. Por outro lado, o *sistema de planejamento estratégico situacional* se difere do planejamento estratégico corporativo, na medida em que se *concentra na incerteza*, portanto trabalha com a perspectiva da previsão e não na predição (certa profecia/presságio, ou, na melhor das hipóteses, um prognóstico) elemento central das formulações da gestão corporativa, mesma que estratégica (Huerta, 1996).

O *sistema de planejamento estratégico situacional* envolve três métodos de planejamento: o planejamento estratégico situacional (PES) para nível estratégico de organizações de governo de alta complexidade; o método ZOPP (sigla em alemão de *Zielorientierte Projektplanung* para Planejamento de Projetos Orientado por Objetivos) para instituições de média complexidade; e o Método Altadir de Planejamento Popular (MAPP) indicado para organizações de pequeno porte, local e de baixa complexidade (Matus, 2007, p.15).

Portanto, método de planejamento estratégico a ser utilizado varia de acordo com: a) o nível hierárquico de quem pratica o planejamento (diretivo, gerencial, operativo, operacional de base, empresarial); b) a natureza do trabalho (político, técnico-político, técnico especializado, prático operacional); c) a complexidade dos problemas abordados (alta, média ou baixa complexidade); d) a trama de relações da gestão (alta interdependência e alto número de variáveis e problemas abordados ou baixa interdependência e baixo número de variáveis e problemas abordados); e e) a capacidade de governo (alta — nível de direção central de grandes organizações — ou baixa — nível descentralizado e operacional de pequena dimensão).

No entanto, todos esses métodos, com alguma variação, partem da concepção estratégica e situacional.

A estratégia, no sentido trabalhado por Matus (1991), se baseia num jogo social desigual, onde alguns atores possuem mais poder que outros. No entanto, a condição de desigualdade não elimina certa dimensão incontrolável do jogo.

Se o jogo é semicontrolado o *resultado é incerto* devido à ignorância sobre certos aspectos sociais, econômicos políticos, ambientais; a criatividade dos sujeitos sociais; opacidade da linguagem.

Dessa forma, o planejamento não pode ser entendido como meramente normativo, onde basta explicitar os objetivos que se pretendem atingir, definir os procedimentos a alcançá-los e executá-los da forma como foram definidos que o resultado será efetivado.

O planejamento na concepção estratégica situacional, fundada na incerteza e na dinamicidade, pois contingencial, do cenário social, político e econômico, e sendo um processo onde atuam sujeitos com poderes desiguais, sua construção se torna muito mais complexa. Nas palavras certeiras de Matus (1991, p. 28),

> ... o plano é uma mediação entre o conhecimento e a ação. Tal mediação, contudo, não se produz através de uma relação simples entre a realidade e as ciências sociais, porque o conhecimento da primeira vai além do âmbito tradicional da segunda.

Em outras palavras, podemos dizer que o fundamento do conhecimento está na realidade. Ou seja, não é, como a ciência tradicional desenvolve, uma consequência do aporte teórico-metodológico pré-concebido idealmente pelos cientistas à dinâmica da realidade. Diferentemente, a concepção presente na citação acima, nos remete à *Introdução*, quando apresentamos que a concepção dialética do conhecimento tem como base a realidade, na medida em que o conhecimento dever ser buscado a partir de procedimento que propiciem reproduzir mentalmente a realidade.

Entendemos que essa passagem reforça nosso entendimento de que a perspectiva do planejamento estratégico situacional (PES) de Carlos Matus é extremamente pertinente à abordagem da gestão democrática,[3] pois, mesmo que o conjunto de sua obra seja formulada com base em certo ecletismo e relativismo (Lima, 2010), muitas concepções, noções e sugestões para o desenvolvimento do PES são extremamente adequados para uma adaptação à perspectiva de gestão democrática aqui desenvolvida.

A *concepção de estratégia* que parte da noção do que é importante e central para o planejamento em termos do enfrentamento a ser realizado e sua arti-

---

3. Infelizmente, não temos condições de neste espaço indicarmos as afinidades e aproximações existentes entre aspectos teórico-metodológicos do Planejamento Estratégico Situacional e a perspectiva materialista-dialética.

culação entre o hoje e o futuro, mas fundamentalmente compreendendo-a *"como modo de vencer num jogo dialético"*, onde os sujeitos sociais estão situados historicamente, numa dinâmica social contraditória e conflitiva, cujos resultados são incertos e abertos (Matus, 1993a, p. 193), aproxima, ainda mais, da perspectiva democrática de gestão que estamos reivindicando.

A segunda categoria central do PES refere-se à *concepção de situação*. O componente situacional do planejamento, apesar de ser tratado de forma eclética (Matus, 1993a), possui bastante afinidades com a concepção de gestão democrática que estamos trabalhando. Os elementos centrais constitutivos da concepção matusiana de situação podem ser resumidos da seguinte forma:

A dinâmica situacional implica em sabermos analisar a totalidade concreta, a partir do ponto de vista de um determinado sujeito (em nosso caso, o gestor democrático) e reconhecer a existência de outros sujeitos que possuem outras concepções e outros propósitos ético-políticos, o que não significa a inexistência de leis objetivas. Por isso, a necessidade estratégica de planejar para vencer um jogo dialético, contraditório e conflitivo, onde proposições antagônicas se confrontam (Matus, 1993a, p. 208-209).

A análise situacional requer, assim, que ao explicar a realidade para planejar, devem-se incorporar as outras visões que incidem sobre o objeto do planejamento, independente de sua veracidade e racionalidade, de forma a termos condições de entendermos as possíveis ações dos adversários para anulá-las e/ou modificá-las e, dessa forma, obter êxito em nossos objetivos de alteração da realidade existente. Esse procedimento é fundamental se efetivamente desejamos "ter potência para alterar as condições da [realidade] e vencer a resistência dos oponentes ao [nosso] plano para enfrentar a [realidade]" (Matus, 1993a, p. 217) e atingir os objetivos democráticos previstos.

Já discutimos páginas atrás o valor estratégico da *participação* dos trabalhadores da organização e dos usuários, na perspectiva de expansão da participação das classes subalternas no processo de gestão. No entanto, é crucial grafar que o horizonte ético-político (transformar as condições de vida das classes subalternas, visando contribuir com a superação da ordem do capital) da gestão democrática não necessariamente se coaduna de forma imediata com as demandas das camadas subalternas. Nesse sentido, a participação não é garantia de fortalecimento desse caminho estratégico, mas é a única forma de ampliar adesões em torno de uma ação contra hegemônica na sociedade. O gestor democrático necessita, portanto, de atuar para que a participação se efetive na perspectiva ético-política indicada. Sua condução, desde este ponto de vista, e de sua equipe de confiança serão cruciais para a viabilização de um planejamento participativo que não produza ações táticas e, principalmente, estratégicas antagônicas à concepção democrática. Nessa orientação, ao tratar dos requisitos do PES, Matus (1993b, p. 343) sinaliza que "o programa pode e deve ser formulado com participação massiva da população, com base, porém, numa direcionalidade previamente definida e segundo métodos uniformes".

A partir dessas pequenas digressões sobre alguns elementos essenciais do PES (incerteza, estratégia, situação, participação), sem pretender detalhar os procedimentos para a aplicação do Planejamento Estratégico Situacional, mas apenas com intuito de realizar uma breve apresentação, as linhas acima e, principalmente, aquelas que virão a seguir não devem ser lidas e compreendidas como um modelo a ser seguido. A exposição possui como único objetivo introduzir o leitor à temática do planejamento estratégico situacional, buscando animá-lo a aprofundar e se apropriar desta ferramenta fundamental para o exercício da gestão democrática.

Dessa forma, avançaremos discorrendo, brevemente, sobre os elementos centrais que constituem o planejamento estratégico situacional.[4]

Conforme destaca o ex-Ministro de Salvador Allende (Matus, 1993b, p. 297; itálico no original), o PES se expressa em quatro momentos: "*momento explicativo* — foi, é, tende a ser; *momento normativo* — deve ser; *momento estratégico* — pode ser; e *momento tático-operacional* — fazer". Os momentos não são fases e/ou etapas que devem ser seguidas de forma linear, são dimensões constitutivas do planejamento que interagem de forma permanente formando uma unidade de elementos particulares, onde cada momento possui procedimentos metodológicos próprios, mas que não são exclusivos nem independentes dos demais.

As mesmas relações existentes entre as funções gerenciais, já destacadas anteriormente, encontramos entre os momentos do planejamento estratégico:

---

4. Na bibliografia sugerida, no final deste capítulo, encontram-se dois artigos que explicitam estes momentos de forma esquemática e com exemplos concretos. A leitura desses artigos em conjunto com o que será apresentado possibilita a maior compreensão do exposto.

Quadro 1 — Planejamento estratégico — Momentos constitutivos e suas relações.

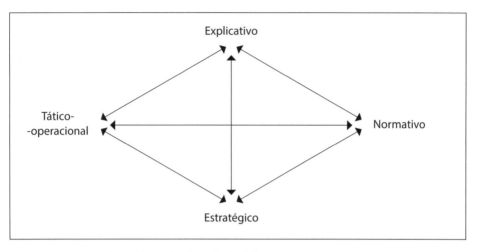

Fonte: Figura inspirada em Matus (1993b, p. 299). Elaboração própria.

Vejamos, rapidamente, as características centrais de cada momento.

O *momento explicativo* refere-se ao momento onde os sujeitos definem os problemas estratégicos a serem enfrentados, a partir da perspectiva ético--política adotada, e se debruçam sobre a realidade para analisá-los e explicá--los, enquanto uma totalidade concreta. Portanto, identificam os elementos constitutivos dos problemas (interno à organização e externo) e as relações estabelecidas entre eles, criando uma *estrutura explicativa (fluxograma situacional ou árvore explicativa)*, a partir do encadeamento das causas identificadas como geradoras das questões selecionadas e as consequências produzidas pelos problemas identificados.

Os problemas estratégicos devem ser priorizados e, em seguida, deve ser definida uma quantidade delimitada de problemas a ser enfrentada, dependendo da abrangência e escopo da organização. A partir da definição dos problemas será indicado um descritor (quantitativo ou qualitativo) que explicita cada problema e, a partir deste descritor, realiza-se o movimento de explicação que produzirá o fluxograma situacional ou árvore explicativa. Dessa forma, serão construídas tantas árvores explicativas quantos forem os problemas levantados e seus respectivos descritores.

Após a elaboração do fluxograma situacional ou árvore explicativa, os participantes do planejamento deverão definir os *nós-críticos*. Ou seja, dentre as causas elencadas de cada árvore explicativa deverá ser destacada aquela que possui o impacto mais significativo na geração do problema. Dessa forma, os nós-críticos se configuram como os núcleos sobre os quais serão planejadas as ações a serem realizadas para resolver os problemas identificados, pois, como são as causas de maior impacto na geração dos problemas, ao serem atacadas promovem na cadeia causal as alterações necessárias para a superação dos referidos problemas. Com a definição dos nós-críticos encerra-se o momento explicativo.

No *momento normativo* serão elaboradas ações concretas de intervenção para incidir sobre os nós-críticos definidos e produzir os resultados necessários para a superação dos problemas. Portanto, cada nó-crítico gera uma operação para seu enfrentamento. O conjunto das operações elaboradas forma o *Plano de Operações*.

O momento normativo exige a construção da árvore de resultados, ou seja, a explicitação da operação que deverá ser realizada para enfrentar cada Nó-Crítico, estabelecendo o resultado esperado e seus respectivos indicadores. Com a árvore de resultados é estabelecido o que se pretende atingir com as operações a serem realizadas.

Outro elemento fundamental constitutivo do momento normativo é o detalhamento de cada operação, através da definição das ações, sub-ações, prazo, responsável e resultado esperado.

O planejamento tradicional tende a ser concluído neste momento. No caso do PES, mais dois momentos são cruciais.

O *momento estratégico* está centrado na análise da viabilidade do plano de operações e dos objetivos estratégicos que se pretendem atingir.

Essa análise implica em reconhecer os limites e as possibilidades de ordem política, econômica, organizacional e cultural existentes para a efetivação do plano traçado e dos objetivos estratégicos perseguidos.

Dessa forma, os planejadores deverão, ao identificar os limites e possibilidades das diferentes dimensões que constituem o plano (econômico, político, social, organizacional e cultural), estabelecer os planos para superar os limites e potencializar as possibilidades identificadas em cada dimensão.

Desta feita, deverá ser realizada a *análise de recursos e viabilidade*. Para cada ação de cada Operação além de levantar os recursos necessários (eco-

GESTÃO DEMOCRÁTICA E SERVIÇO SOCIAL

nômico, conhecimento e organizativo) para desenvolver a ação, deverá ser identificando aqueles existentes e os inexistentes. Dessa forma, poderá ser analisada a viabilidade de cada ação para que sejam elaborados planos para potencialização (caso existam os recursos necessários) e/ou superação (caso os recursos sejam insuficientes ou inexistentes) das situações encontradas.

Em seguida, deve-se realizar a *análise dos outros autores*, identificando os aliados, adversários e inimigos do plano elaborado, para definir a política de relação que será estabelecida com cada ator para viabilizar o plano traçado.

Por fim, os planejadores devem levantar as possíveis surpresas que podem ocorrer durante a implementação do plano para estabelecer o *plano de contingência* do planejamento realizado.

O último momento do PES refere-se ao *momento tático-operacional*. Como o próprio formulador do PES esclarece "o momento tático-operacional é o elemento central na mediação entre conhecimento e ação" (Matus, 1993b, p. 482).

Nesse momento se definem os aspectos relativos aos procedimentos organizacionais que serão utilizados para a efetivação do plano. A dinâmica a ser estabelecida pela direção do plano, a estrutura organizacional e sua dinâmica de funcionamento, o processo de acompanhamento da implementação, a análise permanente da conjuntura, os mecanismos de participação para a execução e acompanhamento do planejamento, a definição das ações rotineiras da organização e sua relação com plano estratégico construído.

Dessa forma, estão estrategicamente também inseridas no planejamento as outras funções gerenciais (direção, organização e controle).

Vejamos a seguir, brevemente, a *função gerencial controle* que corresponde ao sistema de monitoramento, supervisão e avaliação das ações organizacionais empreendidas que devem estar explicitadas e detalhadas no planejamento elaborado.

Função controle

Conforme destaca Tenório (1997, p. 22), a função controle[5] "é ação de comparar os objetivos estabelecidos e os recursos previstos com os resultados

---

5. Apesar de esta terminologia ter uma forte conotação coercitiva, consideramos que ela pode ser entendida como acompanhamento e avaliação das ações dentro da perspectiva de gestão

atingidos e os recursos realmente gastos, a fim de tomar medidas que possam corrigir ou mudar os rumos fixados". Ou nas palavras de Maximiano (2000, p. 456), "controlar, em essência, consiste em manter um sistema dentro de um padrão de comportamento, com base em informações contínuas". Ou ainda, como define Gurgel (2014, p. 98), "o processo de controle consiste em monitoração das atividades, avaliação dos resultados quanto à quantidade e à qualidade, e ajustes tendo como referência os padrões de desempenho definidos".

A partir dessas formulações podemos dizer que a *função controle*, na perspectiva da gestão democrática, é a função responsável pelo acompanhamento em processo das ações organizacionais e possui como objetivo central estruturar mecanismos que possibilitem monitorar continuamente o planejamento e seus respectivos planos de ação, comparando o planejado com o executado, visando garantir que a implementação da direção estratégica estabelecida e a efetivação das atividades cotidianas da organização sejam cumpridas de acordo com o padrão de qualidade definido.

O controle permite, dessa forma, ajustes no planejamento para que os objetivos organizacionais traçados sejam realmente atingidos. Neste sentido, o bom controle requer um bom planejamento, para que os objetivos, recursos e metas estejam bem estabelecidos e requer, também, uma boa direção para que seja realizada a coordenação das ações de execução e acompanhamento do planejamento para que, se necessário, sejam realizados os ajustes no planejamento estabelecido. Além desses aspectos, a atividade de controle pode identificar limites ou pontos de estrangulamento na própria organização da instituição que dificulta ou, até mesmo, prejudica a efetivação dos objetivos propostos em seus diferentes níveis (estratégico tático e operacional). Por isso Montana e Charnov (1998, p. 240) detalham a função controle nestes termos: "o processo básico permanece o mesmo: (1) estabelecendo os padrões de desempenho, (2) medindo o desempenho, (3) avaliando o desempenho e (4) fazendo uso eficaz do *feedback* e tomando ações corretivas quando necessário".

Tal como em outras funções organizacionais implementadas por uma concepção de gestão democrática, o *controle* deve ter também como o objetivo

---

democrática desenvolvida neste livro. Como é uma terminologia consagrada na literatura da chamada "ciência administrativa", decidimos manter a terminologia, mas introduzindo a concepção democrática como seu fundamento, conforme será visto ao longo desta seção.

transformar as condições de vida nas esferas civil, política e social das classes subalternas, visando contribuir com a superação da ordem do capital.

Nesse sentido, para que o desempenho dessa função seja efetivo é necessário ter estrutura formal adequada e quadro funcional qualificado destinados ao exercício do controle das ações planejadas. O outro componente essencial é participação dos próprios funcionários e dos usuários dos serviços prestados pela organização na dinâmica de funcionamento dessa função gerencial.

Portanto, a função controle deve ter como fundamento a concepção de gestão democrática para que sua efetivação, através dos diferentes recursos técnicos utilizados, não seja desconectada teórica e politicamente da perspectiva de gestão proposta. A reprodução da concepção conservadora de controle, enquanto uma atividade fiscalizatória, coercitiva e punitiva deve ser combatida permanentemente.

A partir dessas linhas gerais, abordaremos algumas das dimensões constitutivas desta função gerencial e traçaremos resumidas linhas para discutirmos certos aspectos relativos aos instrumentos e técnicas que podem ser utilizados no processo de controle.

A primeira questão que gostaríamos de tratar refere-se às dimensões que constituem o processo de controle. Segundo Tenório (1997, p. 97-98), o controle é denominado segundo o momento em que é realizado: antes, durante ou depois da efetivação do planejamento. Análise é a denominação do controle realizado antes de ser colocado em efetivação o planejamento definido. O monitoramento é o controle desenvolvido durante a execução das atividades planejadas. E a avaliação é o controle concretizado após a implementação do planejamento.

Entretanto, entendemos que a dimensão análise (chamada de controle *ex-ante*), enquanto um procedimento de verificação realizado "anterior à colocação em prática do projeto, da viabilidade de se alcançar os objetivos pretendidos a partir dos recursos de que dispõe a organização e da observação das variáveis que compõem os contextos internos e externos" (Tenório, 1997, p. 97), está devidamente incorporada tanto no momento explicativo do PES quanto em um determinado tipo de avaliação, que veremos adiante (avaliação *ex-ante*). Dessa forma, consideramos que a função controle é constituída de duas dimensões: *monitoramento e avaliação*.

O *monitoramento* é o processo de controle destinado a acompanhar a execução do planejamento elaborado. A partir de dados levantados referentes à execução do planejamento e comparando-os com as referências estabelecidas no planejamento (metas e indicadores), o monitoramento possibilita corrigir distorções verificadas ao longo da implementação do planejamento. Assim, o monitoramento destina-se ao gerenciamento do cotidiano do planejamento. Conforme destaca Matus (1993b, p. 516), "o sistema de gerência por operações exige a avaliação permanente da situação na conjuntura e supõe, portanto, que se compare constantemente a situação planejada com a situação real".

Podemos indicar quatro momentos do monitoramento. O *planejamento*, a *coleta e registro dos dados*, a *análise dos dados* e a *produção de novas informações* (Tenório et al., 1995).

O *planejamento* do monitoramento implica na retomada dos indicadores e metas propostas no planejamento geral da organização a fim de definir os padrões quantitativos e qualitativos que serão referências para a comparação da execução das ações em relação ao planejado. Ocorrem, também, na fase do planejamento do monitoramento, a definição dos instrumentos que serão utilizados na coleta de dados e os procedimentos que serão adotados ao longo de todo o processo de acompanhamento.

Nunca é demais registrar que os padrões quantitativos e qualitativos e os instrumentos de coleta de dados a serem definidos deverão estar subordinados à orientação estratégica da gestão democrática. Portanto, o momento do planejamento é fundamental para evitar a adoção de padrões e de instrumentos que vão de encontro à perspectiva de fortalecimento da espinha dorsal burocrática e a participação como recursos para atingir os objetivos de transformação das condições das condições de vida das classes subalternas.

A *coleta e o registro dos dados* referem-se aos procedimentos que serão adotados para que as informações sobre a execução das atividades propostas sejam levantadas, registradas, organizadas e sistematizadas para viabilizar a análise dos dados.

A *análise dos dados* tem de ter como pressuposto o mesmo referencial teórico e ético-político que fundamenta a concepção de gestão. Portanto, a análise dos dados, além do movimento imediato de verificação da execução em relação ao planejado, em se tratando de uma gestão democrática, deve ter como indicação teórico-metodológica as categorias do materialismo dialético e o compromisso com as classes subalternas.

Só com uma análise com essas referências é possível estabelecer com maior precisão a *produção de novas informações* que poderão gerar os ajustes necessários ao planejamento geral proposto para corrigir possíveis distorções identificadas.

Apesar de não ser indicado como momento do monitoramento (Tenório et al., 1995), incluiremos a *supervisão* como mais uma dimensão do monitoramento.

A *supervisão* das ações deve ser concebida como a *estratégia pedagógica* de preparação e apoio às equipes de trabalho para a execução das atividades previstas e deve estar articulada ao processo de coleta e registro de dados e ao retorno da produção de novas informações implicadas no monitoramento. Ou seja, essa concepção de supervisão não se coaduna com a perspectiva coercitiva, fiscalizatória e/ou punitiva típicas de um modelo conservador de supervisão, em particular, e de monitoramento, em geral.

Neste sentido, a supervisão ganha um caráter de *formação em serviço* e, dessa forma, deve ser entendida como elemento que compõe a estratégia de capacitação das equipes de trabalho da organização. Contudo, diferentemente de uma capacitação tradicional, esta atividade deve consistir no acompanhamento e apoio ao desenvolvimento das atividades previstas no planejamento da organização, através da participação direta do supervisor junto com as equipes de trabalho durante a execução e reflexão de determinadas ações programadas periodicamente. Essa atividade tem também o propósito de levantar *in loco*, os dados previstos para o monitoramento e os subsídios necessários para, se for o caso, adequar e atualizar o planejamento realizado. Assim sendo, o processo de supervisão contribui para que, coletivamente, os procedimentos da rotina de funcionamento e a atuação sociopedagógica da equipe de trabalho sejam analisados e os rumos corrigidos, caso haja necessidade.

A importância do monitoramento se faz sentir na medida em que contribui para fortalecer a concepção de gestão democrática, viabilizar um atendimento de qualidade para a população, apoiar, capacitar e fortalecer a estrutura profissional das equipes de trabalho da organização, em seus diferentes níveis (estratégico, tático e operacional) e, principalmente, para garantir a implementação do planejamento elaborado, fazendo os ajustes necessários, porém garantindo a direção estratégica estabelecida para a execução das ações propostas.

A *avaliação*, como uma das dimensões da função controle, também possui uma tradição conservadora voltada, prioritariamente, para fiscalização das ações, de forma coercitiva e punitiva, e para perspectivas tecnicistas subordinadas à noção de eficiência econômica. Silva e Silva (2001, p. 46) retrata com precisão esta questão quando afirma, em relação à prática de avaliação de política e programas sociais, que esta "prática [...] ainda é muito restrita e desenvolvida mais como mero controle de gastos do que para realimentar os programas em desenvolvimento, servindo muitas vezes para punir e desenvolver uma cultura do medo".

Outro aspecto relevante é a condição da avaliação, mesmo daquelas destinadas à política social, não estar vinculada à perspectiva democrática, portanto, alijada de qualquer compromisso com as classes subalternas e, por conseguinte, com a expansão, universalização e radicalização de direitos. Boschetti (2009, p. 577) sinaliza esta questão de forma explícita:

> Mais que conhecer e dominar tipos e métodos de avaliação ou diferenciar análise e avaliação, é fundamental reconhecer que as políticas sociais [poderíamos ampliar para qualquer tipo de política] têm um papel imprescindível na consolidação do Estado democrático de direito e que, para exercer essa função, como seu objetivo primeiro, devem ser atendida e avaliadas como um conjunto de programas, projetos e ações que devem universalizar direitos. Para tanto, toda e qualquer avaliação de políticas sociais [ampliemos também para qualquer tipo de política] (ou de programas e projetos) deve se sobrepor à mera composição de técnicas e instrumentos, e se situar no âmbito da identificação da concepção de Estado e de política social [idem] que determina seu resultado.

Boschetti (2009, p. 581) também trata a questão da avaliação da política social a partir da perspectiva que entende a contradição da função da política social no capitalismo, na medida da existência da possibilidade dela, além de ser funcional ao capital, "garantir ganhos para os trabalhadores e impor limites aos ganhos do capital, como demonstrou Marx ao analisar as primeiras legislações fabris da Inglaterra no século XIX".

Como é possível perceber, este livro trabalha no sentido teórico e político proposto por Boschetti (2009) para o debate sobre a avaliação de políticas, programas e projetos sociais. No entanto, nossa questão aqui não se restringe à avaliação de políticas, programas e projetos sociais, apesar de ser esse o campo prioritário de incidência de gestores assistentes sociais.

A avaliação considerada enquanto uma das dimensões da função controle pode ser direcionada a diferentes áreas da organização previstas no planejamento elaborado. A avaliação pode estar voltada para a estrutura organizacional, para a dinâmica da direção estratégica realizada ou para as programas, projetos e serviços desenvolvidos. A relação entre planejamento e o controle, no geral, e a avaliação, especificamente considerada deve ser realizada permanentemente. As considerações feitas por Matus (1993b) explicitam esta questão de forma inequívoca:

> O planejamento exige uma avaliação permanente tanto da evolução da mudança situacional quanto dos resultados reais alcançados após cada ato de intervenção social, ou depois que algum evento não planejado ou exógeno ao sistema altere as características da situação ou suas tendências. Este acompanhamento visa, por um lado, aprender com a práxis, comparando simulação e realidade para melhorar a qualidade dos cálculos seguintes, e por outro revisar constantemente o plano, cada vez que a situação se altera. Esse processo de avaliação permanente supõe comparar o planejado e o alcançável com o obtido em cada situação. Exige também analisar se o curso seguinte do movimento planejado esta na direção correta. Este último aspecto da avaliação supõe uma comparação permanente entre o arco conjuntural do plano, o arco direcional e o arco da utopia perseguida. Tais arcos situacionais são o caminho imaginário mais curto e direto entre duas situações (Matus, 1993a, p. 237-238).

Nessa perspectiva de avaliação entende-se a relação que deve existir também entre o monitoramento que poderíamos considerar uma avaliação conjuntural, e a avaliação, propriamente dita, que possui uma visada de cunho mais estrutural.

Enfim, a avaliação, frisa-se, não se limita às políticas, programas e projetos sociais. No entanto, a perspectiva geral da avaliação segue a orientação indicada por Boschetti (2009) em relação à avaliação de políticas sociais. Ou seja, a perspectiva orientadora da avaliação é o fundamento central, as tipologias e métodos de avaliação não são desprovidas de orientação teórica e política, contudo estas orientações devem ser explícitas e conduzir conscientemente as escolhas dos tipos e métodos de avaliação a serem aplicados.

Dentro da concepção que temos desenvolvido acerca da gestão democrática, não resta dúvida quanto à exigência da avaliação, enquanto uma das dimensões da função gerencial controle, se subordinar à finalidade relativa ao fortalecimento da estrutura formal e do quadro profissional burocrático, criando condições de participação dos trabalhadores e usuários das políticas (programas, projetos, serviços) no processo de gestão, com o objetivo de transformar as condições de vida das classes subalternas, visando à superação da ordem do capital.

A partir desta concepção geral e entendendo a necessidade dos gestores em tratar, também, a dimensão técnico-operativa da avaliação, apresentaremos, rapidamente, algumas questões de ordem metodológica e operacional. No entanto, nos concentraremos no campo da avaliação de políticas, programas e projetos sociais, visto que este é o campo prioritário de intervenção dos assistentes sociais.

Como forma de explicitação do significado da avaliação de política, programa e/ou projeto social, podemos acompanhar a definição oferecida por Aguilar e Ander-Egg (1994, p. 31-32):

> A avaliação é uma forma de pesquisa social aplicada, sistemática, planejada e dirigida; destinada a identificar, obter e proporcionar de maneira válida e confiável dados e informação suficiente e relevante para apoiar um juízo sobre o mérito e o valor dos diferentes componentes de um programa (tanto na fase de diagnóstico, programação ou execução), ou de um conjunto de atividades específicas que se realizam, foram realizadas ou se realizarão, com o propósito de produzir efeitos e resultados concretos; comprovando a extensão e o grau em que se deram essas conquistas, de forma tal que sirva de base ou guia para uma tomada de decisões racional e inteligente entre cursos de ação, ou para solucionar problemas e promover o conhecimento e a compreensão dos fatores associados ao êxito ou fracasso de seus resultados.

Os autores citados tipificam a avaliação quanto ao momento que se avalia (antes de executar o programa — avaliação *ex-ante*; durante a implementação — avaliação durante; após a conclusão do programa — avaliação *expost...*); as funções da avaliação (verificar os resultados ou efeitos de um programa — avaliação somativa; análise durante o processo de execução — avaliação formativa); a procedência dos avaliadores (avaliadores não pertencem ao programa — avaliação externa; avaliadores são membros do programa — avaliação interna; combinação das duas anteriores — avaliação mista; os executores do programa são os avaliadores — auto-avaliação) e os aspectos do programa que são objeto da avaliação (destinada à conceitualização do programa — avaliação do plano; voltada para o seguimento do programa — avaliação de processo; orientada para eficácia e eficiência — avaliação de resultado) (Aguilar e Ander-Egg, 1994, p. 40-51).

Essa tipificação permite elaborar a caracterização de uma determinada avaliação realizada, mas, sobretudo, viabiliza compreender as alternativas

GESTÃO DEMOCRÁTICA E SERVIÇO SOCIAL

de avaliação existente para uma opção mais clara sobre a mais adequada em determinadas condições e contextos.

Outra classificação que merece destaque em relação à avaliação de políticas sociais é a realizada por Figueiredo e Figueiredo (1986, p. 108) a qual distingue a *avaliação política* de *avaliação de política*.

A avaliação política refere-se à "análise e elucidação do critério ou critérios que fundamentam determinada política: as razões que a tomam preferível a qualquer outra". Essa avaliação está centrada na análise dos fundamentos da política, não se preocupa com sua operacionalização ou resultados (Arretche, 2006). Dessa forma, este tipo de avaliação está voltado para o desvelamento dos elementos teóricos e políticos subjacentes a uma dada política.

Por outro lado, a avaliação *de* política — nos termos de Arretche (2006, p. 30), análise de políticas públicas — refere-se ao "exame da engenharia institucional e dos traços constitutivos dos programas". O foco dessa avaliação é análise da estrutura organizacional montada para a implementação de uma dada política e a relação entre essa estrutura e os resultados alcançados. Para a aplicação consistente deste tipo de avaliação, conforme sublinham Figueiredo e Figueiredo (1986, p. 109), é fundamental estabelecer "as conexões lógicas entre os *objetivos da avaliação*, os *critérios de avaliação* e os *modelos analíticos* capazes de dar conta da pergunta básica de toda pesquisa de avaliação: a política ou programa social sob observação foi um sucesso ou um fracasso?"

Em relação à avaliação de política, os autores apresentam uma questão extremamente pertinente quando tratam do debate sobre a avaliação de impacto (ou efetividade). Para eles o impacto de uma política pode gerar mudanças quantitativas nas condições de vida dos usuários da política (impacto objetivo); pode ser de ordem subjetiva, modificando o "estado de espírito da população"; ou, ainda, pode alterar "qualitativamente as condições de vida da população" (Figueiredo e Figueiredo, 1986, p. 116).

A avaliação de impacto envolvendo essas três dimensões configura-se como a mais adequada para a realização da análise referente à finalidade indicada pela perspectiva da gestão democrática, na medida em que se pretende, em última análise, transformar as condições de vida das classes subalternas, visando à superação da ordem do capital. Em outras palavras, o impacto objetivo identifica se houve ou não melhoras das condições materiais de vida da população; o subjetivo verifica se a política em questão incidiu sobre a dimensão ideológica e cultural, proporcionando a expansão da consciência crítica da população sobre a realidade social; e, por fim, o impacto substantivo demonstra se houve avanço qualitativo na vida da população usuária da política, em termos econômicos, sociais, políticos, ideológicos e culturais, tendo como referência o horizonte ético-político da gestão democrática.

Para concluir essas breves pontuações acerca do desenho de uma avaliação de política, programa e/ou projeto social cabe uma pequena menção à questão dos indicadores a serem utilizados.

Boschetti (2009, p. 584) sugere — para compor um quadro de indicadores que seja profícuo para avaliação da política na perspectiva da totalidade, revelando o caráter contraditório entre a estrutura formal-legal da política e sua operacionalização e explicitando a articulação entre os determinantes estruturais da política e as forças sociais e políticas que incidem sobre sua efetivação — a adoção de três aspectos que delinearia "o quadro institucional que conforma a política ou programa social avaliado: 1) os direitos e benefícios estabelecidos e assegurados; 2) o financiamento [...]; 3) gestão (forma de organização) e controle social democrático", a partir dos quais se desdobrariam indicadores para orientar a avaliação a ser realizada.

Outra estratégia para processar a avaliação de forma mais precisa sugere a organização dos parâmetros de monitoramento/avaliação a partir de categorias, indicadores e descritores, conforme o exemplo a seguir utilizado na avaliação de programas sociais destinados a medidas socioeducativas.

Avaliação de Medidas Socioeducativas de Privação de Liberdade		
Categoria	**Indicadores**	**Descritores**
Necessidades Básicas	Alimentação	— Cardápio diversificado e elaborado por nutricionista — Alimentação de boa qualidade e em quantidade suficiente — Atendimento à necessidade de dietas especiais
	Documentação	— Apoio para confecção e retirada de documentação (registro civil, identidade, carteira de trabalho, CPF, certificado de reservista, título de eleitor)
	Documentação Escolar	— Fornecimento de documentação escolar (certificado de frequência e aproveitamento) reconhecida pelo sistema público de ensino

GESTÃO DEMOCRÁTICA E SERVIÇO SOCIAL

Avaliação de Medidas Socioeducativas de Privação de Liberdade		
Categoria	**Indicadores**	**Descritores**
Ambiente Físico e Infraestrutura (Adequados para Portadores de Deficiência)	Capacidade	— Unidade com capacidade de atendimento em conformidade com a recomendação com o Conanda
	Salubridade	— Iluminação e ventilação adequadas em todos os ambientes — Higiene e limpeza dos ambientes — Conservação dos espaços (infiltrações, vazamentos, pintura, organização)
	Banheiros	— Banheiros em tamanho e número suficientes, com boas condições de higiene e privacidade
Direitos Fundamentais do Adolescente	Escolarização Formal	— Escola reconhecida formalmente pela Secretaria de Educação — Oferta de educação (ensino fundamental, médio e superior) para todos os adolescentes — Proposta curricular ao perfil dos adolescentes, respeitadas as necessidades especiais, nos casos em que a escola é interna — Livros e material escolar em número suficiente, abrangendo as necessidades especiais — Professores em número suficiente — Calendário escolar que assegure atividades contínuas, inclusive no período de férias
	Profissionalização	— Cursos de profissionalização com carga horária, metodologia e certificação reconhecidas formalmente — Atividades de educação pelo trabalho dando oportunidade a todos os adolescentes de vivenciarem diferentes áreas e formas do mundo do trabalho (cooperativismo, solidarismo, empreendedorismo)
	Esporte	— Acesso a diferentes modalidades esportivas — Profissional qualificado para a orientação e estímulo à prática do esporte

Fonte: Almeida et al., 2008, p. 183-189.

Essa estrutura de referência para avaliação e monitoramento organiza os indicadores de avaliação em grandes categorias e apresenta, através dos descritores, os elementos que deverão ser verificados para poder analisar a efetivação do indicador. Dessa forma, uma categoria engloba diferentes indicadores e para cada indicador definem-se vários descritores.

Com a apresentação dessa estruturação de indicadores concluímos os apontamentos destinados à função controle.

Para fechar este capítulo, gostaríamos de, mais uma vez, frisar que a perspectiva da gestão democrática exige a organicidade entre as funções gerenciais e a subordinação de todas à finalidade democratizadora, consubstanciada nas dimensões teórico-metodológica e ético-política exaustivamente trabalhadas no primeiro capítulo do livro e retomadas frequentemente ao longo dos diversos capítulos.

Sendo assim, aprofundaremos a partir dos capítulos 5 e 6 as funções direção e organização, respectivamente.

Bibliografia Sugerida

Para a apreciação do que Karl Marx considerou uma administração verdadeiramente democrática, a leitura de *A Guerra Civil na França* (São Paulo: Boitempo Editorial, 2011) é uma experiência teórica e histórica que deve ser aproveitada neste momento de formação. Na trilha da "comuna", a mobilização popular que controlou Oaxaca, a capital do estado de Oaxaca (sul do México) durante quase seis meses, no ano de 2006, é uma experiência que merece ser conhecida. O pequeno livro de Gilson Dantas com a colaboração de Martín Juárez e Jimena Mendonza, *Oaxaca, uma comuna do século XXI* (Brasília: Edições Centelha Cultural; São Paulo: Edições ISKRA, 2009), relata de forma viva os acontecimentos deste levante. Para a introdução acerca das funções gerenciais, o livro organizado por Fernando Tenório é extremamente didático e consistente (*Gestão de ONGs*; principais funções gerenciais. Rio de Janeiro: FGV, 1997). Na área do Planejamento, a referência central é o chileno Carlos Matus, principal formulador e sistematizador do Método do Planejamento Estratégico Situacional (HERTA, F. *O Método PES: entrevista com Matus*. São Paulo: Fundap, 1996). Para uma indicação didática de como elaborar um planejamento estratégico para pequenas organizações, ver o artigo de Marcos José Pereira da Silva (Onze passos do planejamento estratégico participativo. In: BROSE, Markus (Org.). *Metodologia participativa*. Uma introdução a 20 instrumentos. Porto Alegre: Tomo Editorial, 2001). Para um exemplo de aplicação do Planejamento Estratégico, ver o artigo de Elizabeth Artmann (O planejamento estratégico situacional no nível local: um instrumento a favor da visão multissetorial. *Cadernos da Oficina Social* 3: Série Desenvolvimento Local. Rio de Janeiro: Coppe/UFRJ, 2000).

Filmografia

O cenário da democratização e a administração pública. São Paulo, 2014. Direção: Renato Dagnino. Duração: 1h30m.

Documentário em que se apreciam os meios de que a administração dispõe para a democratização da gestão, em particular no âmbito público.

A grande virada. Estados Unidos, 2010. Direção: John Wells. Duração: 1h44m.

Filme que retrata a instabilidade no mundo dos negócios contemporâneos e as diferentes maneiras com que as pessoas reagem à adversidade econômica.

O Processo. Itália, Alemanha e França, 1962. Direção: Orson Welles. Duração: 1h58min.

Filme baseado no romance homônimo de Franz Kafka e que trata da aparente irracionalidade do sistema e do caráter de classe das organizações do Estado, principalmente no que se refere à burocracia.

Proposta de exercícios

1 — Identifique na instituição que você estagia/trabalha como se processa a autonomia relativa dos gestores de nível tático ou operacional. Caracterize essa autonomia frente aos objetivos institucionais definidos e ao dirigente do nível estratégico da organização.

2 — Indique as funções gerenciais realizadas pelo seu supervisor e ou coordenador do seu estágio/trabalho, caracterizandos as atividades desempenhadas.

3 — Mapeie as dinâmicas de participação e controle democrático que incidem sobre as atividades de seu supervisor de estágio/trabalho e sobre a instituição em que você estagia/trabalha, identifique quem são os sujeitos participantes.

4 — Tendo em vista o quadro de indicadores da Avaliação de Medidas Socioeducativas de Privação de Liberdade, elabore, em equipe, um quadro semelhante para o monitoramento do atendimento realizado por uma das instituições em que vocês estagiam/trabalham, considerando as indicações da gestão democrática.

CAPÍTULO 5

A direção na gestão de políticas, programas e projetos destinados à reprodução da força de trabalho

5.1 Indicações para o exercício da função direção

Que é a função *direção*?

As funções do administrador foram inicialmente anunciadas por Henri Fayol, em seu livro *Administração geral e industrial* (Fayol, 1990). Nele, o autor, criador da Escola Clássica da administração, faz algumas distinções:

— as operações da empresa são chamadas de *funções da empresa,* seis funções (função técnica, comercial, financeira, de segurança, contábil e *administrativa*);

— a *função administrativa* reúne 5 operações, mais tarde chamadas de *funções do administrador* (prever ou planejar, organizar, comandar, coordenar e controlar);

— a função administrativa, constituída por essas 5 operações ou funções do administrador, "é necessário não confundi-la com a *direção*. Dirigir é conduzir a empresa; [...] é assegurar a marcha das seis funções essenciais" (Fayol, 1990, p. 26).

GESTÃO DEMOCRÁTICA E SERVIÇO SOCIAL

Mais tarde, a *função direção* foi incluída por Gulick em sua lista de funções, entendida como tomar decisões, emitir ordens, enfim, liderar a empresa, como diria o próprio autor (Gulick, 1937).

Corresponderia portanto à função de *comando*, conforme a entende Fayol que a define como "dirigir o pessoal" (Gulick, 1937). Para essa definição, ele explica que "constituído o corpo social, é preciso fazê-lo funcionar: eis a missão do comando" (Gulick, 1937, p. 120).

Gulick não incluiu a *coordenação* no conceito de direção. Entretanto, não nos parece possível realizar a condução da empresa, "assegurar a marcha das seis funções essenciais" sem combinar o comando com a coordenação.

Neste capítulo, portanto, vamos examinar o que no plano da gestão se disse de mais relevante sobre o *comando* e a *coordenação*, entendendo-as como as funções centrais da *direção*. Algumas atividades terão especial tratamento, como são os casos da emissão de *ordens* e da tomada de *decisão*. Também daremos atenção mais cuidadosa a questão da *liderança*, aspecto muito realçado na concepção contemporânea de direção e conceito vulgarizado na administração.

Dominando esses conceitos, seus significados, elementos e características, colocaremos em foco o desafio de exercer a direção de modo democrático e participativo.

Este é o plano deste capítulo.

O comando

O comando é a função responsável por fazer funcionar o corpo social da empresa, seu pessoal. Mas fazer funcionar em 3 sentidos: dar partida ao trabalho, assegurar a continuidade e manter o ritmo.

Dar partida significa que aqueles que comandam (indivíduo ou coletivo) devem providenciar os elementos básicos ao trabalho — do espaço às ferramentas, das condições legais de trabalho aos materiais. Isso é o que se chama de *implementação* — ou seja, prover os recursos suficientes para a execução.

Assegurar a continuidade é algo que se realiza com o acompanhamento constante, a atenção para com a convergência dos esforços (unidade de direção) e a prontidão para manter o provimento de recursos, suprir certas insuficiências que se apresentam e resolver problemas e dificuldades que surgem ao longo do trabalho.

Manter o ritmo está associado ao estado de motivação em que se encontra a turma — o coletivo — e cada um em particular. Aqueles que comandam devem estar alertas para os sinais de cansaço ou desalento, físico, mental ou emocional do grupo. Estar próximo, para ajudar a cada um e a todos a superar estes momentos, que são quase que inevitáveis em qualquer processo de trabalho.

Por isso, quando Fayol trata do comando, entre algumas sugestões que faz, indica a necessidade de "ter conhecimento profundo de seu pessoal", "reunir seus principais colaboradores em conferências, onde se preparam a unidade de direção e a convergência dos esforços", além de "incentivar no pessoal a atividade, a iniciativa e o devotamento" (Fayol, 1990, p. 120/121).

O comando também exige que se tenha conhecimento de aspectos relacionados com o andamento da própria produção, dos contratos de trabalho existentes, das expectativas dos trabalhadores e das insatisfações.

Finalmente, cabe também grande cuidado com o comportamento pessoal. O exemplo de quem comanda é um fator poderoso no desempenho junto à equipe. Dar o bom exemplo em relação ao que se espera de cada um e do coletivo é fundamental, no sentido preciso da palavra fundamento. Se há, por exemplo, expectativa de que os trabalhadores cheguem a certo horário no local de trabalho, este deve ser também o horário de quem comanda e não apenas dos comandados. Se esperado um tratamento respeitoso entre os trabalhadores, isto deve começar por quem comanda.

Dar *ordem* é uma prática de comando. O exercício de dar ordem é mais sensível do que julgamos habitualmente. Foi Mary Parker Follet quem, no âmbito da administração das organizações, preocupou-se em analisar a prática de dar ordem. Nessa análise, sob título *O dar ordens*, apresentada pela primeira vez em 1933, no Department of Business Administration da London School of Economics, Follet examina as consequências das ordens arbitrárias e personalísticas e busca alternativas a elas (Follet, 1997).

A ordem pode ser emitida oralmente ou por escrito. O critério para decidir se a ordem pode ser oral ou deve ser escrita, precisa considerar principalmente:

a) *Grau de formalidade do trabalho*. Se a formalidade é elevada, as ordens devem ser passadas por escrito. Se o grau de formalidade é baixo, pode-se na maioria dos casos emitir ordens orais.

b) *A natureza do trabalho*. Se o trabalho é privado, comporta uma frequência maior de ordens orais. Mas se o trabalho é público, está subordinado ao primado da lei e portanto pede que as ordens sejam por escrito, para que possam ser examinadas, se necessário, à luz das normas existentes.

c) *A urgência da execução do trabalho.* Trabalhos que se colocam para ação imediata podem e frequentemente devem ser ordenados oralmente. Quando se trata de serviço público, a ordem oral deve ser seguida da sua formalização escrita.

d) *A complexidade da ordem.* Quando uma ordem é minuciosa ou tem aspectos variados a serem considerados, é conveniente que se realize por escrito, de modo a permitir que os responsáveis por sua execução possam conferir a exatidão do que está sendo requerido.

e) *O valor material/financeiro ou moral da ordem.* As ordens que envolvem valores diretamente materiais, financeiros ou dizem respeito a questões éticas ou morais devem ser dadas por escrito. O seu cumprimento também requer isso e é correto por parte de quem tem a tarefa de cumprir a ordem que a peça por escrito. A compra de algo de elevado valor, o impedimento ou a autorização de alguém para testemunhar em um processo disciplinar são exemplos desse caso.

f) *A rotinização da ordem.* Ordens que são rotineiras e previstas como tarefas a serem desempenhadas por alguém podem ser emitidas oralmente para esse auxiliar.

No setor privado, as ordens escritas podem ser emitidas por memorandos ou ordens de serviço/trabalho. No setor público, existem atos administrativos: atos administrativos normativos, negociais, enunciativos, punitivos, ordinatórios. Todos estes atos têm uma dimensão de emissão de ordem: os normativos ordenam o funcionamento de algo, com suas normas (normas de concursos públicos para docentes); os negociais (contrato de obras com uma empresa), ordenam o negócio feito entre o Estado e o particular ou a empresa privada (contratos); enunciativos (diploma de formatura, atestado de bons antecedentes), quando um órgão "ordena" a informação sobre ou para alguém; punitivo (suspensão de um funcionário), ao ordenar a punição. Entretanto, o ato administrativo mais adequado à emissão de ordem é o ato *ordinatório.* Ele contém um mandamento especial, uma determinação específica para ser cumprida. Alguns especialistas em direito administrativo fazem a distinção entre atos da administração e atos administrativos. Nesse último caso, os atos ordinatórios, segundo Meirelles, se assemelham aos atos da administração, porque eles se referem a atos internos que, baseando-se no poder hierárquico, são direcionados aos próprios servidores públicos. Exemplos: circulares, avisos, portarias, instruções, ordens de serviço, ofícios e despachos (Meirelles, 2015).

As *instruções* se destinam a orientar os responsáveis pela execução de algum trabalho, descrevendo o modo e a forma como deve ser feito.

Circulares são ordens semelhantes, porém mais restritas, dadas a um grupo de trabalhadores, orientando-os sobre como se deve proceder diante de uma dada situação. As circulares têm menor amplitude que as instruções.

Avisos são atos que comunicam a uma comunidade a determinação de um superior sobre algum assunto de interesse comum. Geralmente têm origem em autoridade de nível ministerial ou similar.

As *portarias* contêm determinações gerais ou especiais aos subordinados, fazem designação de servidores para o cumprimento de dada tarefa ou determinam atos da administração como sindicâncias, inquéritos, nomeações e iniciativas semelhantes.

Ordens de serviço têm determinações para responsáveis por alguma atividade em curso, como uma obra, dando-se orientações específicas, frequentemente técnicas ou administrativas, ou autorizando-se compras ou contratações de menor porte ou provisórias.

Ofícios são comunicações que fazem entre si as autoridades de órgãos diferenciados, ou entre órgãos e entes públicos, ou ainda entre unidade pública e organização privada tratando de questões administrativas ou sociais. Os ofícios se dirigem à externalidade do órgão, portanto a outros órgãos, entes ou agentes, públicos ou privados.

Memorandos são comunicações entre autoridades/unidades administrativas de um mesmo órgão, de níveis hierárquicos iguais (entre chefes) ou diferentes (supervisor ou coordenador para chefe e vice-versa), dando conhecimento de algo ou inquerindo sobre alguma coisa. O memorando é exclusivamente interno.

Finalmente, os *despachos,* que são decisões tomadas pelas autoridades diante de uma solicitação, requerimento ou encaminhamento, algum processo administrativo, que lhe tenha sido apresentado, por um ofício ou um memorando. A decisão pode ser relacionada a um caso individual, específico, mas pode ser também relacionada a algo de interesse comum de muitas pessoas. Nesse caso, o despacho assume caráter normativo. É possível, em alguns casos, que o despacho individual venha a assumir caráter de despacho normativo, uma vez inaugure uma forma de tratamento para questões similares que se vão apresentar adiante.

Percebe-se portanto que é parte da direção a tomada de decisão. A tomada de decisão é o ponto mais alto de uma sequência de atos e fatos designada *processo decisório*.

Segundo Mintzberg (1976), o processo decisório tem basicamente 3 grandes fases, com suas etapas:

Fase da Identificação

Os decisores estão diante de um estímulo decisório, que pode ser:

Problema — algo que está fora da conformidade, mas se verifica internamente à organização

Crise — um problema que se agudiza e não permite adiamento de sua solução ou enfrentamento

Ameaça — potencial impacto negativo de origem externa, que se avizinha da organização

Oportunidade — potencial impacto positivo de origem externa, que se apresenta no ambiente

Na *Fase de identificação* os decisores devem fazer o *Reconhecimento* do estímulo decisório. Cada estímulo tem um tratamento diferente. Cabe portanto ter clareza sobre o que se está enfrentando. É um problema? Uma crise? Uma ameaça? Uma oportunidade? Reconhecer o estímulo é o ponto de partida de uma boa decisão. Às vezes, uma ameaça pode ser transformada em oportunidade. Uma lei que introduz exigências ambientais para um serviço que a organização tem feito pode ser uma ameaça de custos adicionais. Mas pode ser revertida em oportunidade caso a organização seja capaz de se adaptar e se apresentar de modo adequado aos seus clientes. Mas é preciso ter clareza do que se está tratando no momento.

O passo seguinte é fazer o *Diagnóstico*. Analisar o problema, ou a crise, ou a ameaça ou a oportunidade, identificando seus aspectos mais relevantes, suas características, seus elementos constitutivos, suas causas, seus efeitos. Neste caso, podem-se usar ferramentas de análise como o *Gráfico de causa e efeito*, também chamado de *Espinha de peixe* ou ainda *Diagrama de Ishikawa*.

Pode-se usar também o *Princípio de Pareto* e outros recursos técnicos de análise. Uma literatura técnica existe oferecendo estas e outras ferramentas de análise (Rebouças de Oliveira, 2011; Gurgel, 2014).

Fase de Desenvolvimento

A Fase de desenvolvimento é aquela em que os decisores vão produzir alternativas, recorrendo a duas rotinas:

Procura — quando se busca no conhecimento acumulado, registros escritos ou memória oral, soluções já praticadas por outros, em situações semelhantes. Esta rotina gera um grande número de alternativas de solução.

Formulação — quando os decisores procuram encontrar uma alternativa mais adequada a situação e a organização. Uma solução própria, que frequentemente é difícil e trabalhosa, mas deve ser tentada como um exercício de criatividade em busca de uma solução mais barata e mais precisa. Às vezes o limite da criatividade é um tratamento mais adequado de uma alternativa achada na procura. Os teóricos dizem se satisfazer com uma formulação, dado a dificuldade frequentemente encontrada.

Procura e *Formulação* vão gerar várias alternativas, que deverão na Fase seguinte ser objeto de seleção.

Fase de Seleção

A *Fase de seleção* é, como se pode depreender, o momento em que as alternativas são examinadas quanto às suas consequências. Primeiramente, faz-se uma seleção superficial, retirando-se do rol de alternativas apenas aquelas que se revelem de consequências muito negativas ou de viabilidade muito baixa. Neste momento, a maioria das alternativas geradas na fase anterior continua em avaliação. Portanto, esta rotina de *Seleção*, ainda não envolve a escolha definitiva, mas uma seleção genérica. É a rotina seguinte, denominada de *Avaliação-Escolha* que fará a seleção daquela que parece ser a melhor alternativa de decisão. A *Avaliação-Escolha* é a *tomada de decisão.*

Critérios de decisão

O exame das alternativas quanto as suas consequências deve ser realizado considerando **critérios**.

Os critérios são as principais referências levadas em conta pelos dirigentes ou decisores para escolher suas alternativas de ação.

A lista de critérios pode ser elaborada pelos decisores, considerando a sua área de trabalho, sua cultura organizacional, sua formação profissional e outros aspectos. Mas temos a possibilidade de indicar um conjunto de critérios, de 4 naturezas:

Critérios de decisão

Institucionais — que dizem respeito às referências criadas pelo próprio órgão, instituição ou entidade

Missão
Valores
Estratégias/Diretrizes
Objetivos

Técnicos — dizem respeito às expectativas relacionadas à produção/serviço e circulação

Eficiência/Produtividade
Eficácia
Qualidade
Lucratividade

Éticos — tratam de critérios de convivência e trabalho entre os agentes internos e destes com as pessoas físicas e jurídicas externas

Efetividade[1]
Equidade
Legalidade

---

1. A Efetividade é o critério que indaga sobre a resolutividade ou o atendimento real da necessidade ou do problema enfrentado. Não cabe sentir-se satisfeito por prestar um serviço com eficiência e no tempo certo. É preciso que este serviço dê resposta concreta e resolutiva à demanda. Este deve ser o compromisso.

Políticos — reúnem aspectos relacionados com o posicionamento da organização nos ambientes sociais e organizacionais, internos e externos

Imagem

Efusividade[2]

Legitimidade

Externalidades[3]

Para a Avaliação-Escolha, as alternativas devem ser examinadas à luz dos critérios.

Ponderação dos critérios

Os critérios têm prioridades e pesos diferentes para cada grupo de decisor. Assim, é possível que, para alguns, os critérios institucionais sejam os prioritários ou que dentre os critérios institucionais estão tais ou quais critérios prioritários. Significa dizer que é preciso definir uma ordem de prioridade entre os critérios.

Também se deve considerar que os critérios, mesmos os prioritários, têm pesos diferentes entre si. Para alguns decisores o critério da Lucratividade pode ter o maior peso: 10. Mas para outros decisores, o critério da Imagem é o de maior peso.

Feita a lista por ordem de prioridade, aplicam-se os pesos. Esses pesos são permanentes para o exame de todas as alternativas selecionadas. Até que o grupo de decisores resolva mudar, os pesos serão os mesmos.

A seguir, as alternativas selecionadas serão avaliadas quanto ao atendimento maior ou menor de cada critério. Conforme esse atendimento, a alternativa receberá uma nota de 1 a 10.

---

2. A Efusividade diz respeito ao clima de trabalho positivo, alegre, receptivo que convém ao ambiente de trabalho.

3. As Externalidades são os efeitos colaterais causados pela ação da organização, positivos ou negativos, geralmente no entorno, no ambiente.

O quadro abaixo exibe a Avaliação-Escolha realizada com os critérios piorizados, ponderados, e as alternativas com as notas, por critério. Segue-se o passo a passo:

1. Definir critérios
2. Priorizá-los pela importância
3. Atribuir peso a cada um
4. Realizar a Seleção de alternativas
5. Aplicar nota a cada alternativa conforme ela atenda cada critério
6. Lançar as alternativas na Matriz Decisória multiplicando seus pesos pelas notas aplicadas às alternativas
7. Identificar a alternativa de melhor ponderação e reexaminá-la com especial interesse.

MATRIZ DECISÓRIA

		Alternativa 1		Alternativa 2		Alternativa N	
Valores	Peso	Nota	Ponderação	Nota	Ponderação	Nota	Ponderação
Missão	8	5	40	4	32	2	16
Imagem	5	4	20	2	10	2	10
Custo	6	3	18	5	30	1	6
TOTAL	—	—	78	—	72	—	32

Fonte: Os autores.

É evidente que esta matriz não tem a pretensão de ser uma fórmula matemática de resolução de problema e tomada de decisão. Trata-se apenas de uma representação númerica de avaliações qualitativas, que se permitem uma somatória indicativa.

Esta indicação de qual seria a decisão a tomar, ainda assim merece uma reflexão final.

A Coordenação

A coordenação é o processo de articular as partes, tanto aquelas que dizem respeito à organização, como os setores e departamentos, quanto as que dizem respeito aos grupos de trabalho e pessoas.

As organizações exigem diferenciação e integração, como destacam Lawrence e Lorsch (Lawrence; Lorsch, 1973, p. 23-24). A diferenciação resulta do caráter especializado das funções. Em outras palavras, da divisão de trabalho, que ocorre não só horizontalmente, mas também na vertical, acompanhando a hierarquia da organização. Por maior que seja o esforço no sentido de reduzir as diferenças entre órgãos e pessoas, há inclinações e às vezes vocações que induzem à especialização. As especializações, do ponto de vista prático, levam a diferenciações. Estas diferenciações, entretanto, precisam ser harmonizadas para que se integrem, tendo em vista os objetivos da organização. Este movimento de integração é buscado pela coordenação.

Vale dizer que há aspectos positivos na divisão de trabalho, qual seja o desenvolvimento da habilidade e a concentração de atenções e estudos sobre dada especialidade. Isto deve ser cultivado, no limite de não se perder a visão do todo e o senso de que o trabalho essencialmente é coletivo. Daí a necessidade da integração.

Além da divisão de trabalho que impõe a diferenciação, existe uma tendência de que cada órgão ou pessoa se volte para dentro de si, de suas demandas e seus interesses. Este é um desafio da coordenação, para o qual se deve estar alerta e ter habilidade suficiente para lidar e superar.

Diferenciação e integração são necessidades contraditórias — mas, como disse Hegel, é a contradição que faz o movimento das coisas. Portanto, podemos dizer que a coordenação se envolve com esta contradição e deve extrair dela um resultado positivo.

Para isso, as preocupações da coordenação, no dia a dia são;

— *Equilibrar as quantidades* de recursos, meios e insumos, de acordo com a necessidade de cada unidade organizacional

— *Sincronizar as ações,* de forma a que o cronograma geral seja respeitado e as expectativas dos chamados *clientes internos* sejam atendidas. A organização é uma cadeia ou uma rede de trabalho, em que existem antecedentes e consequentes. Nesta cadeia ou rede estão incluídos

GESTÃO DEMOCRÁTICA E SERVIÇO SOCIAL

os fornecedores. Essa relação de atendimento de demandas entre antecedentes e consequentes é assunto da coordenação.

— *Integrar as diferenças,* inclusive as diferenças comportamentais e dos conflitos, entre pessoas e órgãos, de modo que prevaleça o interesse do trabalho.

A coordenação deve se cercar de alguns recursos para obter eficiência. De um modo geral, ela necessita de:

— *Plano de Trabalho,* que indica e estabelece a unidade de direção, com sua missão, suas diretrizes, seus valores, suas estratégias e objetivos. O Plano de Trabalho reduz a pessoalidade da coordenação e a faz mais institucional, mais comum ao conjunto da organização. Uma vez seja um Plano bem discutido e compartilhado em suas decisões, tudo isso se transforma em elevada unidade de direção, facilitando muito a coordenação, reduzindo seus custos e desgastes.

— *Programação,* que se constitui dos projetos e atividades a serem desenvolvidos, seus respectivos cronogramas, as conexões com os demais projetos e atividades, seus responsáveis. Hoje, com a programação computadorizada, o uso da programação como um instrumento de coordenação se tornou mais fácil. Há técnicas de programação, das quais a mais conhecida é o PERT/CPM, que podem ser aplicadas com eficiência.

— *Reuniões,* recurso muito frequente na coordenação. As reuniões devem ser periódicas e extraordinárias. As periódicas garantem o exame frequente e organizado do andamento dos trabalhos. As extraordinárias respondem a demandas e problemas que não estejam já ordenados e que dependem de soluções rápidas, às vezes imediatas. As reuniões periódicas, com calendário definido, dia e hora, são necessárias para especialmente controlar o andamento dos trabalhos e reforçar o espírito coletivo. A periodicidade é a critério das equipes. Seus componentes avaliarão de quanto em quanto tempo precisarão estar juntos para examinar o andamento do Plano, da Programação, dos problemas e resultados. As reuniões extraordinárias igualmente são necessárias, dado que grande parte do que se faz em uma organização é atender a casos e situações especiais. Alguns desses casos podem ser resolvidos pela autoridade (chefe, supervisor, coordenador), mas outros precisam de decisão coletiva.

— *Sistema de informação,* que deve ser adequado ao nível e natureza da coordenação. Alguns sistemas são mais detalhados, outros mais gerais, de acordo com o nível da coordenação. Coordenações superiores pedem informações mais gerais e decisivas, como, por exemplo, os prazos finais ou principais dos projetos, as possibilidades ou não do cumprimento desses prazos. O sistema de informação deve assegurar informações atuais sobre o andamento dos trabalhos, de modo que as ações de coordenação possam se dar com prontidão.

— *Meios de comunicação,* ágeis, com possibilidade de compartilhamento com toda as pessoas envolvidas no trabalho.

A liderança

Esse é um dos temas mais controversos da gestão. A liderança se presta a considerações perigosas, mitificantes e deformadoras de caráter.

Mas é também cada vez mais obrigatório de ser tratada quando se fala de comando e coordenação. Quando Newman usa a palavra *Liderar* como substituto de Comandar está posto que o assunto se tornou incorporado à gestão, como se fosse uma função do administrador (Newman, 1970, p. 16). Comandar e coordenar são, dentre as funções do administrador, aquelas que mais exigem interatividade, portanto, relacionamento com colegas iguais e diferentes, em papéis funcionais. Por isso, assim como se pode pensar o comando sob o título de liderança, como o faz Newman, pode-se pensar a coordenação sob o mesmo título. Ambas exigem contatos frequentes entre pessoas, com todas as possibilidades que isto traz.

Mas, antes de tudo, que conceito temos sobre liderança?

Segundo Bennis e Nanus, existem 130 definições de liderança e aproximadamente 5.000 estudos sobre o tema (Bennis; Nanus, 1998). Provavelmente esses números tenham aumentado, daquela data para os dias de hoje.

Grande parte dessas definições é marcada pela concepção conservadora de líder, que vê esta figura de modo mitificado, como se carismática, heróica, um *condottieri.* O conceito de líder como um condutor de massas ou de grupo faz do líder uma figura excessivamente *extraordinária* e reduz o grupo a algo muito *ordinário.* São duas caracterizações inadequadas. Provocam expectativas exageradas em relação ao líder e reduzem a capacidade de iniciativa das pessoas que constituem o coletivo.

Nossa concepção de liderança (e líder) é a de um comportamento harmonizador e facilitador da expressão coletiva. Alguém que ajude a equipe a realizar da melhor maneira aquilo que coletivamente se decidiu fazer.

Não cabe a ele dizer o que se deve fazer, mas estimular a equipe a produzir propostas, realizar escolhas e executar ações. Não significa omitir-se. Deve se colocar, se expor em suas ideias sobre todos os assuntos, mas de preferência evitar fazer isso antes que seus companheiros de trabalho tenham apresentado suas primeiras reflexões ou opiniões sobre o assunto em tela.

O exercício da liderança concebe portanto um elevado espírito de cooperação, no sentido de formação de coletivos de trabalho. A liderança portanto consiste em cumprir com as funções de comando e coordenação de modo muito compartilhado com o coletivo de trabalho. Significa que comandar e coordenar serão efetivados com a mobilização mais frequente possível do coletivo, ao invés das vias e iniciativas individuais, por mais bem intencionadas que sejam estas iniciativas. A boa intenção, as vezes genuína, tem justificado muitas ações isoladas de lideranças. Mas rigorosamente não é o melhor caminho.

Nesse exercício o mais compartilhado possível, tem-se 4 objetivos:

1. Realizar a ligação entre as pessoas, entre os órgão e, quando isso se apresenta, entre a equipe e os que demandam o trabalho da equipe

2. Solucionar ou ajudar a solucionar problemas, a partir das decisões coletivas, e viabilizar soluções

3. Enfrentar conflitos de modo resolutivo e estimular o entendimento e a efusividade

4. Treinar e orientar seu coletivo de trabalho e cada um dos seus componentes, conforme as necessidade apresentadas.

Na ligação entre as partes que vivem a organização ou a demandam, a liderança se faz um porta-voz. Mas não necessariamente absorve todas as representações. Antes, o contrário. Estimula a identificação de outros companheiros de trabalho como capazes de realizar a representação da equipe, efetivar negociações, dialogar com outros agentes internos e externos.

A liderança deve se antecipar e evitar problemas, mas em existindo deve enfrentá-los de modo construtivo. Enfrentar de modo construtivo, inclui mais uma vez chamar o coletivo a exercer um papel protagonista no enfrentamento do problema, da crise ou da ameaça. Nesse sentido, sua maior contribuição é levar, sem dramaticidade e exageros, de forma confiante, a questão ao coletivo de trabalho.

Nos conflitos, sua maior contribuição é intervir com equidade. Esse princípio, o princípio da equidade, segundo Fayol "resulta da combinação da benevolência com a justiça" (Fayol, 1990, p. 61). Agir com equidade significa portanto ter a sensibilidade para essa combinação, que tem como base um forte sentimento de preservação do grupo e das pessoas.

Finalmente, comandar e coordenar com liderança é se colocar disponível para ensinar o que sabe, compartilhar suas informações e, reconhecendo seus limites, incentivar nos seus companheiros esta postura, intermediando o conhecimento entre os membros do coletivo. São saberes às vezes técnicos, às vezes comportamentais, cuja redistribuição faz crescer o coletivo e as pessoas individualmente. Nesse sentido, compartilhar as informações de imediato, trazer a todos aquilo a que tem acesso, nos contatos com agentes internos e externos da organização — isso deve ser uma preocupação da liderança, para que não haja hiatos e lacunas de informação na equipe. Trata-se de um comportamento diário de ensino e orientação para o aprendizado entre os participantes da equipe. Não só recorrendo ao seu conhecimento tácito, aquele que sua experiência ou a experiência de terceiros produziu, mas estimulando a pesquisa e o estudo dos assuntos que dizem respeito ao trabalho. Um indicativo do valor do estudo para uma equipe são círculos de debate e a manutenção de uma biblioteca, ainda que pequena, no local de trabalho.

Nesse papel educador da direção, deve-se ter em conta que faz parte das preocupações de um dirigente com compromisso ético-político democrático, incentivar o coletivo dos trabalhadores no sentido do exercício cada vez mais forte e determinado da democratização das decisões. No entanto, não basta preencher a exigência formal da democratização, mas contribuir para que essas decisões tenham o conteúdo democrático, no sentido de atenção prioritária às necessidades e demandas das maiorias. Isso evidentemente vai estar condicionado ao grau de possibilidades que a organização, por sua história e finalidades, possui e o próprio coletivo, por sua capacidade crítica e de enfrentamento de adversidades, demonstra. Entretanto, superar os eventuais limites à prática democrática, nas acepções formal e de conteúdo, se inclui entre os desafios da direção.

Participação e Autogestão

Antes de avançarmos em nossas reflexões, convém registrar, a observação realizada por Paro (2000) ao tratar da questão da participação na escola pública, mas que podemos, com tranquilidade transpor para a reflexão mais geral da participação em qualquer organização:

> Não pretendo trazer receitas ou fórmulas infalíveis que, se aplicadas, promoveriam a participação completa e inexorável da população na escola. [...] A participação da comunidade na escola, como todo o processo democrático, é um caminho que se faz ao caminhar, o que não elimina a necessidade de se refletir previamente a respeito dos obstáculos e potencialidades que a realidade apresenta para a ação. É neste sentido que procurarei [e nós também] levantar alguns pontos com o propósito de contribuir para a discussão sobre o tema (Paro, 2000, p. 17).

No sentido, portanto, indicado pelo educador, ao avançarmos com as reflexões sobre a questão da participação pretendemos apenas traçar algumas indicações que possam contribuir com a implementação de uma gestão democrática.

Retomando, então, nossas reflexões, entendemos que a participação significa o processo de luta política por um determinado projeto social nas diferentes arenas existentes. De acordo com Nogueira (2004, p. 133), a participação, em seu sentido político, "realiza-se tendo em vista a comunidade como um todo, a organização da vida social em seu conjunto, ou seja, o Estado". Assim, continua o autor, a participação está vinculada a um projeto ético-político, relaciona-se com a luta por hegemonia, portanto com a disputa de poder. No caso em que estamos refletindo, o projeto ético-político está centrado na perspectiva da universalização e aprofundamento de direitos e da socialização do poder como um processo de radicalização da democracia na perspectiva emancipatória.

No entanto, a participação como elemento constituinte de mecanismos da estrutura organizacional de uma instituição não é, necessariamente, uma participação no sentido político apresentado. A noção de participação cidadã parece precisar melhor a conotação desse tipo de participação. Conforme Teixeira (2002, p. 30-32) apresenta, a participação cidadã contempla dois elementos: a) o movimento de indivíduos, grupos, organizações que expressam interesses, valores e identidades que buscam "fazer ou tomar parte" do processo político-social, a partir de suas particularidades; b) a dimensão de "cidadania" enquanto componente "cívico" da ação que enfatiza a universalidade, generalidade, igualdade, enfim, o direito a ter direitos. Ainda segundo o autor, essa participação, embora essencialmente política e desenvolvida através da interação com o Estado, distingue-se da participação estritamente política, visto que "se sustenta na sociedade civil e não se reduz aos mecanismos institucionais nem busca o exercício do poder".

Concordando com essa análise, Nogueira (2004, p. 142) afirma que nem toda a participação orienta-se politicamente e, muito menos, põe em xeque o poder, a dominação e a hegemonia estabelecidas. Segundo o autor, a participação vinculada mais diretamente ao processo de compartilhamento das decisões governamentais, garantia de direitos, interferência na política pública — poderíamos completar, a participação em qualquer esfera organizacional da sociedade que tenha como objetivo influenciar as decisões de uma dada instituição na perspectiva da ampliação de direitos — configura a "participação cidadã".

Nesses termos, entendemos que a participação que se constitui como mecanismo da função gerencial organização, possui efetivamente limites em relação à participação política como processo social que busca disputar hegemonia, enfrentar a dominação e construir outro projeto societário. No entanto, esse tipo de participação pode estar relacionado a uma participação efetivamente política. O fato de a participação cidadã não ser uma participação política não significa que ambas não possam estar articuladas, muito pelo contrário, é fundamental que elas estejam articuladas para que se possa oferecer à participação cidadã uma orientação ético-política determinada.

Nesse sentido, a participação como constituinte do mecanismo da função organização da gestão democrática (participação cidadã), deve estar voltada para universalizar e aprofundar direitos, através de mecanismos que garantam a influência das classes subalternas nas deliberações políticas da instituição.

Dessa forma, articula-se o projeto ético-político à participação cidadã, fazendo com que ela se manifeste como uma dimensão da participação política e não como uma participação isolada, particularista e acrítica. Assim, evita-se o deslocamento da participação para uma esfera eminentemente gerencial, constituindo o que Nogueira (2004, p. 142) chama de participação gerencial, ou seja, um "tipo de participação que se orienta por uma ideia de política como 'troca' entre governantes e governados".

A noção de participação cidadã, portanto, nos permite vislumbrar as possibilidades e os limites desse tipo de ação participacionista, evitando a supervalorização desses espaços como espaços de transformação social, assim como possibilitando seu entendimento como articulado à dimensão política.

Dessa forma, a participação aqui evocada refere-se à possibilidade e a capacidade dos indivíduos e organizações da sociedade civil de participar (lutar por determinado projeto social) no processo de planejamento, deliberação, avaliação e monitoramento das ações das instituições públicas ou privadas, na perspectiva democrática. Portanto, não estamos nos referindo à participação no sentido de contribuir "tecnicamente" na elaboração, execução e avaliação de programas e projeto. A participação aqui concebida deve ser vista em última análise como instrumento de luta por um projeto democrático de sociedade.

Sendo assim, essa luta, frente à conjuntura atual adversa, deve se organizar de forma ampla, envolvendo diferentes sujeitos políticos presentes na sociedade civil e no próprio Estado. Essa é a luta que pode produzir um projeto democrático de sociedade que viabilize a construção de políticas sociais universais como responsabilidade do Estado e direito de cidadania, através de mecanismos que provoquem a socialização do poder político.

Nesse sentido, devemos estar sempre alertas seja na formulação, seja na execução de qualquer projeto *participacionista*, dado que coabitam potenciais conservadores e potenciais transformadores nesses projetos. Dependerá da capacidade de luta e do compromisso ético-políticos a possibilidade de introduzir e manter a perspectiva transformadora, sem dúvida necessariamente articulada com a disputa político-ideológica em plano maior.

É com essa advertência/cuidado que devemos abrir esta discussão sobre participação e autogestão.

No trato da democratização do comando e da coordenação, um debate antigo envolve a participação no processo decisório e a autogestão.

A participação consiste na influenciação dos membros da equipe sobre as decisões da organização. No caso da participação, uma interessante categorização é feita por Juan Bordenave, descrevendo os níveis e graus de participação (Bordenave, 1983). Como se pode observar no Quadro a seguir, a participação pode se verificar da Consulta Facultativa, o mais baixo grau, até a Delegação, que consiste da transferência da autoridade do dirigente para os membros da organização.

Na adaptação que fizemos, deixamos de fora a Autogestão, tendo em conta que se trata, não de uma participação no processo decisório, mas da assunção integral do processo decisório pelo coletivo de trabalho. Como dissemos em outro espaço, na autogestão, dirigentes e membros se nivelam no poder de decisão.

Teremos ocasião de tratar especificamente da autogestão, considerando--a em certos termos como a forma e o grau de democracia decisória mais avançada.

Por enquanto, vejamos as formas e graus que Bordenave nos apresenta, conforme o quadro por ele elaborado, com pequena adaptação, exatamente a exclusão da autogestão, pelo motivo exposto.

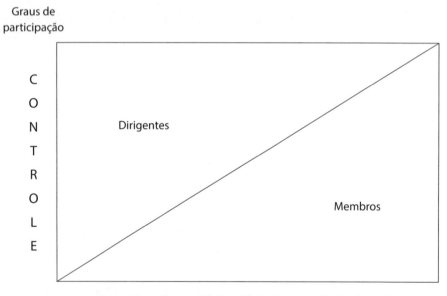

Qualquer dos graus de participação pode ser assumido por uma organização — desde que haja acordo entre as pessoas que a constituem. No caso da *Consulta Facultativa*, dirigentes e membros combinam que eventualmente os dirigentes consultarão os membros da equipe. Isto é facultado aos dirigentes, que decidem quando e como farão a consulta. No caso da *Consulta Obrigatória*, dirigentes e membros combinam previamente que matérias serão objeto de consulta obrigatoriamente. Por exemplo, poderão combinar que em se tratando de política de pessoal, os dirigentes sempre consultarão os trabalhadores. A *Elaboração* consiste de os dirigentes pedirem aos membros da equipe que elaborem uma ou mais alternativas de decisão e indiquem a preferencial todas as vezes que se coloque um processo de decisão. Isso é considerado um grau mais elevado de participação, porque a palavra inicial é dada ao grupo, que propõe algo estudado e elaborado, cabendo entretanto a decisão final aos dirigentes. A *Co-Gestão*, como diz o nome, significa a divisão do poder de decisão entre dirigentes e membros. A Co-Gestão funciona através de conselhos, que são criados para decidir sobre as matérias decisórias da organização: política de pessoal, política tecnológica etc. Frequentemente, as organizações constituem conselhos com pequena maioria da representação dirigente, mas isto pode ser e já deveria ter sido substituído por uma divisão paritária entre representantes de dirigentes e representantes dos trabalhadores. Finalmente, a *Delegação*, quando os dirigentes delegam aos membros da organização o poder de decidir. A Delegação é concedida. Portanto pode ser retirada a qualquer momento, sendo um empoderamento com certa precariedade. Sua avaliação por Bordenave como um grau muito elevado de participação vem do fato de que realmente um processo decisório delegado empresta ao coletivo todo o poder sobre ele — enquanto a delegação estiver em vigor.

É a *Autogestão* o modelo mais avançado de organização decisória. Neste caso, temos os seus membros assumindo o comando e a coordenação integralmente. A propósito disto, vale a pena reproduzir o comentário de Maximiano de que "a tendência à autogestão parece evidenciar que a liderança não é uma variável tão importante ou decisiva como tem sido até agora" (Maximiano, 2000, p. 416).

Evidentemente que Maximiano está se referindo à concepção mitificada de líder e liderança, que entende não ser possível uma organização ou uma equipe funcionar sem ter quem lhe aponte o caminho, ao estilo *condottieri*.

Mas a autogestão não dispensa papéis, inclusive de coordenação. Observa Mihailo Markovic, da Universidade de Belgrado, na antiga Iugoslávia, que a autogestão "dá ênfase à descentralização, à participação direta e à delegação de poderes limitada ao objetivo de estabelecer um mínimo de coordenação necessária" (Markovic, 1988, p. 24).

Vale dizer também que a autogestão será cada vez mais autêntica quanto mais compartilhada for a distribuição dos ganhos do trabalho, de modo que a contradição fundamental do capitalismo seja enfrentada e superada. A produção social seja também socialmente apropriada, ao invés de a produção social ser expropriada pelos que detêm o capital, os meios de produção. Observa Tragtenberg que "o poder político se constitui numa fraude se os trabalhadores não detêm o poder no campo da produção" (Tragtenberg, 2011, p. 247). Ainda que sua observação possa estar minimizando as mediações e o *devir* dos processos de luta política, serve entretanto como localização clara do verdadeiro significado da autogestão.

A direção democrática é efetivamente autogestionária. Nela, o coletivo é determinante, no sentido pleno da palavra. Trata-se de uma direção — comando e coordenação — feita coletivamente. É o ator coletivo o protagonista da gestão democrática. A luta que se trava na sociedade pela democracia não pode ceder espaço ao seu oposto quando se trata de produção de bens e serviços. A democracia se exercita em todos os lugares, no trabalho, na oficina, no escritório, em casa e nas ruas. Na medida em que a base produtiva dá lugar às formas autoritárias ou centralizadas de gestão, mantém e desenvolve na sociedade a tendência para a dominação dos proprietários e o reforço do poder autoritário do capital.

Cabe uma última palavra sobre a gestão participativa. Trata-se do lugar do cliente, do usuário ou beneficiário. As organizações privadas que desejam efetivamente promover o diálogo e a participação em sua gestão devem encontrar formas, em qualquer dos tipos/graus de participação, para integrar o cliente. Ouvi-lo, receber diretamente sua avaliação — assim como os Conselhos de Administração das empresas de capital aberto contam com pequenos acionistas e clientes *(stakeholders)* fazendo a *governança corporativa,* no interesse do capital, deve-se abrir espaço aos setores populares nos espaços participativos.[4]

---

4. *Governança corporativa* é o conjunto de regulamentos e a prática desenvolvida por vários interessados na empresa (de pequenos acionistas a funcionários e clientes), presentes no interior do Conselho de Administração, tendo em vista garantir a transparência e o respeito aos investimentos feitos por terceiros naquele empreendimento. Seu uso e expansão têm relação com os escândalos contábeis-financeiros da Enron Corporation e da Worldcom, nos EUA, em 2001. A Lei Sarbannes-

GESTÃO DEMOCRÁTICA E SERVIÇO SOCIAL

5.2 Implicações no campo do Estado, da empresa privada e das organizações da sociedade civil

5.2.1 Implicações no campo do Estado

No Estado verifica-se elevadíssimo caráter público de todos os bens e recursos financeiros. Nada do que dispõe o Estado, seja qual for o poder, pertence a qualquer dos seus dirigentes. A postulação da gestão democrática é portanto absolutamente pertinente. Não há dúvida de que se é a sociedade que disponibiliza, através dos diferentes tributos e trabalhos, as condições para o funcionamento do Estado, este Estado não pode ser conduzido, dirigido, comandado e coordenado como se pertencesse a alguém ou a algum grupo.

As formas de democracia direta, muitas vezes associadas à democracia grega e à pólis, principalmente, ainda podem ser exercidas no trabalho, em uma organização, até mesmo privada. Veremos isto mais adiante. Mas no plano da relação do Estado com a sociedade, no plano dos grandes números, da chamada sociedade de massa, essas formas tornaram-se pouco viável, moderna e contemporaneamente. As formas de democracia direta foram reduzidas a alguns espaços e até bem pouco se falava da sua existência em cantões suíços como situações residuais, em extinção.[5]

Predominou na sociedade moderna a democracia representativa em que eleitos representam parcelas da sociedade. O sistema representativo vem entretando, desde o seu nascimento, sendo questionado. Rousseau,

---

Oxley, aprovada em 2002, obriga a governança corporativa em todas as empresas de capital aberto nos Estados Unidos e é uma referência mundial para o controle público das finanças empresariais, nos marcos do capital. Mais informações podem ser obtidas no *site* do Instituto Brasileiro de Governança Corporativa, IBGC.

5. O desenvolvimento da telecomunicação traz claras possibilidades de substituição dos espaços físicos pelos espaços virtuais, no sentido de recuperar o potencial da democracia direta. Com alguma criatividade e empenho é possível viabilizar *Ágoras*, as praças onde na Grécia se davam as assembleias democráticas diretas, recorrendo à virtualização. Consultas populares previstas nas Constituições modernas e contemporâneas, plebiscitos e referendos, por exemplo, poderiam ser mais frequentes, com o recurso dos meios de comunicação atuais. A dificuldade de restauração da democracia direta é hoje de fundo político e ideológico; não mais de fundo material e físico, como no passado que criou a democracia representativa aparentemente por falta de instalações que comportassem as grandes massas da sociedade urbanizada.

seguramente não sendo o primeiro a fazer a crítica ao sistema, observava, já em 1762, que

> A soberania não pode ser representada pela mesma razão por que não pode alienar; consiste ela essencialmente na vontade geral, e a vontade não se representa; ou ela é a mesma, ou outra, e nisso não há meio-termo; logo os deputados do povo não são, nem podem ser, representantes seus; são comissários dele, e nada podem concluir decisivamente. É nula, nem é lei, aquela que o povo em peso não ratifica. Julga-se livre o povo inglês, e muito se engana, que o é só durante a eleição dos membros do parlamento, finda a qual, hei-lo na escravidão, hei-lo nada; e vendo como ele emprega os breves momentos de sua liberdade, merece bem que a perca. A ideia dos representantes é moderna e nos vem do governo feudal, desse iníquo e absurdo governo, que degrada a espécie humana e desonra o homem. Nas antigas repúblicas, mesmo em monarquias, nunca o povo teve representantes, e era desconhecida tal expressão. [...] no momento em que um povo elege representantes, cessa de ser livre (Rousseau, 2006, p. 87-89).

No século XIX, além de Marx, em várias passagens de suas obras, em espectro político oposto, também Stuart Mill, em suas *Considerações sobre o governo representativo*, apontava os limites da democracia indireta e defendia a parcipação da sociedade no governo (Mill, 1981). Durante o século XX, desde os primeiros anos, outros críticos do sistema, de matizes ideológicas diferentes, voltaram a se manifestar: de Carl Schimitt, com *A Crise da democracia parlamentar* (1996), a Schumpeter, em *Capitalismo, Socialismo e Democracia* (1961); de Losurdo em *Democracia ou Bonapartismo* (2004) a Ellen Wood, em *Democracia contra capitalismo* (2011).

Essas críticas frequentemente centram-se sobre o descolamento dos representantes eleitos em relação aos seus representados. Após eleitos, o comportamento ético e funcional dos representantes, no executivo e no legislativo, torna-se o oposto do prometido e das aparências. Há evidentemente um aspecto estrutural nesse comportamento. Sejam as representações que se burocratizam, no sentido de se afastarem e se sobreporem acima de seus representados (Michels, s.d.),[6] seja a burocracia funcional, no sentido

---

6. Michels é muito conhecido por sua "lei de ferro da oligarquia dos partidos politicos", que afirma existir uma tendência praticamente inevitável à centralização e à burocratização das organizações partidárias à medida que crescem e se tornam complexas. No particular do sistema represen-

GESTÃO DEMOCRÁTICA E SERVIÇO SOCIAL

weberiano, ambas as formações têm o seu conteúdo definido fora delas, como diz Marx tratando da burocracia do Estado (Marx, 2005). É na sociedade civil que adquirem seu conteúdo. Na sociedade onde não há interesses gerais, mas de classes. Vale ainda dizer: elas adquirem predominantemente o sentido e a ideologia da classe dominante, com as exceções que constituem a minoria. Como explica Souza Filho, "o controle frente à burocracia faz-se necessário, pois não se constituem na sociedade efetivos interesses gerais" (Souza Filho, 2011, p. 72).

Por isso, "a questão que se coloca em relação à administração burocrática é saber como controlá-la para que ela não se aproprie dos meios de administração e produção da sociedade" (Souza Filho, 2011, p. 71). O que se propõe, de um modo geral, para corrigir este fenômeno repetitivo é (a) transparência, com a disponibilização de informações e prestação de contas públicas; (b) participação da sociedade organizada nas decisões relativas às políticas públicas e (c) controle social, entendido como o acompanhamento ativo da execução dessas políticas e dos demais serviços públicos.[7] O desenvolvimento deste debate gerou uma importante corrente da administração pública intitulada *gestão social*. A gestão social postula "um gerenciamento mais participativo, dialógico, no qual o processo decisório é exercido por meio de diferentes sujeitos sociais [...] buscando o entendimento negociado" (Tenório; Saraiva, 2006, p. 128). A gestão pública democrática, nesta concepção, seria portanto aquela que proporcionaria estas condições na relação Sociedade-Estado. A gestão social já foi sinalizada na Introdução, onde pudemos adiantar algumas considerações sobre sua importância e os seus limites.

A Constituição Federal do Brasil, promulgada em 1988, revela esta preocupação com a participação em diversas passagens. Desde os Princípios Fundamentais, onde a *Cidadania* aparece como o segundo princípio, imediatamente seguinte à *Soberania*, fundamento básico de qualquer Estado, até o

---

tativo exercido pelos partidos, escreveu Michels que "uma representação permanente equivalerá sempre a uma hegemonia dos representantes sobre os representados" (Michels [s.d.], p. 20). Entretanto, não se deve tomar esta conjectura de Michels, a despeito dos exemplos próximos, como uma fatalidade social e política.

7. A expressão *controle social* em algumas referências abrange o conceito de transparência e participação. Mas isto não é de uso generalizado, razão porque procuramos destacar os conceitos e seus significados mais específicos.

art. 5º, que dispõe sobre a associação coletiva, a *ação popular*, a anulação de atos lesivos ao patrimônio público. Continua no capítulo IV, onde se encontra o art. 14 da *iniciativa popular* (Brasil, 2004). Pode-se ainda falar de *plebiscito* e *referendo*, duas práticas de participação direta. De modo mais incisivo, referindo-se à gestão do dia-a-dia, é na Constituição de 1988 que se encontra a indicação dos *conselhos gestores de políticas públicas*, mais tarde objeto de leis ordinárias que os organizaram e instituíram em todos os Estados federativos do Brasil e seus municípios.

Saúde, educação, urbanismo, assistência social, meio ambiente são setores públicos que possuem conselhos gestores, com leis próprias que podem ser acessadas na internet com facilidade. Além disso, há conselho da criança e do adolescente, conselho dos direitos da mulher, conselho do idoso, conferência das cidades e outros espaços de ação periódica ou contínua, no Brasil.

Existe portanto uma legislação constitucional e infraconstitucional que incentiva a gestão pública democrática e vários órgãos; em função disso, foram criados e estão funcionando no país — ainda que, como veremos, de modo precário e em certos casos antidemocráticos.

Ademais, há iniciativas como o *Orçamento Participativo*, cujas experiências se transformaram em leis municipais e estaduais em vários lugares.

Esta noção de transparência, participação e controle social se repetiria em outras constituições federais de outros países, principalmente na América Latina. Por isso se fala de um novo constitucionalismo latino-americano, em que pontifica a "revolução cidadã", para usar uma expressão da Constituição do Equador.

Dois problemas se apresentam nesse contexto: um de natureza conceitual e outro de natureza prática. No que tange ao conceito, cabe dizer que ao se falar de cidadania e cidadão, tal qual ao se falar de participação da sociedade ou controle social, estamos de certo modo trabalhando com um conceito universalista, como já vimos. Tanto quanto sabemos que a burocracia não tem sentido e interesse universal, o mesmo podemos dizer de sua fonte, a sociedade ou a *civitas*. Cidadania e cidadão são todas e todos. Mas sabemos que há diferenças profundas entre todas e todos que vivem na *civitas*. Há inclusive duas classes fundamentais, proletários e burgueses, que têm contradições de fundo e antagônicas. Portanto, quando se depositam expectativas no exercício da cidadania, é preciso estar atento para essa realidade da sociedade dividida, da cidadania dividida. O conceito de cidadania dilui este conflito estrutural e para tentar resolver esta questão, alguns se referem à *cidadania popular*, qualificando essa cidadania com um viés proletário. De todo modo, é uma solução nominalista, dado que na realidade concreta ao se chamar a intervenção da cidadania inevitavelmente estamos convivendo com esta falsa universalização.

No plano prático, em grande parte resultado desse impasse de que acabamos de tratar, o rico sistema participativo, *lato sensu*, presente na Constituição e em leis complementares, não tem funcionado satisfatoriamente.

São raras as ações e iniciativas populares realizados; os referendos e plebiscitos menos ainda. Nos últimos 20 anos que nos separam da Constituinte, foram realizados apenas 1 plebiscito, em 1993 (monarquia parlamentar ou República; parlamentarismo ou presidencialismo), e 1 referendo, em 2005 (Estatuto do Desarmamento).

Os Orçamentos-Participativos deixaram de acontecer em muitas cidades que o praticavam e os Conselhos Gestores de Políticas Públicas têm-se revelado com muitos problemas, semelhantes aqueles que se encontram nas formas tradicionais do sistema representativo. Muitos representantes não têm legitimidade, usam sua representação para obter favores pessoais, outros se ausentam e não aparecem nas reuniões, as reuniões são mal divulgadas, quando divulgadas, os secretários dos setores, geralmente presidentes dos Conselhos, exercem o comando e a coordenação de forma autoritária, sem falar de outros problemas maiores e menores que os estudos sobre o assunto têm revelado (Bulla; Leal, 2004, Paula, 2005, Bravo; Correia, 2012, Gurgel; Justen, 2013; Duriguetto e Souza Filho, 2014). Devemos nos lembrar, neste aspecto, que os Conselhos também são formas indiretas de democracia. Estamos, portanto, nos deparando com os mesmos problemas encontrados no sistema maior e geral da democracia representativa. Entretanto, pelo fato dos representantes serem mais acessíveis e sua extração social ser mais popular, tem-se possibilidade de maior controle por parte dos interessados/representados. Mas efetivamente não é isto o que tem acontecido.

No fundo desta problemática está o baixo engajamento dos setores populares da sociedade, os principais, quando não exclusivos, interessados em fazer valer essas promessas de democracia participativa. Os setores dominantes da sociedade têm outras formas de se representar e ver atendidos seus interesses. Eles contam com vários mecanismos que vão dos *lobbies*, dos grupos de pressão e *anéis burocráticos*, até o próprio exercício direto do poder, onde põem seus parentes e amigos leais, seja pela via da eleição ou da nomeação — modo de retribuir o financiamento das campanhas eleitorais — seja pelo critério do mérito. Os filhos da classe dominante, principalmente a elite econômica, estão geralmente mais bem preparados para os concursos e outras formas *meritocráticas* da burocracia.[8]

Mas acima de tudo podemos dizer que assim como estas propostas de exercício da cidadania foram acolhidas na Constituição em ambiente de mobilização social, também seu exercício depende disto. Como observa Paço-Cunha, "a autêntica democratização não tem seu ponto de arranque no próprio complexo político-burocrático" (Paço-Cunha, 2015, p. 16). Nem o arranque, nem o desenvolvimento do projeto democrático se viabiliza autonomamente, nos limites internos do Estado. É preciso "situar a administração pública no interior das contradições reais que cortam a burocracia estatal, demarcando as suas reciprocidades com o complexo econômico". A compreensão disto é absolutamente necessária para igualmente compreender a frustração dos organismos de controle social. A ausência de mobilização das associações representativas da sociedade civil, principalmente as de viés popular, dos sindicatos dos trabalhadores, dos partidos populares, das associações de moradores, enfim, a apatia do denominado *movimento popular* é o grande fator de igual desmobilização para o exercício da participação organizada da sociedade. Mas evidentemente que esse fenômeno não está no plano da vontade dos movimentos, das lideranças e dos populares. Está na essência da sociedade civil, que é a economia política e todo o conjunto de efeitos provocados por ela.

Costa, a propósito, diz que "a prolongada crise econômica e os amargos remédios empregados para superá-la favoreceram o surgimento de um sentimento de insegurança e impotênca com relação ao futuro e o crescimento da descrença nas normas e no poder público como matriz de valores e paradigma de conduta" (Costa, 2010, p. 69). Ele ainda se refere à "erosão da cultura cívica", "do tecido social", apontando para a impunidade, a intensificação do uso da prática do *jeitinho* ou da simples violação da lei".

De todo modo, cabe a quem tem algum papel no âmbito público procurar contribuir para que isso seja superado e esses instrumentos demo-

---

8. Esta questão foi debatida no capítulo 4, a partir da reflexão sobre a composição de classe da burocracia.

cráticos possam funcionar com toda a plenitude. Indagar sobre a existência de algum ordenamento jurídico que institua um espaço de participação popular, contatar organismos da sociedade civil que deveriam se mobilizar, estimulá-los a cumprir o seu papel, incentivar outros interessados associados a se integrarem, são iniciativas possíveis de agentes públicos com o compromisso de fazer acontecer ou ampliar a gestão pública democrática.

Por isso, Nogueira (2004, p. 213) destaca a importância de um chefe ser líder, ou em suas palavras, um "estadista". O gestor, neste sentido, deve agir muito mais como um educador e político, "um intelectual, mais que um especialista, para usar uma famosa conceituação de Antônio Gramsci".[9]

Sua força repousa na liderança, na capacidade de projetar futuros, de dar sentido às coisas, de agregar pessoas e de orientá-las, fazendo com que energias, qualidades e idiossincrasias convirjam para um denominador comum que potencializa as organizações (Nogueira, 2004, p. 214).

É absolutamente certo que com esse envolvimento e mobilização é possível tensionar o ambiente conservador, movê-lo em direção a superar as resistências e obter maior amplitude no exercício dos direitos sociais. Ou, pelo menos, em momento adverso, preservar esses direitos ameaçados.

A gestão pública democrática nos países vizinhos também tem encontrado dificuldades para ser exercitada. Os recentes estudos sobre a experiência venezuelana, onde a Constituição bolivariana é extremamente democrática, em vários sentidos, sobre o Equador e a Bolívia, esta última com grande tradição campensina de participação, todos esses países vivem situações de retrocesso, sob a pressão dos interesses econômicos, que continuam a ser controlados e comandados pelos grupos capitalistas nacionais e internacionais.

A pouca capacidade de mobilização dos movimentos e partidos populares, na conjuntura, não só deixa de impulsionar a democracia, como abre espaço ao avanço das concepções conservadoras e autoritárias. Para isto também tem concorrido a insegurança dos governos progressistas que no continente têm sido tímidos em realizar reformas efetivamente populares e têm cedido ao avanço de ideias e práticas retrógradas.

---

9. Essa reflexão de Nogueira pode ser aproximada, com as necessárias mediações e ponderações (Iamamoto, 1999 e 2007; Netto, 1991), com as produções do Serviço Social que tratam do trabalho sociopedagógico do assistente social, em suas diferentes matizes (Abreu, 2002; Carvalho, 1983; Abramides e Duriguetto, 2014).

De um modo geral, no Brasil, os recentes governos têm incentivado a ideologia do empreendedorismo, por exemplo. O empreendedorismo tem sido um grande difusor de ilusões e promotor do discurso ideológico individualista da pequena burguesia, que sonha em ser patrão de si mesmo. Ao governo tem servido para disfarçar o subemprego e o desemprego, além da omissão em garantir empregos decentes para as populações. No plano da saúde, concedeu-se grande espaço às Organizações Sociais, fórmula que já conhecemos e que se constitui de tipo disssimulado de privatização dos serviços públicos (Bandeira de Mello, 2005), e na educação superior se aprovou, em primeira votação na Câmara Federal, emenda constitucional permitindo a cobrança de mensalidades na pós-graduação *lato sensu*, nos mestrados profissionais e nos projetos de extensão. Outras medidas e leis no campo da previdência, da tecnologia e da pesquisa (inovação), na defesa dos direitos da mulher, promoveram retrocessos, em detrimento dos interesses populares. Tudo isso concorre para enfraquecer o projeto democrático e fortalecer o projeto liberal-conservador em andamento, cujo aprofundamento se dá desde os anos 1990.

Adverte Mészáros que "as pessoas que advogam por uma grande mudança estrutural devem estar conscientes das limitações que terão de enfrentar" (Mészáros, 2003, p. 122). Essa observação é perfeita para os tempos atuais. A relação Estado-Sociedade vive hoje fortes limitações — o que exige, ao invés de apatia, mais empenho.

Se assim ocorre na relação Estado-Sociedade, o que caberia dizer para o âmbito da empresa privada, onde grande parte do trabalho e dos trabalhadores se encontram?

5.2.2 Implicações no campo da empresa

A aspiração de uma direção democrática e participativa nas organizações produtivas de bens e serviços é muito antiga. A experiência de Roberto Owen, com sua fábrica têxtil de New Lanark, na Inglaterra, nos anos 1820, é um exemplo. Assim também suas comunidades de vida e trabalho, New Harmony, que vingaram nos Estados Unidos até os anos 1860. Eram empreendimentos produtivos, onde se combatiam os sofrimentos e as expropriações da empresa capitalista, como depois seriam as cooperativas

GESTÃO DEMOCRÁTICA E SERVIÇO SOCIAL

autênticas e hoje o ideário, semelhante ao socialismo utópico, da *economia solidária* (Singer, 2002).[10]

Nas empresas privadas com o objetivo do lucro também se pretendeu introduzir procedimentos que reduzissem os conflitos e desigualdades no interior das organizações via a democratização das decisões. Daremos agora atenção a essas empresas que são o espaço de trabalho de muitos profissionais.

Seguramente foi Mary Parker Follet, no âmbito da teoria da administração, referida no início deste capítulo, que teve as iniciativas teóricas mais elaboradas neste sentido. Ela acreditava e fazia acreditar que "os problemas, na indústria, têm sido causados mais pela forma como as ordens têm sido dadas, do que por algum outro motivo. No Relatório sobre Greves e Lockouts, uma publicação do governo inglês de alguns anos atrás, a causa de muitas greves é atribuída à 'conduta ilegal e hostil dos supervisores'" (Follet, 1997, p. 131).

Segundo ela, há uma *lei da situação* e cabe estabelecer métodos coletivos de descobrir qual a ordem adequada a uma situação dada. Nas suas palavras

> a solução é exatamente a mesma, tanto para a ordem de caráter específico, quanto para a de caráter geral, ou seja, despersonalizar a questão, reunir os interessados num estudo da situação, ver o que a situação exige, descobrir a lei da situação e obedecê-la. Isto é, não deveria ser o caso de uma pessoa dar ordens a outra. Sempre que é óbvio que a ordem origina-se da situação, a questão de alguém ordenar e alguém obedecer não aparece. Ambos aceitam o que a situação exige. Nosso principal problema então não é como fazer com que as pessoas obedeçam às ordens, mas como criar métodos através dos quais possamos, da melhor maneira, descobrir qual deve ser a ordem. Quando é descoberta, tanto o empregado poderia dar orientações ao patrão, quanto o patrão ao empregado (Follet, 1997, p. 134).

Mais adiante, ela reafirmaria a ideia da ordem coletiva, determinada pela situação, despersonalizada, ao comentar que "este é sempre o nosso problema, saber como, todos juntos, podemos obter o controle de uma situação e não o controle das pessoas" (Follet, 1997, p. 136).

Evidentemente que Follet expressa ao mesmo tempo o desconforto com a ordem autoritária, mas igualmente um tratamento idealista da realidade, construindo um discurso ideológico, mas do que uma proposta factível.

---

10. Para a análise crítica acerca da "Economia Solidária" ver Neves (2013) e Wellen (2012).

Nesse sentido, retornando às diversas formas e graus de participação, oferecidos por Bordenave, cabe buscar aquelas que mais ampliem o papel dos membros da organização nos processos decisórios. Seriam os casos da co-gestão, da delegação e da autogestão. Esta última, para assegurar sua autenticidade, cobraria que também fossem compartilhados os ganhos do trabalho. Nesse caso, pensando em empresa voltada para o lucro, a expropriação da mais-valia por um proprietário ou alguns, restaria a cogestão e a delegação como tipos mais avançados de participação.

Na mesma passagem que citamos de Mészáros, o autor diz que "a razão pela qual devemos nos interessar por um horizonte muito mais amplo que o habitual é para poder conceitualizar de maneira realista uma *transição* para uma ordem social diferente, a partir das determInações do presente" (Mészáros, 2003).

Tratando das empresas privadas, partir das determinações presentes força reconhecer as grandes limitações colocadas e as poucas alternativas existentes.

No interior das empresas privadas, a organização de *coletivos de traballho*, um tanto — ainda que não exclusivamente — na acepção do que propõe a *psicodinâmica do trabalho*, é um caminho para enfrentar as adversidades impostas por uma noção de direção extremamente subordinada ao pensamento taylorista, continuadamente muito presente.

A proposta da psicodinâmica do trabalho é a constituição de coletivos de trabalhadores em que se realizam e praticam acordos normativos técnicos e éticos. São os próprios trabalhadores que definem estes acordos, em iniciativa relativamente autônoma. Explicando o movimento, diz Cruz Lima que

> esta dinâmica é constituída, por um lado, pela coordenação (prescrita) que é exercida pela chefia e, por outro, pela cooperação (efetiva) construída pelos pares — de extrema importância e que, muitas vezes, diverge da coordenação. A soma destes acordos e normas bem-sucedidas entre os membros do coletivo sobre as formas de trabalhar, através da coordenação e da cooperação, constitui o que denominamos de *regras de trabalho* ou *de ofício*" (Cruz Lima, 2013, p. 94).

Trata-se, portanto, de um "processo de construção de acordos normativos, técnicos e éticos entre os trabalhadores" com a chefia (Cruz Lima, 2013, p. 97). A autora explica que a falta de acordos e regras de trabalho conduz ao individualismo [...] as relações de dominação se sustentam por esta lógica do individualismo [...] no negativo do individualismo e das relações de competitividade, reside a luta pela construção de relações cooperativas e solidárias, sempre num processo precário e contraditório em si mesmo.

Sua observação final quanto à precariedade e a contraditoriedade do processo é uma consideração de enorme importância, tanto para que se perceba a dificuldade, quanto para que se atente para a postura de empenho e determinação necessária.

Um destaque fizemos ao apresentar os coletivos de trabalho "um tanto — ainda que não exclusivamente — na acepção do que propõe a psicodinâmica do trabalho". Esse aposto tem relação com dois aspectos: o primeiro diz respeito ao fato de que as regras de trabalho são construídas, como vimos, com a combinação da coordenação e da cooperação, entendida a coordenação como a chefia prescrita, formal, portanto, e a cooperação compreendida como os pares, os trabalhadores. Ora, isso pode não encontrar acolhida na empresa e, ainda que a chefia se disponha a participar, não evoluirá. Resta ainda a hipótese de que a própria chefia não aceite e seja ela um dos problemas de individualismo a enfrentar.

Nesse caso, a fórmula da psicodinâmica do trabalho não é capaz de resolver a necessidade de democratização da direção. Para os trabalhadores porém continuam os motivos para construírem seu coletivo de trabalho. Trata-se aí, o coletivo de trabalho, de um recurso de *resistência cooperativa* — conceito contraditório, mas não estranho a um modo de produção, o capitalismo, acostumado às e envolto em contradições.

O coletivo de trabalho será a forma dos trabalhadores produzirem ideias e regras de sobrevivência em ambiente adverso, procurando cooptar a chefia para uma postura cada vez menos opositora e mais receptiva. Se isso não encontrar amparo, o coletivo de trabalho será ainda necessário como recurso de resistência e sobrevivência em ambiente adverso em todos os sentidos.

Um segundo aspecto é que a psicodinâmica do trabalho parece fazer abstração da contradição fundamental do sistema capitalista, qual seja a produção social apropriada privadamente, razão dos outros problemas de relações de trabalho no capitalismo. Há uma insistente posição dos seus autores fundamentais (Dejours, 2011 e Gaulejac, 2007) de ignorar o capitalismo, centrando suas críticas sobre o *gerencialismo*, como se as contradições por eles apontadas fossem das novas formas de organização neoliberais do trabalho e não do próprio modo de produção capitalista. Veja-se, como exemplo, a passagem que segue, de Dejours:

> No contexto do trabalho atual, no qual a confiança, o convívio e a solidarieda-de foram desestruturados pelas novas formas de organização do trabalho, gestão e administração, as condições de julgamento e de reconhecimento en-contram-se fortemente comprometidas (Dejours, 2008, p. 86).

Dejours supõe que "a confiança, o convívio e a solidariedade foram desestruturados pelas novas formas de organização" e não pelo próprio modo de produção capitalista e o modelo de sociabilidade que cria.

Isso leva a que na abordagem sobre os coletivos de trabalho deixem a impressão de que naquela fórmula (coordenação + cooperação) se encerra o esforço, se verifica o limite da ação coletiva. Entretanto, a situação do traba-lhador não se configura nesse limite. Não se resolverá com os coletivos de trabalho que, em espírito de colaboração, tentam combinar o interesse da empresa e dos trabalhadores e se encerram neste plano. Em nossa proposta, a ideia dos coletivos de trabalho deve incluir uma perspectiva de transfor-mação, seja na ação do coletivo, seja na sua evolução. O coletivo precisa transformar e se transformar, tendo um olhar para a dimensão política da vida no trabalho e na sociedade. Sem isso, a perspectiva colocada não é de transformação, mas de conformação e conformismo.

Independentemente da psicodinâmica do trabalho, sobra uma terceira dificuldade no debate sobre as possibilidades da gestão democrática no ambiente da empresa privada.

Nas determinações do presente, encontramos uma variedade grande de organizações empresariais — desde aquelas mais mecânicas até aquelas mais orgânicas. As empresas orgânicas, na linguagem da teoria dos sistemas, são aquelas que tem entre os seus trabalhadores um movimento muito cir-cular, com baixa hierarquia, elevada qualificação dos seus membros, distân-cias técnicas e sociais pequenas entre os trabalhadores, relações muito ho-rizontais. Nessas empresas, tais como os centros de pesquisa, as agências de publicidade, as unidades de ensino, há muitas possibilidades — depen-dentes de outros fatores — de exercício democrático da gestão. Mas há também, e muito, empresas que têm natureza de tarefa diferente. São empresas privadas extremamente mecânicas, com diferenças profundas entre os seus componentes, seja no plano da escolaridade, seja no plano da renda. Muitas empresas com trabalhadores vivendo em situação de extrema penúria, com salários baixos e condições de trabalho sub-humanas. Não parece possível que neste estágio se possa pensar em métodos que organizem um coletivo de trabalho ou algo parecido e que se possam reivindicar decisões igualmente coletivas.

Entretanto, isto deve ser tentado, com determinação. Como diz o mesmo Mészáros, em sua feliz passagem,

> embora ninguém deva encorajar uma ação irresponsavelmente precipitada e prematura, não se pode excluir o risco de que seja prematura quando se empreende uma grande mudança estrutural mesmo que os indivíduos atuem de maneira responsável. A verdade é que não se poderá conseguir nada se ficarmos esperando as condições favoráveis e o momento adequado (Mészáros, 2003).

Não se deve levar a adversidade a consequências mais adversas ainda. Não tentar formas coletivas de convivência entre trabalhadores dessas empresas, seria fazer isso. Seria renunciar a oferecer a possibilidade de uma identidade coletiva a trabalhadores submetidos e esmagados em sua própria identidade individual. Sob variadas motivações, que vão dos temas do trabalho a temas de lazer e esporte, é possível construir espaço de reflexões e projeções.

5.2.3 Implicações nas organizações da sociedade civil

Cabem agora algumas considerações em relação às organizações da sociedade civil, entendidas como os sindicatos, as associações de categoria, as associações de bairros, as entidades e grupos representativos de minorias e maiorias organizadas. Além desses, os grupos políticos independentes e os próprios partidos.

Ao se pensar a democratização da gestão tendo em vista a ampliação de direitos e exercício da liberdade e da dignidade dos trabalhadores, necessariamente tem-se que considerar o papel desses agentes sociais e políticos.

Evidentemente que seria ocioso dizer que a gestão democrática, como objetivo de luta, deve ser contemplada a partir da própria gestão dessas organizações da sociedade civil. Supor que essas organizações continuem a praticar formas centralizadoras e autoritárias de direção, é ter que começar de um patamar baixíssimo de transformação.

Partimos, portanto, da ideia de que essas organizações já superaram suas limitações nas suas próprias direções. Elas teriam neste caso de se empenhar na efetivação da gestão democrática nas organizações públicas e privadas.

Os sindicatos, por exemplo, têm um papel importante na defesa da gestão democrática, na formação de coletivos de trabalho, no ambiente das empresas privadas. Isso é algo que se dispensaria de ser lembrado. Como narra Follet, em 1933, "os sindicatos dos metalúrgicos e carpinteiros de uma fábrica de aviões inglesa declararam que qualquer tratamento desrespeitoso para com os operários será respondido com uma paralisação" (Follet, 1997, p. 132). Estamos lembrando a postura sindical de quase cem anos atrás. Não seria demais pedi-la para os anos presentes, apesar de todo o neoliberalismo nos impondo retrocessos politicos, econômicos e ideológicos — talvez estes últimos principalmente.

As associações de categoria poderiam ter uma ação mais incisiva em relação ao funcionamento dos Conselhos Gestores. Caberia a elas realizar pressões sistemáticas no sentido de que esses Conselhos funcionem em padrões de legitimidade e democracia compatíveis. Visitá-los, fiscalizá-los e pressioná-los para o cumprimento de suas obrigações, no sentido de melhorar a sua organização, a transparência, o funcionamento, a regularidade e a legitimidade dos seus membros e decisões é um papel esperado dessas organizações. Além disto, poderiam preparar técnica e politicamente as representações populares nessas instâncias.

As políticas sociais de que tratam os Conselhos Gestores precisam ser ampliadas em seu alcance e profundidade — mas isso dependerá da ação presente, capacitada e atuante das representações populares, que por seu turno não poderão fazer isto sem o apoio das organizações da sociedade civil.

Sugestões bibliográficas

Para uma melhor aproximação com a atividade gerencial e a função de direção, encontram-se todos os fundamentos na leitura de Henri Fayol, *Administração industrial e geral* (São Paulo: Atlas, 1990), onde o autor discorre sobre as funções da administração. Sobre o mesmo assunto, mas em especial sobre as possibilidades de gestão minimamente democrática, nas organizações privadas, vale a pena ver os textos de Mary Parker Follet, em *Profeta do gerenciamento*, livro organizado por Pauline Graham (Rio de Janeiro: Qualitymark, 1997). Essas leituras devem levar em conta que o universo desses autores são as organizações privadas no marco do capitalismo. A crítica do liberalismo e da democracia liberal e representativa pode ser aprofundada com a leitura de Domênico Losurdo, *Democracia ou Bonapartismo* (São Paulo: UNESP, 2004) e Ellen Wood, *Democracia contra capitalismo* — a renovação do materialismo histórico (São Paulo: Boitempo, 2011). Para uma visão mais profunda sobre os limites da democracia liberal e as perspectivas da democratização radical e abertura do Estado à participação popular, a melhor recomendação é Karl Marx, *Crítica da filosofia do direito de Hegel* (São Paulo: Editora Boitempo, 2005). A produção bibliográfica brasileira, no debate sobre a democratização da burocracia do Estado, traz os trabalhos de Frederico Lustosa da Costa, *Reforma do Estado e contexto brasileiro* (Rio de Janeiro: FGV, 2010), Ana Paula Paes e Paula, *Administração pública brasileira entre o gerencialismo e a gestão social* (Belo Horizonte: CEPEAD-UFMG, 2004), Fernando G. Tenório, *Gestão social*: metodologias e casos (Rio de Janeiro: Editora FGV, 2007) e Rodrigo de Souza Filho, *Gestão pública e democracia* (Rio de Janeiro: Lumen Juris, 2013). Ainda sobre as potencialidades da relação Estado-Sociedade, cabe a leitura de Nicos Poulantzas, *O Estado, o poder, o socialismo* (Rio de Janeiro: Edições Graal, 1980), quando o autor grego reabre a discussão sobre o conceito marxista de Estado como ditadura de classe.

Filmografia

Flaskô, a Fábrica

Brasil. Direção: Emiliano Goyeneche. Duração: 15 min.

Documentário que narra a ocupação e a gestão de uma fábrica pelos trabalhadores, no Brasil, expondo as concepções que emergem, as dificuldades, os acertos e principalmente a possibilidade da direção democrática da produção.

O sonho de Rose. Rio de Janeiro, 2001. Direção: Tetê Moraes. Duração: 92 min.

Documentário que apresenta a experiência de assentamento rural no Brasil, onde se procura desenvolver o trabalho e a vida social em coletivo em meio a contradições e adversidades.

Terra e Liberdade. Inglaterra, 1995. Diretor: Ken Loach. Duração: 109 min.

Filme ambientado na guerra civil espanhola e que põe em discussão os valores da liberdade e da igualdade em meio a demandas e contradições de direção e liderança.

Proposta de exercício

1 — O debate sobre democratização da gestão necessariamente deve distinguir o processo nas organizações privadas dos processos nas organizações públicas e organizações da sociedade civil. Exponham o que vocês julgam possível como formulação de ideias para a função direção, na perspectiva da Gestão Democrática, nas três esferas de gestão referidas. Procurem indicar proposições que possam ser factíveis de implementação imediata, mas que permitam fortalecer processos de transformação das condições de vida das classes subalternas.

2 — Tendo em vista a questão anterior, explicitem a relação entre a ação imediata proposta, para as três esferas de gestão, e sua possível consequência nos processos voltados para a dinâmica da transformação das condições de vida das classes subalternas.

CAPÍTULO 6

A função organização na gestão de políticas, programas e projetos

A *função organização* estrutura a dinâmica de funcionamento da instituição,[1] órgão, programa, projeto e/ou serviço. Isto se dá tanto em relação à *divisão de trabalho* existente — envolvendo (a) estrutura hierárquica, (b) distribuição de poder, (c) relações entre as instâncias/órgãos/departamentos e (d) alocação de homens e recursos físicos/materiais/financeiros para o funcionamento de suas atividades — quanto em relação à própria *atividade* em si — (e) detalhamento dos serviços que são prestados, as regras de acesso, critérios de elegibilidade, cobertura, padrões de qualidade, entre outros. Por isso, de modo simplificado Maximiano dirá que "organizar é o processo de dispor qualquer coleção de recursos em uma estrutura que facilite a realização de objetivos" (Maximiano, 2000, p. 265).

---

1. Devemos atentar para a diferença entre organização enquanto uma das funções gerenciais, temática deste capítulo, e organização enquanto unidade, instituição ou entidade social "que faz com que seja possível aos integrantes de um grupo ou equipe trabalharem juntos, em busca de objetivos" (Montana; Charnov, 1998, p.152). Para evitar confusões, em certas formulações iremos denominar a "organização", enquanto entidade social, como "instituição". Vale advertir que estaremos usando a palavra instituição nessa acepção ampla, não naquela usada em análise institucional, que distingue as instituições das organizações em geral, especialmente pelo valor social das instituições e seu poder coercitivo ou ideológico, portanto poder de Estado (Lapassade, 1989).

A organização da dinâmica de funcionamento da instituição, através da estruturação e normatização da divisão do trabalho e das atividades realizadas, deve perseguir a finalidade precípua estabelecida pela perspectiva da gestão adotada. Em outras palavras, a função organização deve estar subordinada à orientação indicada pela gestão democrática de contribuir com o processo de democratização e, dessa forma, a partir da colaboração para a radicalização da emancipação política, contribuir com o processo de construção da emancipação humana, impactando o tempo de trabalho necessário (trabalho pago) e o excedente (trabalho não pago).

Nesse sentido, a *função organização* estaria contribuindo para *ampliar e universalizar as condições de vida nas esferas civil, política e social das classes subalternas, visando contribuir com a superação da ordem do capital.*

Vejamos, então, algumas indicações teórico-práticas para viabilizar a função organização no rumo da democratização.

6.1 Indicações para o exercício da função organização

Vimos, particularmente no primeiro capítulo, que a sociedade capitalista possui como finalidade a apropriação privada das riquezas produzidas, a partir da produção e apropriação privada da mais-valia, fundadas na exploração da força de trabalho. Para a efetivação dessa finalidade, estrutura-se uma divisão essencial na sociedade entre a classe detentora dos meios de produção e a classe que possui apenas sua força de trabalho para colocá-la à venda e sobreviver. Esta dinâmica na sociedade é permeada por contradições tanto no campo da produção quanto no da reprodução social.

Ou seja, o processo de exploração, via produção e apropriação da mais valia, exige uma estrutura de produção eficiente — do ponto de vista do capital —, voltada para a potencialização da extração e apropriação privada da mais-valia, e uma dinâmica de reprodução da dominação de classe, que se realize através de certa legitimidade, implicando para isto no atendimento de alguns interesses das classes dominadas. Do ponto de vista mais geral da sociedade, o Estado cumpre a função de realizar a reprodução social da exploração, revestido de legitimação. Entretanto, na própria esfera da produção da mais-valia são necessários, também, mecanismos que busquem certo consenso em torno da dinâmica produtiva.

A estrutura administrativa que atende a esses requisitos, tanto para a esfera da produção quanto para a da reprodução social, como sinalizamos, é a burocracia com seus procedimentos fundados numa racionalidade instrumental a serviço da ordem do capital, que busca ocultar sua finalidade precípua (viabilizar a dominação de classe para realizar a exploração), apresentando uma suposta racionalidade geral e abstrata a serviço de supostos interesses universais.

Esta *contradição* entre uma *finalidade voltada para um determinado interesse de classe* (realizar a dominação de classe para efetivar a produção e apropriação privada da mais-valia, via exploração da força de trabalho) e uma *estrutura que busca ocultá-la,* através de mecanismos que reivindicam especialidade e racionalidade formal e abstrata, fundados num suposto interesse universal, é o cerne da problemática da burocracia.

A burocracia, portanto, expressa essa contradição, pois é constituída dela. Entendamos bem: a contradição é constitutiva da burocracia, mas sua finalidade é a dominação necessária para a exploração, via produção e apropriação da mais-valia. Ou seja, a contradição da burocracia não anula sua finalidade, ela é a forma de expressão e realização da finalidade.

Dessa forma, potencializar a contradição da burocracia pode contribuir com ações destinadas à legitimação, o que implica atender determinados interesses das classes dominadas.

Cabe destacar que esta contradição da burocracia, apesar de também existir na esfera da produção, é mais presente no campo da reprodução social, mas esta questão será tratada mais adiante.

Ao longo do Capítulo 1, então, indicamos que, do ponto de vista mais geral, a burocracia, enquanto ordem administrativa própria do capitalismo, expressa a contradição da ordem social burguesa. Vimos, ao longo dos capítulos 2 e 3, que o quadro atual do capitalismo contemporâneo impacta negativamente elementos da estrutura burocrática que poderiam potencializar sua contradição, ampliando o atendimento de interesses das classes subalternas. No campo da produção temos ações destinadas à flexibilização do trabalho, terceirização e intensificação do trabalho, por exemplo, que fragilizam as normas e regras que garantiam certa proteção aos trabalhadores. Ou seja, reduz-se o escopo burocrático explicitamente protetor do trabalho, adotando-se regras mínimas e normas frágeis, que acabam restringindo direitos dos trabalhadores e, assim, potencializando a exploração da força de trabalho.

No campo da reprodução social, esse mesmo procedimento de redução do escopo burocrático que impacta negativamente os direitos das classes subalternas são verificados através das mudanças que atingem a previdência social, a estrutura para prestação de serviços sociais baseados em parcerias com organizações sociais (OS) ou organizações da sociedade civil de interesse público (OSCIP), flexibilização das contratações, incremento do voluntariado.

Em outras palavras, o que detectamos em termos de estrutura organizativa, tanto para o campo da produção quanto para o da reprodução social, são propostas que se orientam para redução do escopo burocrático que permite a possibilidade de atender determinados interesses das classes subalternas e, assim, caminham no sentido da intensificação da exploração (ampliação do tempo de trabalho excedente).

Nesse contexto, torna-se premente implementar ações que restituam o escopo burocrático perdido, tanto no campo da produção quanto no da reprodução social, que possam contribuir com a transformação das condições imediatas de vida das classes subalternas. A formalização das relações de trabalho, no campo da produção social, e a estruturação das ações políticas e sociais voltadas para os interesses das classes subalternas, no campo da reprodução social, podem contribuir com a retração da exploração. Por isso, indicamos, no Capítulo 4, a necessidade de avançar na constituição de uma espinha dorsal burocrática como recurso fundamental para uma gestão democrática.

Contudo, mesmo se tratando de uma estruturação burocrática orientada pelas perspectivas assinaladas acima, este processo tem de ser acompanhado pela implementação de mecanismos, cada vez mais intensos, de democratização, através da participação dos trabalhadores da organização e dos usuários e da população em geral nas diferentes instâncias de poder, na medida em que — e esta questão não pode sair do foco — não podemos perder de vista que a função precípua da burocracia é a dominação de classe voltada para a exploração da força de trabalho.

Portanto, a questão indicada no Capítulo 4 de que no quadro do capitalismo, em geral, e, principalmente no cenário atual, a *gestão democrática* deve ter como norte para a suas *intervenções técnico-operativas* o *fortalecimento da espinha dorsal burocrática das organizações* que possibilite a expansão e garantia de direitos, *combinada com a expansão da participação das classes subalternas* nos diferentes níveis de decisão e controle das organizações, impacta diretamente na função organização.

A forma de estruturar a instituição, através da espinha dorsal burocrática e de mecanismos de participação democrática, diz respeito diretamente à particularidade da função gerencial organização.

Vejamos algumas sugestões concretas, do ponto de vista da função organização, para fortalecer essa estruturação sugerida.

Espinha dorsal burocrática

O primeiro aspecto a destacar em relação ao fortalecimento da *espinha dorsal burocrática*, como estratégia para a função organização, refere-se à necessidade de *estruturação e normatização* tanto destinada ao funcionamento *(1) da divisão do trabalho* quanto ao funcionamento *(2) das atividades fins.*

1 — Estruturação e normatização burocrática na esfera da divisão do trabalho e de seu funcionamento

A estruturação e normatização burocrática na esfera da divisão do trabalho e de seu funcionamento implicam aspectos relacionados à: a) alocação de recursos para o funcionamento das atividades; b) hierarquia da instituição, distribuição de poder e relações entre as instâncias; c) organização do quadro de pessoal; d) formalização das regras e normas de funcionamento da organização.

a) Alocação adequada de recursos para o funcionamento das atividades

A alocação adequada de recursos para o funcionamento das atividades se refere aos recursos destinados ao funcionamento institucional para que a finalidade da organização seja atingida com qualidade. Esses recursos dizem respeito especialmente às *condições de trabalho existentes na organização.*

Portanto, a luta para garantir condições de trabalho adequadas é uma luta que tem como perspectiva imediata o fortalecimento da espinha dorsal burocrática da organização. O gestor democrático deve possuir como uma das pautas de sua unidade de gerência a luta por condições de trabalho adequadas para sua equipe.

As condições de trabalho envolvem tanto aspectos materiais (salários, horário de trabalho, recursos disponíveis e adequados para a realização das atividades) quanto subjetivos (metas condizentes com a dinâmica de trabalho e clima organizacional colaborativo e solidário) e é um componente fundamental da estrutura burocrática de uma organização.

Esses elementos parecem simples, mas são fundamentais para o avanço da democratização. Por exemplo, uma organização que desconsidera os direitos trabalhistas e a segurança no trabalho aumenta a exploração da força de trabalho (ausência de direitos e de segurança). A classe trabalhadora, assim, vê reduzido seu salário direto e, desta forma, cresce a produção e apropriação privada da mais-valia por parte do capitalista.

b) Estruturação da hierarquia, distribuição de poder e relação entre as instâncias

A estruturação da hierarquia, distribuição de poder e relação entre as instâncias na instituição indica o nível de concentração de poder presente na organização e a relação existente entre os diferentes órgãos. Estes elementos podem ser visualizados através do organograma da instituição. Como observa Gurgel (2014, p. 82),

> o organograma permite ver a distribuição das atividades, a definição das autoridades e responsabilidades, as relações de mando e subordinação e o macrofluxo por onde seguem as ordens (com o provimento de recursos) e retornam os resultados, na movimentação vertical, de cima para baixo e de baixo para cima, respectivamente.

Quanto mais níveis hierárquicos tiver uma organização e quanto menos pessoas tiverem o poder de decisão sobre as atividades realizadas, seus objetivos, metas e padrão de qualidade dos serviços e/ou produtos ofertados, menos permeável à democratização será a organização.

Atentar para o modelo organizacional da instituição para contribuir com processo de redução de níveis hierárquicos de poder e com a ampliação da participação nas diferentes instâncias de decisão é extremamente necessário para avançar na perspectiva da gestão democrática.

Kliksberg (1997), baseado em pesquisa realizada pela *London School of Business*, descreve quatro modelos principais de organização: *Zeus, Apolo, Dionísio e Atenas.*

> O tipo Zeus é uma estrutura que opera com um líder rodeado por grupos satélites. Tudo passa por Zeus. [...] O tipo Apolo traça carreiras gerenciais, enfatiza

a competitividade; o poder é medido pelos recursos controlados. O tipo Dionísio destaca mais as pessoas que a organização; exalta o personalismo. O tipo Atenas apresenta pessoas que se reúnem em grupos liderados por diferentes chefes para resolver problemas relevantes (Kliksberg, 1997, p. 111-112).

A pesquisa critica a centralização do modelo Zeus, a competitividade e ausência de cooperação dos modelos Apolo e Dionísio e o estado primário das decisões coletivas existentes no modelo Atenas. A indicação feita pela pesquisa e endossada por Kliksberg (1997) seria uma organização que combinasse participação, hierarquia flexíveis, cooperação e rodízio de funcionários pelas diferentes instâncias da organização. Em outras palavras, o autor propõe a substituição dos modelos piramidais de organização para a estrutura de "redes de unidades intervinculadas que se reestruturam segundo as necessidades e que possibilitam ampliar a flexibilidade" (Kliksberg, 1997, p. 112).

Do ponto de vista da gestão democrática, duas questões da proposição acima merecem ser problematizadas. A primeira refere-se à orientação destinada à redução dos níveis hierárquicos da organização, dando ênfase às dinâmicas de cooperação e participação nas diversas instâncias. Esses elementos apontados (redução dos níveis hierárquicos, cooperação e participação) podem potencializar o processo democrático no interior da organização e, por isso devem ser valorizados e indicados como orientação para a gestão democrática. No entanto, para que efetivamente esta estratégia venha a potencializar a gestão democrática é necessário que a cooperação e participação estejam presentes em todos os níveis da organização. A redução dos níveis hierárquicos por si só não significa possibilidade de democratização, pois a organização pode funcionar com apenas dois níveis e ser altamente concentradora de poder. O nível estratégico comandado por poucos indivíduos com poder para deliberar "o que fazer", "como fazer", "para que fazer", e o nível operacional para executar, de forma participativa e colaborativa, as atividades deliberadas pelo comando estratégico. Temos dois níveis hierárquicos onde ocorre concentração de poder no nível estratégico e liberdade de atuação para o nível operacional executar o deliberado. Nesta hipótese é flagrante, também, a cisão entre "quem pensa" e "quem faz".

O segundo elemento que devemos destacar diz respeito à questão da flexibilização da hierarquia. O autor aponta as redes intervinculadas que se adaptariam frente às necessidades, como a alternativa à estrutura hierárquica rígida. Esta proposição merece, também, muita atenção. As redes são alternativas que podem reforçar a capacidade de responder as demandas e necessidades que chegam às organizações, na medida em que oferece maior agilidade para detectar as demandas e apresentar as respostas, pois há interação de unidades, instâncias e divisões que propicia otimizar e utilizar as diferentes capacidades, conhecimentos e habilidades da organização.

Entretanto, por outro lado, a excessiva flexibilização ou uma flexibilização destinada à redução de custos da organização pode também afetar a capacidade de comando e coordenação da instituição e/ou fragilizar as relações de trabalho, abrindo espaço para a deterioração dos serviços oferecidos e das condições de trabalho dos funcionários. Neste sentido, a flexibilização passa a ser um instrumento potente para as concepções neoliberais de gestão, seja para a esfera da produção social (vide Capítulo 2) ou para o campo da reprodução social (vide Capítulo 3).

Para analisar de forma consistente a estruturação da hierarquia, a distribuição de poder e as relações entre os órgãos na organização é fundamental realizar o estudo do organograma da instituição, bem como das legislações, normas, estatutos e/ou regimentos que explicitam as finalidades, a distribuição de poder, a relação entre as instâncias, a composição de cada órgão no interior da instituição.

O organograma nos permite identificar a distribuição de poder e as relações entre os órgãos que constituem a organização. Esses órgãos podem ser de *linha* ou de *staff*. Os organismos de *staff* cumprem a tarefa de assessoramento e apoio e os de *linha* são órgãos que possuem autoridade e poder sobre determinados assuntos e sobre outros órgãos (Gurgel, 2014).

No desenho gráfico do organograma, conforme esclarece Gurgel (2014, p. 83):

> Os órgãos de linha se posicionam na ordenação vertical, com subordinação, e se ligam por linhas cheias (|). Ou na horizontal, entre si, sem subordinação (——). Os órgãos de *staff* se posicionam ao lado de um órgão de linha e mantêm ligação apenas na horizontal, através de linhas pontilhadas (------), preferencialmente.

Vejamos um exemplo de uma hipotética Secretaria de Assistência Social:

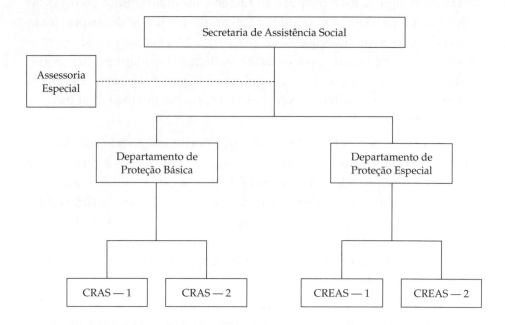

A preocupação com a aparência de forte hierarquização dos organogramas piramidais inspirou o surgimento de representações gráficas em círculo. São os organogramas circulares. Abaixo uma ilustração, tomando os mesmos órgãos da suposta Secretaria.

Fonte: elaboração própria.

Ainda que sobreviva a ideia de centralidade na autoridade máxima, os organogramas circulares indicam a preocupação com a hierarquia, o que pode significar a inclinação pela gestão compartilhada, coletiva, efetivamente circular.

Os organogramas acima explicitam que o órgão hierárquico máximo é a Secretaria, que possui um *staff* (assessoria especial). A secretaria possui autoridade e poder direto sobre dois departamentos (Departamento de Proteção Social Básica e Departamento de Proteção Social Especial) que estão no mesmo nível hierárquico. Cada departamento possui dois órgãos sob seu comando direto. O Departamento de Proteção Social Básica tem dois CRAS (Centro de Referência de Assistência Social) sob sua subordinação direta. O Departamento de Proteção Social Especial tem dois CREAS (Centro de Referência Especializado de Assistência Social) sob sua subordinação direta.

A hierarquia, as linhas de comandos e assessorias ficam nítidas no primeiro organograma. No segundo organograma, essas relações hierárquicas se encontram discretas, não explicitadas visualmente. No entanto, para completar a análise seria necessário verificar a composição, atribuições e deveres de cada órgão. Para realizar esta análise é necessário pesquisar as leis, normas, estatutos e/ou regimentos da hipotética secretaria. Concluída esta pesquisa será possível analisar, também, a relação existente entre as diferentes instâncias ou órgãos da instituição, identificando o nível de interação existente entre elas. Dessa forma, é possível caracterizar o modelo organizacional existente com mais consistência e precisão.

c) Organização do quadro de pessoal

Em relação à questão da *organização do quadro de pessoal* da instituição, três aspectos se apresentam como centrais: c.1) o processo de recrutamento e seleção, c.2) a forma de contratação e c.3) a estruturação de plano de carreira, cargo e salário da organização.

c.1) processo de recrutamento e seleção

O processo de recrutamento e seleção voltado para o fortalecimento da gestão democrática deve ser conduzido da forma mais ampla e transparente e com os requisitos técnicos bem estabelecidos para que se consiga selecionar os melhores quadros para a organização.

O recrutamento amplo, o mais público possível, reduz a possibilidade de criação de nichos personalistas na organização, típicos das relações tradicionais patrimonialistas, e cria uma dinâmica universalista para a ocupação da vaga em aberto, democratizando o processo na organização.

Por outro lado, a seleção baseada em critérios técnicos definidos de forma articulada à finalidade institucional permite que a escolha do contratado seja adequada às necessidades políticas e técnicas da organização. Neste quesito encontramos uma questão essencial a ser esclarecida. Não existe dimensão técnica que não esteja vinculada a determinada perspectiva política. Mesmo havendo uma autonomia relativa entre técnica e política, estas dimensões encontram-se articuladas. Por exemplo, uma instituição financeira ao selecionar um quadro técnico certamente buscará um especialista com boa formação em economia neoclássica, análise fundamentalista e estudos econométricos e não um economista com sólida formação na crítica da economia política vinculada à tradição marxista. Dessa forma, as questões de uma provável prova de seleção serão marcadas pela escolha teórica e política da instituição. A probabilidade de um quadro de sólida formação marxista passar nesta seleção, apesar de não ser nula, é bem reduzida.

A mesma situação pode ser encontrada numa seleção para gestor público. Se a concepção política hegemônica orientadora da seleção for a concepção de um Estado mínimo, não garantidor de direitos universais e gratuitos, as questões técnicas estarão vinculadas à teoria da escolha pública e a concepção política neoliberal, pois a perspectiva é a contratação de gestores gerencialistas (vide Capítulo 3).

Neste sentido, é importante entender que ocorrem disputas teóricas e políticas nos diferentes momentos das definições relativas aos procedimentos e às orientações que conduzirão os processos de recrutamento e seleção de pessoal, tanto na esfera privada quanto na esfera pública.

c.2) contratação do pessoal

A forma de contratação do pessoal é a outra dimensão que merece um breve registro. Quanto mais formal a contratação, mais garantia de direitos o trabalhador possuirá. As contratações não institucionalizadas e flexibilizadas, em termos de jornadas, salário, proteção do trabalhador, favorecem a intensificação da exploração da força de trabalho. O nível operacional, indubitavelmente, é aquele que mais sofre com esquemas de contratação de baixa formalidade (contratação de tempo parcial, período determinado ou

GESTÃO DEMOCRÁTICA E SERVIÇO SOCIAL

por projeto, por exemplo). A baixa formalidade das contratações de alto escalão, geralmente, é compensada por altos salários, prêmios, bônus e/ou benefícios recebidos pelos funcionários. Esta compensação, entretanto, não elimina a condição de fragilidade da contratação estabelecida. Este quadro se complexifica com a adoção das terceirizações tanto na esfera estatal como nas empresas privadas, conforme visto nos Capítulos 2 e 3.

c.3) plano de carreira, cargo e salário (PCCS)

A existência do plano de carreira, cargo e salário (PCCS) da organização possibilita o fortalecimento da inserção do funcionário na instituição, ao apresentar certo horizonte de perspectiva para o trabalhador. Além disso, o PCCS pode, também, promover certa previsibilidade de permanência do trabalhador na instituição, na medida em que ele parametriza as condições de promoção e remuneração na estrutura da organização. A formalização das relações de trabalho tende a estruturar de forma mais sólida as condições de trabalho na organização e, assim, permitir lutas em torno de melhores posições na estrutura formal das carreiras, cargos e remunerações oferecidas pela organização, abrindo mais um espaço de luta significativo para os trabalhadores.

c.4) formalização das regras e normas de funcionamento da organização

A formalização das regras e normas de funcionamento da organização é o último item a tratarmos no que se refere à estruturação e normatização burocrática na esfera da divisão do trabalho e de seu funcionamento.

O PCCS é um dos aspectos da formalização das regras de funcionamento da organização que nos parece fundamental. Como já foi abordada no quesito anterior, não é necessário retornarmos ao tema.

Do ponto de vista mais amplo de uma organização, a formalização de sua estrutura e de sua dinâmica de funcionamento amplia as possibilidades de manutenção de determinado processo organizacional.

A implementação de uma gestão democrática para se firmar e ampliar as possibilidades de manutenção requer também que os procedimentos democráticos adotados sejam referendados por leis, regras, normas, estatutos e/ou regimentos, conforme for o caso.

O que estamos dizendo é que não basta existir formalização, o essencial encontra-se em seu conteúdo. Entretanto, um conteúdo democrático que não se expressa nas normas e regras da organização fica mais vulnerável a movimentos de reorientação ético-política regressivo, no contexto de uma sociedade de classes. Atenção: não estamos dizendo que a formalização impede os movimentos regressivos, mas sim que ela cria mais um obstáculo para tal.

O caráter racional de especialização e conhecimento, além de, principalmente, o fato de o servidor estar amparado por legislações e regras trabalhistas bem estabelecidas e protetoras do trabalhador, apresentam possibilidades para que a administração burocrática, na conjuntura atual, contribua para o fortalecimento de projetos de sociedade contrários à lógica da financeirização e acumulação flexível do capitalismo contemporâneo, através da possibilidade maior para a efetivação da luta por uma gestão voltada para o aprofundamento e ampliação de direitos.

Dessa forma, como também exposto no Capítulo 4, a estruturação de uma burocracia que potencializa aspectos de sua racionalidade constituem a base sobre a qual pode se estruturar uma ordem administrativa que organiza um corpo burocrático com certa autonomia (relativa) e, nesse sentido, abre as possibilidades para a luta política por uma gestão democrática no interior da organização.

Passemos agora para a outra dimensão que mencionamos acerca da estruturação e normatização burocrática da organização. Trabalharemos, agora, com a *esfera das atividades fins da organização*.

2 — Estruturação e normatização burocrática das atividades fins da organização

A estruturação e normatização burocrática das atividades fins da organização estão relacionadas, principalmente, aos *a) recursos disponibilizados para a efetivação das atividades fins* e aos *b) elementos formais e legais que regulamentam o serviço, política, programa e/ou projeto desenvolvido.*

a) Recursos disponibilizados para a efetivação das atividades fins

Os recursos disponibilizados para a efetivação das atividades fins se referem àqueles recursos que chegam diretamente ao beneficiário, usuário ou cliente da organização.

Portanto, a luta para garantir serviços de qualidade é também uma luta que tem como perspectiva imediata o fortalecimento da espinha dorsal burocrática da organização.

O gestor democrático deve possuir como uma das pautas de sua unidade de gerência a luta pela qualidade dos serviços ou produtos destinados à população alvo da organização.

Este elemento é fundamental para a perspectiva democrática. Pois, se um serviço ou produto possui qualidade e atende a interesses das classes subalternas pode possibilitar a retração da exploração da força de trabalho, via expansão do salário direto ou indireto. Por exemplo, se se amplia a produção de bens salariais, através do aumento da produtividade, e os salários são mantidos, ocorre uma elevação real do salário direto, pois, se a produtividade aumenta, o valor dos bens salariais caem. Por outro lado, se ocorrem melhoria de qualidade e expansão de serviços e/ou programas sociais, a partir do mesmo patamar de tributação que incidia sobre as classes subalternas, por consequência, amplia-se o salário indireto dessas classes.

Se relacionarmos a questão relativa aos recursos destinados à atividade fim da organização com os apontamentos levantados anteriormente acerca da organização do quadro de pessoal, teremos condições de perceber o impacto destes elementos nas condições das classes subalternas.

As questões tratadas no âmbito da alocação de recursos e a organização do quadro de pessoal são fundamentais para o avanço da democratização. Por exemplo, um programa de construção de moradia popular pode ser realizado por uma empresa que desconsidera os direitos trabalhistas e a segurança no trabalho e realiza as unidades habitacionais com produtos de baixa qualidade. Nesse caso, por um lado, aumenta-se a exploração do trabalho (ausência de direitos e de segurança) e, por outro, reduz-se o valor destinado ao salário indireto (moradia construída de baixa qualidade). A classe trabalhadora, nesse exemplo perde dos dois lados (salário direto e salário indireto) aumentando, desta forma, a produção e apropriação privada da mais-valia por parte do capitalista. Se o movimento for o oposto, empresa que considera os direitos dos trabalhadores e desenvolve os serviços com boa qualidade, a classe trabalhadora tende a se beneficiar tanto no lado do salário direto quanto do lado do salário indireto.

b) Estruturação e normatização burocrática das atividades fins

Em relação às atividades desenvolvidas (serviços, políticas, programas e projetos) pela instituição, a estruturação e normatização burocrática referem-se aos parâmetros de racionalidade formal-legal que organizam estas atividades na perspectiva da expansão e garantia de direitos.

Do ponto de vista da sociedade em geral, esta foi a luta, por exemplo, que ocorreu no final dos anos de 1980 e na década de 1990, por ocasião da Constituição Federal e das respectivas leis orgânicas destinadas às políticas sociais. A proposta de democratização relacionada aos direitos sociais tinha que ser regulamentada e formalizada na Constituição e nas legislações ordinárias. Esse processo estruturou burocraticamente as vitórias políticas conquistadas no âmbito dos direitos sociais. No final dos anos 1990 e ao longo dos quinze anos inicias do século XXI, vimos o movimento de contrarreforma buscando revisar a lógica formal-legal constitucional, visando restringir os direitos conquistados.

Essa luta ocorre também no âmbito das organizações quando se definem as políticas, programas, projetos serviços e/ou produtos que serão ofertados.

Os pontos centrais que parametrizam as atividades fins estão relacionados às condições de acesso, a cobertura e abrangência, aos critérios de elegibilidade, à qualidade do serviço/programa. Cada parâmetro deste pode ser definido restringindo os serviços/programas ou ampliando-os, assim como podem estabelecer um padrão de qualidade elevado ou, extremamente precário.

A luta por uma parametrização abrangente e de qualidade alta dos serviços/programas realizados pela organização é fundamental para fortalecer o atendimento das demandas e necessidades das classes subalternas, obviamente, sendo estas o foco das atividades.

Esses elementos apresentados — com as respectivas propostas de referência para os diferentes desdobramentos que expusemos —, que constituem o que estamos considerando como *estruturação da espinha dorsal burocrática* da organização, tanto *na esfera da divisão do trabalho e de seu funcionamento* quanto *no campo das atividades fins* realizadas, são fundamentais para a efetivação de uma gestão democrática.

No entanto, essa estruturação da espinha dorsal burocrática não pode se transformar em burocratização, no "conceito negativo", a que se refere Guerreiro Ramos: excesso de regras e normas que engessam a dinâmica organizacional, enfatizam a reiteração e inibem a criatividade e a possibilidade de atender a interesses das classes subalternas (Ramos, 1983, p. 186). Além disto, deve ter como parâmetro a expansão de direitos.

GESTÃO DEMOCRÁTICA E SERVIÇO SOCIAL

Como pode ser observado ao longo da discussão registrada e dos critérios apresentados, não estamos nos referindo a qualquer tipo de estruturação burocrática. A espinha dorsal burocrática que contribui para a gestão democrática é aquela que deve ter como conteúdo, para cada elemento constitutivo da organização, as referências que trabalhamos, pois são elas, que no campo organizacional, permitem o avanço da democratização no quadro da sociedade burguesa.

Todavia, como já sinalizado e reiterado, a estrutura burocrática, mesmo cumprindo as condições parametrizadas como adequadas à gestão democrática, não é uma alternativa efetivamente democrática para a gestão. A burocracia — nesta altura do desenvolvimento de nossa concepção não resta mais dúvidas — tem como finalidade precípua a dominação, a qual é materializada através de um movimento contraditório, pois é exigida, na dinâmica da sociedade capitalista, a legitimação dos dominados.

Quando defendemos a importância da burocracia, não é porque ela é "universal" no sentido hegeliano, nem por ser "racional" sem referência a valores, no sentido weberiano, mas por ela apresentar elementos (conhecimento especializado, seleção pública, proteção de carreira e condições de trabalho — carreira, salário e meios de administração) que podem reforçar uma possível intervenção da organização voltada para os interesses das classes dominadas e exploradas.

Por isso, desde o início de nossa formulação sobre os elementos centrais da função organização indicamos a *estruturação da instituição* como devendo basear-se na *espinha dorsal burocrática combinada com mecanismos de participação*. Veremos, então, a partir de agora, esta outra grande dimensão constitutiva das indicações para a função organização de uma gestão democrática.

Mecanismos de participação democrática

Como temos afirmado, elaborar uma perspectiva de gestão democrática requer superar o padrão burocrático de administração. No entanto, para essa superação, entendemos que a ação imediata a ser realizada no campo da função gerencial organização é a inserção de mecanismos democratizadores na espinha dorsal constituída.

Consideramos, nesse sentido, que a proposta de gestão democrática pode ser concebida e conduzida numa orientação de superação do paradigma burocrático, ou seja, um processo de negação com conservação. Negação de seus aspectos antidemocráticos: burocratizador, reiterativo e ideológico e conservação da sua dimensão racional-legal, no movimento de superação desses aspectos para construção de uma sociedade fundada num patamar mais elevado de sociabilidade, ancorado na perspectiva de emancipação humana.

Nesse sentido, a estruturação de elementos democratizadores para permear a ordem administrativa burocrática requer compreender que se propõe incluir uma dimensão contraditória à própria lógica burocrática, visando a um processo de superação de seus fundamentos. Ou seja, a proposta se organiza na tensão entre burocracia e democracia, gerando um espaço de conflitos no cerne da ordem administrativa. Nesse sentido, os conflitos administrativos devem ser vistos como essenciais para a superação da rigidez e da resistência burocrática a um modelo mais adequado de gestão voltada para a universalização e o aprofundamento de direitos.

Por isso, é fundamental propor o aprofundamento de mecanismos de democratização da burocracia para viabilizar maior controle social e público, como forma de propiciar transparência e possibilitar maior participação das classes subalternas na definição e acompanhamento das ações da organização.

A participação defendida na perspectiva da gestão democrática, como já sinalizada nos capítulos 1, 4 e 5, remete à *participação dos membros da própria organização* e dos *usuários/beneficiários da organização* — principalmente aqueles que têm origem nas classes subalternas e/ou estão comprometidos com elas — como *eixo fundante.*

No entanto, a mera participação não garante que a orientação final da gestão definida pelo processo democrático vá ao encontro dos interesses, necessidades e demandas das classes dominadas. Por isso, o papel de direção (comando e coordenação) do gestor democrático, conforme discutido no Capítulo 5, é central, pois exige dele a capacidade e habilidade para realizar um trabalho de formação política crítica ao longo da efetivação dos procedimentos democráticos utilizados na gestão.

Aqui cabe resgatar o *valor instrumental estratégico* da democracia (Netto, 1990) para eliminar possíveis dúvidas acerca de nossa concepção. *A participação das classes subalternas é um recurso estratégico organizacional da gestão democrática ineliminável.* Porém este recurso não garante que as decisões tomadas democraticamente sejam as mais adequadas na perspectiva do atendimento dos interesses, necessidades e demandas das camadas populares. No entanto, esta limitação da participação não a invalida como recurso estratégico organizacional da gestão democrática.

Neste processo identificamos a relação intrínseca entre a função direção e a função organização. À função organização cabe criar os espaços organizacionais para a participação e à função direção a responsabilidade de condução político-pedagógica para que as decisões sejam tomadas de forma crítica e coerente com os interesses das classes subalternas. Como a questão político-pedagógica da função direção foi trabalhada no Capítulo 5, registraremos neste capítulo apenas as possiblidades de organização democrática que uma instituição possa vir a adotar.

Impregnar a organização de *espaços de participação para deliberar e acompanhar a dinâmica de funcionamento da instituição*, tanto no que se refere à divisão de trabalho quanto às atividades fins, deve ser a tarefa central do gestor democrático frente à função organização. A participação nos processos de decisão é a essência desta proposição (Paro, 2000).

Criar dinâmicas para realizar a participação nas funções gerenciais planejamento, direção e controle, integra, sobremaneira, a função organização às demais funções, constituindo um todo orgânico para o processo de gestão efetivado, promovendo desta forma a participação nas decisões em todos os níveis da instituição (estratégico, tático e operacional).

Cabe destacar, também, que ao criar os espaços de participação na estrutura organizacional da instituição, ficam estabelecidos canais diretos entre a instituição e a sociedade. Ao privilegiar a participação das classes subalternas na perspectiva da democratização, esta relação com a sociedade adquire uma qualidade diferenciada seja devido aos sujeitos políticos partícipes do processo, seja por conta, e principalmente, do projeto ético-político que norteia a proposição da gestão democrática.

A estrutura da organização que deve implicar a participação em todos os níveis da instituição (estratégico, tático e operacional) e nas diferentes ações realizadas (funcionamento da divisão de trabalho e das atividades fins), requer uma atitude ativa frente a esses mecanismos e os sujeitos envolvidos.

Kliksberg (1997) — em sua reflexão sobre a gestão pública, mas que podemos extrapolar para a gestão em geral — adverte sobre as resistências à incorporação da participação nas organizações e à falta de esforços sistemáticos para viabilizar efetivamente a participação no cotidiano da instituição.

Neste sentido, o autor sugere uma reforma nas organizações que incentive e potencialize a participação.

Esta proposição é fundamental para que se assuma uma atitude pró--ativa frente à questão da participação e se criem mecanismos concretos de viabilização da dinâmica participacionista no interior da organização.

A instituição que pretende propiciar a participação efetiva da comunidade em sua estrutura deve também participar efetivamente da comunidade (Paro, 2000). Essa ação da instituição fortalece o projeto de participação que se pretende incorporar na organização e pode desencadear processo políticos favoráveis à perspectiva de democratização.

Para finalizar nossas reflexões, consideramos pertinente elencar, conforme destaca Paro (2000), alguns traços de nossa tradição autoritária que contribuem para dificultar o desenvolvimento de processos participativos voltados para a democratização.

De acordo com o educador, os *múltiplos interesses dos grupos,* bem como os *condicionantes materiais, institucionais e ideológicos* conformam os determinantes imediatos do autoritarismo presentes nas escolas. Podemos indicar os elementos apontados por Paro (2000, p. 20-26) em relação às escolas a toda e qualquer instituição de nossa sociedade, sem preocupação em incorrer em equívocos.

A primeira questão tratada pelo educador refere-se aos *múltiplos interesses dos grupos* que participam da instituição. Três aspectos são centrais em relação a este tema: *visão ingênua sobre a instituição; as contradições existentes entre os diferentes interesses;* e a *necessidade de superação das perspectivas particularistas.*

A visão ingênua sobre a instituição, principalmente naquelas que atuam na área social, concebe a instituição como uma grande família, onde todos partilham dos mesmos interesses e, por isso, devem conviver em harmonia.

Os trabalhadores do campo das políticas sociais tendem a não reconhecer o processo de luta por poder existente na área social. O fato de a tradição histórica colocar a ação social no campo da benemerência, da caridade e da filantropia fez com que um grande número de profissionais da área social a considere como uma arena constituída de sujeitos sem divergência de projetos políticos, visto que todos estão envolvidos com a causa social a partir do seu "compromisso com o pobre", "com a ajuda". No máximo, criticam-se os aproveitadores, os políticos etc. Essa visão ingênua da arena política da política social dificulta a construção de projetos sólidos e consistentes para a área.

Nesse sentido, e aí entramos no segundo aspecto, os trabalhadores, ao não compreenderem a existência de diferentes interesses existentes e os conflitos e disputas presentes na instituição, analisam a situação como falta de compartilhamento dos objetivos fins da organização. Essa questão deve ser tratada compreendendo que toda a instituição é composta de diferentes interesses imediatos, mas também, de diferentes (e até mesmo antagônicos) projetos de sociedade.

Os interesses particulares imediatos, terceiro aspecto abordado pelo autor, devem ser tratados de forma clara e transparente no sentido de sua superação, para viabilizar a construção e o fortalecimento do objetivo mais amplo da instituição que, na perspectiva adotada, significa um projeto de democratização da instituição e da sociedade. Portanto, considerar a luta pelo poder, mostra-se como fundamental para a construção de um projeto político pautado na democratização.

Os *condicionantes materiais* do autoritarismo referem-se às condições precarizadas de trabalho. Esta situação produz dificuldades para o estabelecimento de relações dialógicas no interior da instituição e dificulta, também, a própria ação pró-ativa e a disponibilidade que os membros da instituição deveriam ter para participar das instâncias na instituição e, principalmente, promover, efetivamente, a participação da comunidade nas dinâmicas organizacionais.

A dimensão *institucional* dos condicionantes do autoritarismo está presente na própria instituição. Uma sociedade que não está baseada em relações democráticas não pode produzir instituições democráticas. A tendência predominante na configuração das instituições é serem constituídas de dinâmicas formalistas, burocratizantes, no sentido da exponenciação da estrutura de dominação, e centralizadoras.

Os condicionamentos *ideológicos* estão relacionados, "em última análise, a todas as concepções e crenças, sedimentadas historicamente na personalidade de cada indivíduo, que movem práticas e comportamentos violadores da autonomia do outro" (Paro, 2000, p. 25). Obviamente, como o próprio autor sinaliza, "essas concepções e crenças derivam de determinantes econômicos, sociais, políticos e culturais mais amplos, sobre os quais é preciso refletir para termos mais clareza das atitudes que tomamos cotidianamente".

Superar esses obstáculos para viabilizar a participação na organização na perspectiva da democratização é o desafio para todos que defendem e pretendem efetivar uma gestão democrática.

Enfim, consideramos que esses elementos apresentados e discutidos acerca do eixo central da função organização na perspectiva da gestão democrática, ou seja, a necessidade de se estruturar uma espinha dorsal burocrática articulada a mecanismos de participação democrática, possibilitaram ressaltar um conjunto de determinações que, certamente, apesar de não esgotar o tema, possibilitará indicar caminhos concretos para a operacionalização da função organização.

Dessa forma, para concluir o capítulo, trabalharemos brevemente as implicações dessas orientações relativas à função gerencial organização nas empresas e nas organizações da sociedade civil e utilizaremos um pouco mais de tinta nos comentários acerca das implicações na esfera estatal.

6.2 Implicações no campo do Estado, da empresa privada e das organizações da sociedade civil

Como anteriormente afirmado (ver Capítulo 1), as condições para implementar uma gestão democrática numa dada organização ou em políticas, programas, projetos ou serviços, também dependerão do campo de inserção (produção ou reprodução social), do tipo de organização (empresa, Estado ou organização da sociedade civil) e do projeto político orientador da organização (manutenção da ordem ou transformação). Em determinados contextos organizacionais será mais difícil trabalhar na perspectiva da gestão democrática que em outros.

Longe de querermos esgotar essas questões, este item pretende apenas tecer algumas considerações acerca das implicações da abordagem desenvolvida sobre a função organização no capo do Estado, da empresa privada e das organizações da sociedade civil.

6.2.1 Implicações no campo do Estado

O Estado e a gestão pública democrática

O primeiro aspecto que temos que destacar refere-se ao fato de que não podemos prescindir de Estado forte na área social e de burocracia estruturada, principalmente na dimensão de sua racionalidade, para conduzir a

GESTÃO DEMOCRÁTICA E SERVIÇO SOCIAL

universalização e aprofundamento de direitos numa sociedade de classes. Apesar de não serem suficientes, são estas as condições necessárias.

No entanto, a estruturação de um Estado com fim voltado para a universalização de direitos e, em consequência, uma ordem administrativa burocrática que efetive essa finalidade, depende da existência na sociedade de uma hegemonia nessa direção.

Neste sentido, é imprescindível existir sintonia de orientação entre a política econômica e a política social de um governo. Ou seja, uma gestão pública democrática necessita do suporte de uma política econômica que privilegie as demandas pela universalização e aprofundamento de direitos — só assim uma política social poderá obter êxitos nesse campo.

Portanto, a questão essencial para a efetivação de uma administração pública democrática é eminentemente política (Diniz, 2000). Ou seja, depende da capacidade de as forças democráticas conquistarem hegemonia em torno de uma finalidade ético-política voltada para a universalização e para o aprofundamento de direitos, que venha a ser conduzida pelo Estado.

Por isso, conforme destaca Kliksberg (1997, p. 126-127), deve haver uma articulação orgânica entre os setores econômicos e sociais do governo, desenvolvendo uma "participação ativa e permanente do setor social na concepção de políticas econômico-sociais integradas".

Na atual conjuntura brasileira, hegemonizada por um projeto de transnacionalização radical da economia brasileira, conduzido por um pacto de dominação conservador, não há como operar uma proposta de reforma administrativa de cunho democrático. Os limites são estreitos para mudanças nesse sentido. A alteração da ordem administrativa passa pelas mudanças de projeto e de pacto de dominação.

As propostas de administração democrática, no quadro atual, devem buscar fortalecer os movimentos de mudança de projeto e de pacto de dominação. Essa deve ser a direção das propostas a serem implementadas no contexto atual, uma vez que, imprimir traços e práticas democráticos ao Estado e à burocracia contribui, no plano imediato, para melhorar a gestão e implementação de ações voltadas para o atendimento das necessidades das camadas populares, e, no mediato, reforça um movimento contra-hegemônico para reversão do projeto e do pacto vigentes.

Evidentemente que um Estado forte em mãos dos grupos econômicos transnacionais não levará ao atendimento das necessidades dos que vivem do próprio trabalho, mas ao contrário. Apenas sob a gestão pública democratizada e sensível à ação organizada dos setores populares podemos pensar em progresso no sentido universal do termo.

Nesse contexto, o que estamos defendendo é uma estratégia de resgate da função "universalizadora" do Estado e da burocracia como determinação fundamental para a construção de uma administração pública democrática. Esta, entretanto, não é uma tarefa da própria burocracia, mas da ação política transformadora, da práxis dos movimentos sociais e das entidades políticas dos trabalhadores. Tudo isso tendo clareza de que o Estado e a burocracia, ainda assim, não têm condições de realizar efetivamente a universalidade, enquanto liberdade e emancipação humana. Contudo, num mundo sob a égide do capital, o Estado e a burocracia podem ser contribuições importantes para contrabalançar as dimensões anárquicas e desiguais produzidas pelo mercado, em contexto de pressão popular radicalizante das contradições.

Portanto, estamos falando em propostas factíveis de serem implementadas de forma imediata, que se limitam a contribuir com o avanço democrático/acúmulo de forças para reverter a hegemonia neoliberal, apesar de possuir como finalidade ético-política a superação da ordem do capital.

Articulação interinstitucional: o trabalho em redes

Em primeiro lugar é importante situar que esta questão está diretamente relacionada ao que Holloway (1982) chama de unidade ou fragmentação do Estado, a qual, por sua vez, refere-se ao trato da "questão social" realizada pela ordem burguesa.

Netto (1992, p. 28) esclarece que a forma de o Estado intervir sobre a "questão social", na medida em que ela se constitui — como vimos no Capítulo 1 — a partir da *Lei Geral da Acumulação*, é *"fragmentando-a e parcializando-a"*. De outro modo, remetendo-a a sua totalidade processual específica, o Estado teria que enfrentar "concretamente a relação capital/trabalho — o que significa, liminarmente, colocar em xeque a ordem burguesa". Esta impossibilidade estrutural para a intervenção estatal na ordem burguesa faz com que a política social se constitua em *"políticas sociais*: as sequelas da 'questão social' são recortadas como problemáticas *particulares* (*o* desempre-

GESTÃO DEMOCRÁTICA E SERVIÇO SOCIAL

go, *a* fome, *a* carência habitacional, *o* acidente de trabalho, *a* falta de escolas, *a* incapacidade física etc.) e assim enfrentadas" (Netto, 1992).

A burocracia pública, nessas condições e para garantir que a "questão social" não seja enfrentada em sua raiz, deve se organizar de forma compartimentalizada e fragmentada.

A forma de fragmentar e compartimentalizar concretamente a estrutura burocrática do Estado está relacionada às lutas de classes que ocorrem na sociedade. Dependendo das forças em luta, das demandas direcionadas ao Estado a estrutura vai se constituindo. A fragmentação, portanto, é uma condição de manutenção da unidade da intervenção do Estado no sentido da garantia da ordem burguesa (Holloway, 1982).

A importância da formação de redes interinstitucionais, do ponto de vista da organização da gestão pública democrática, se encontra no fato de elas poderem articular os nexos entre as diversas sequelas da questão social, tensionando a dinâmica fragmentária e parcial de seu enfrentamento pelo Estado e, dessa forma, podem potencializar o atendimento às necessidades das classes subalternas, para muito além de um mero formalismo gerencial.

Os esforços para criação de redes devem ser conduzidos com essa perspectiva sinalizada, evitando qualquer desvirtuamento que sirva a flexibilização da intervenção estatal no campo social, seja restringindo o aparato burocrático seja responsabilizando organismos da sociedade civil para a execução de políticas públicas.

Autonomia relativa e autonomia inserida da gestão pública democrática

As contradições de classes constitutivas do Estado (ver Capítulo 1) se refletem no seio do pessoal do Estado, ou seja, no interior do quadro burocrático estatal e "se manifestam como fissuras, rupturas e divisões no seio do pessoal e aparelhos de Estado" (Poulantzas, 1985, p. 178). Essa dinâmica possibilita a configuração de autonomia relativa da burocracia pública. No entanto, convém ressaltar mais uma vez, a autonomia relativa não elimina o caráter de dominação da burocracia e do Estado.

A "autonomia relativa" permite que o Estado atue, junto à sociedade com "autonomia inserida". Conforme ressalta Evans (1993), a "autonomia inserida" articula isolamento burocrático e inserção na estrutura social circundante. O "isolamento" se viabiliza pelos elementos de racionalidade que constituem os traços típicos da burocracia. A "inserção" se apresenta como complemento do isolamento e possibilita o aumento de capacidade burocrática para a intervenção na sociedade. Nas palavras do autor:

> A inserção é necessária porque as políticas devem responder aos problemas detectados nos atores privados e dependem no final destes atores para a sua implementação. Uma rede concreta de laços externos permite ao Estado avaliar, monitorar e modelar respostas privadas a iniciativas políticas, de modo prospectivo e após o fato. Ela amplia a inteligência do Estado e aumenta a expectativa de que as políticas serão implementadas. Admitir a importância da inserção coloca de pernas para o ar os argumentos em favor da insulação. As conexões com a sociedade civil se tornam parte da solução em vez de parte do problema (Evans, 1993, p. 153).

Conforme detalha documento do Centro Latinoamericano de Administración para el Desarrollo — CLAD, no caso da América Latina o desafio para a construção de uma nova gestão pública deve contemplar a tarefa do modelo weberiano de fortalecer um núcleo estratégico ocupado por uma burocracia profissional (CLAD, 1998). Ou seja, a dimensão burocrática do Estado deve ser consolidada como pressuposto para viabilização da democratização da administração, uma vez que só dessa forma se pode almejar a combinação de inserção e autonomia do Estado, elemento necessário para a garantia de uma intervenção democrática.

Burocracia pública x burocracia empresarial

Efetivar uma perspectiva de gestão democrática para a administração pública estatal requer superar o padrão burocrático de administração, em termos de projeto finalístico. No entanto, do ponto de vista imediato, requer romper radicalmente com a perspectiva da identidade entre a administração empresarial e a administração pública.

A identificação entre administração empresarial e administração pública é a base ideológica de sustentação da concepção política neoliberal e da orientação teórica da teoria da escolha pública que fundamentam o *gerencialismo* como alternativa para a gestão pública (Kliksberg, 1997; Grau, 1998; Paula, 2005; Nogueira, 1998 e 2004; e Abrúcio, 1997).

Por isso, desmistificar a identidade entre burocracia da empresa privada e a burocracia estatal é fundamental.

Burocracia pública da área social

Segundo Kliksberg, o setor social na América Latina é um setor fraco, com pouca influência sobre as grandes decisões relativas à política pública, tendo que atuar sobre os dados e as decisões já tomadas em outros níveis da administração pública. Outro aspecto que o autor destaca é a estrutura organizacional atrasada da área social em termos de estabilidade, remunerações adequadas e utilização de tecnologias avançadas, realidade completamente diferente das estruturas modernas existentes em outros setores das políticas públicas. A terceira característica que convém destacar diz respeito ao fato de a política social ser um campo de intensa luta por poder, suscetível a pressões econômicas e ao clientelismo. O quarto ponto refere-se ao perfil centralizador, piramidal e formalista das organizações responsáveis pela área social, o que inviabiliza processos mais intensos de descentralização e participação. Por último é importante sublinhar que, em que pesem os esforços realizados, a avaliação das ações sociais ainda são pouco ou mal realizadas, o que dificulta a aferição dos acertos e desvios da política social (Kliksberg, 1997, p. 122-123).

Binômio descentralização-centralização na ordem estatal

A descentralização não é um valor em si; ela somente se traduz de forma democrática se expressar um processo de participação e viabilização do controle das ações públicas e se for operacionalizada pelo governo central, garantindo aos níveis subnacionais recursos financeiros, apoio técnico e diretrizes gerais. Só dessa forma se constrói a possibilidade do desenvolvimento efetivo de políticas públicas descentralizadas e democráticas, com articulação e organicidade nacional, que venham a garantir um processo de universalização de direitos.

Portanto, a descentralização não se traduz diretamente em democratização, nem tampouco em liberalização. A orientação política e as condições institucionais mediarão a efetivação de um processo de descentralização, ponderando suas possibilidades para fortalecer ou não o processo democrático.

6.2.2 Implicações no campo da Empresa privada

Retração da exploração

Não podemos ser ingênuos e considerar que na esfera da empresa privada, no atual contexto do capitalismo monopólico, hegemonizado pelas finanças, seja possível um "gestor democrático", de alguma área e/ou nível, conseguir fazer com que ocorra uma retração da exploração (redução do trabalho excedente e ampliação do trabalho necessário).

Entretanto, consideramos serem possíveis ações que venham a tensionar a contradição capital/trabalho e, assim, contribuir com processos, inclusive extra empresa, que dificultem e criem resistências à expansão da exploração.

Estrutura burocrática e direito do trabalhador

A redução dos níveis hierárquicos e o processo de horizontalização nas empresas, apesar de serem adornados por discursos voltados para a democratização, apenas concentram poder nas mãos de um pequeno e seleto grupo que tomam as decisões estratégicas sobre "o que" e "o quanto" produzir, enquanto aos trabalhadores cabe participar da definição de "como fazer". Ou seja, a "autonomia, a iniciativa para agir e a criatividade continuam subordinadas à hierarquia e ao tradicional sistema de poder" (Cesar, 1998, p. 122).

Por outro lado, esses processos de redução de hierarquias e horizontalização são as dinâmicas correspondentes, do ponto de vista interno, às terceirizações implementadas através da reorganização empresarial. Em outros termos, é possível reduzir níveis hierárquicos porque parte do processo de produção não é mais realizado pela empresa matriz e a horizontalização potencializa, também, a dinâmica do trabalhador polivalente, intensificando o dispêndio da força de trabalho.

Essas estratégias, em última instância, diminui o escopo burocrático da empresa e amplia sua capacidade de exploração, seja através da intensificação do trabalho, seja precarizando, via terceirizações, o trabalho realizado em determinadas fases do processo de produção.

Outros aspectos que podemos sublinhar que acompanham o movimento de redução de escopo burocrático, prejudicando os trabalhadores, estão relacionados aos benefícios com vinculação à produtividade e à defesa da flexibilização das leis trabalhistas (Cesar, 1998).

Do ponto de vista da função organização, numa perspectiva democrática, a luta deve ser, por um lado, pela incorporação dos benefícios ao salário ou como item do contrato de trabalho desvinculado de produtividade e, por outro lado, a defesa e ampliação dos direitos trabalhistas como proteção ao trabalhador. Esta luta reforça o escopo burocrático da empresa na perspectiva do fortalecimento dos interesses dos trabalhadores.

A participação dos trabalhadores na empresa

A questão da participação dos trabalhadores no campo das empresas privadas é a questão central que deve ser observada e trabalhada no que se refere à função organização.

Devemos ter claro que todas as iniciativas organizacionais indicadas pelas empresas possuem como finalidade precípua viabilizar o aumento de produtividade para expandir a produção e apropriação privada da mais-valia. Os mecanismos de participação nas empresas privadas não fogem a essa determinação básica.

A gestão democrática não pode ocultar essa determinação e deve tensioná-la no sentido do atendimento dos interesses do trabalhador. Esta contradição deve ser explicitada, o gestor democrático não pode encobri-la e não pode se limitar a encaminhar suas ações "nos limites objetivos da empresa, excluindo a possibilidade de tais manifestações serem expressão da negação do trabalhador [ao sistema de exploração/dominação do capital]" (Mota, 2008, p. 103).

O quadro atual é, sem dúvida alguma, extremamente adverso para a gestão democrática, principalmente no campo empresarial. Pois, além das questões mais gerais e estruturais (vide Capítulo 2), o requisito da participação, exigido pelas empresas, está restrito ao campo da produção, tem como perspectiva buscar o consentimento dos trabalhadores à sua subordinação ao capital (Mota e Amaral, 1998; Cesar, 1998) e se configura como estratégia central para desenvolver "um 'moral de envolvimento' para a geração de um novo comportamento produtivo adequado aos novos métodos de produção" (Amaral e Cesar, 2008, p. 162).

A "participação gerencialista" (Cesar, 1998, p. 144), orientada para os interesses imediatos do capital se traveste em uma nova forma de disciplinamento dos trabalhadores.

Neste contexto, o máximo que podemos esperar do impacto dos mecanismos de participação de uma gestão democrática na empresa privada refere-se à possibilidade de se trabalhar a "potencial negação do trabalhador" (Mota, 2008 [1985]). Por isso, concordamos inteiramente com Amaral e Cesar (2008) quando afirmam a atualidade da tese do *Feitiço da Ajuda*, que já em 1985 indicava que:

> [...] a potencial negação do trabalhador é um prenúncio da possibilidade objetiva de construção de uma ideologia dominada para avançar na luta política em busca de uma transformação, onde a variável — o que pensa o trabalhador acerca da sua prática — indica as protoformas de uma consciência questionadora da ordem social estabelecida.

Entendemos que essa tese, apesar de estar diretamente relacionada à atividade do assistente social, é completamente compatível com as indicações propostas para a função organização de um gestor democrático e, porque não dizer, que esta é a questão fundamental, do ponto de vista geral, na visada da gestão democrática na empresa privada.

6.2.3 Implicações no campo das organizações da sociedade civil

Organizações da sociedade civil e gestão pública democrática na área social

A articulação da gestão pública com as organizações da sociedade civil se apresenta em dois campos. O primeiro refere-se ao processo democrático e de controle das ações públicas no nível da formulação e fiscalização da política pública, que só pode ser efetivado através da intervenção de organizações da sociedade civil nos espaços públicos formais ou informais constituídos para tal fim. Nesse caso, a autonomia das organizações da sociedade civil mostra-se essencial. O segundo diz respeito ao campo de execução de serviços sociais, ou seja, as unidades de serviços sociais devem possuir espaços para a manifestação dos usuários em relação ao serviço executado. Por outro lado, é possível também pensarmos em execução de serviços realizados em co-gestão entre estado e organizações da sociedade civil, na medida da existência na sociedade de inúmeras instituições não estatais que atuam prestando serviços sociais. No entanto, cabe frisar que esse processo de articulação do poder público com as organizações da sociedade civil não pode retirar do Estado o papel central de responsabilidade sobre o desenvolvimento das políticas sociais, pois ele é o único capaz de implementar ações que propiciem a universalização e o aprofundamento de direitos. Em síntese, as organizações da sociedade civil, por um lado, no campo da execução de serviço, atuam, no máximo, de forma a complementar a ação do Estado, integrando a rede de unidades públicas de atendimento. Por outro lado, no campo da formulação, são organismos fundamentais.

As organizações da sociedade civil devem, na medida de suas atividades nestas áreas, assumir a concepção de gestão democrática e defender, nos espaços públicos de intervenção política, ações voltadas para o fortalecimento da intervenção estatal na área social e da estruturação da espinha dorsal da burocracia pública. Enfim, além da defesa política dessas teses, as atividades concretas das organizações da sociedade civil no campo da política pública não podem servir para restringir o papel do Estado enquanto principal instrumento de universalização de políticas públicas garantidoras de direitos.

Lutar para que a estrutura organizativa das organizações da sociedade civil acompanhe esta direção é tarefa dos sujeitos comprometidos com a gestão democrática.

Bibliografia Sugerida

É fundamental concluirmos o livro sugerindo, inicialmente, uma bibliografia crítica à burocracia. Assim remetemos o leitor aos textos de Karl Marx de 1843 e 1844, respectivamente, *Crítica da Filosofia do Direito de Hegel* (São Paulo: Boitempo Editorial, 2010) e *Glosas Críticas Marginais ao Artigo "O Rei da Prússia e a Reforma Social". De um Prussiano*, disponível em: <http://www.dominiopublico.gov.br/download/texto/ma000012.pdf>. Esta temática marxiana é retomada por Lênin em 1917, no livro *O Estado e a revolução* (São Paulo: Expressão Popular, 2015). A partir de premissas marxistas, John Holloway, em 1982, escreve um pequeno livro que tem como objetivo apresentar elementos teóricos para o debate marxista sobre administração pública (*Fundamentos teóricos para una crítica marxista de la administración pública*. México: Ediciones INAP, 1982). Nessa esteira, sugerimos o livro do brasileiro Maurício Tragtenberg, *Burocracia e ideologia* (São Paulo: Editora Ática, 1992), um marco nos estudos críticos no Brasil sobre a burocracia. Para finalizar, indicamos três livros que trazem discussões críticas sobre organização de políticas públicas sociais. *Os desafios da exclusão: para uma gestão social eficiente* (São Paulo: Edições Fundap, 1997) escrito pelo argentino Bernardo Kliksberg e, os dois outros livros referem-se à análise crítica da implementação do Sistema Único de Assistência Social, um de abrangência nacional (Couto et al. [Org.]. *O Sistema Único de Assistência Social no Brasil: uma realidade em movimento*. São Paulo: Cortez, 2010) e o outro municipal (Moljo e Duriguetto [Org.]. *Sistema Único de Assistência Social, organizações da sociedade civil e serviço social*. Juiz de Fora: Editora UFJF, 2012). Esses livros, ao analisarem a implementação do SUAS, revelam problemáticas atinentes aos desafios da estruturação organizacional, relacionados muitos deles à questão da "espinha dorsal burocrática" e dos "mecanismos de participação". Portanto, leitura mais que adequada para complementar os aportes apresentados em nosso livro.

Filmografia

Quando tudo começa. França, 1999. Direção: Bertrand Tavernier Duração: 1h58min.

Filme que retrata a luta de um professor enfrentando as más condições de sua organização escolar e da comunidade em que vive, no quadro da contrarreforma neoliberal do Estado, advertindo para as dificuldades dos profissionais comprometidos com a luta social.

Os LIP, a imaginação no poder. França, 2006. Direção: Christian Rouaud. Duração: 118 min. (legendas em português).

Documentário sobre a ocupação da LIP, fábrica francesa de relógios, ocasião em que se discutem os problemas e perspectivas da organização autônoma e democrática.

A morte de um burocrata. Cuba, 1966. Direção: Tomás Gutiérrez Alea. Duração: 1h34min.

O filme promove uma crítica contundente à organização burocrática. Neste sentido, retrata a posição deste livro de que apesar de necessária, no contexto de uma sociedade de classes, a burocracia não é uma alternativa para uma efetiva organização democrática.

Proposta de exercício

1 — Como já lembrado e exercitado no capítulo passado, as três esferas (empresas privadas, organizações públicas e organizações da sociedade civil) objetos do debate sobre democratização da gestão, na perspectiva da ampliação de direitos das classes exploradas, têm limites diferenciados e possibilidades diferentes dado os seus respectivos regimes de propriedade, no modo de produção capitalista. No exercício passado, formularam-se ideias possivelmente mais avançadas para viabilizar essa democratização. Agora, a proposta de exercício coloca o desafio de organizar uma engenharia de democratização, com acordos normativos e sistemas de funcionamento, para cada esfera de gestão, capaz de cumprir com o papel de promover o avanço viável e dar a base sobre o que se poderiam projetar as transformações necessárias.

Referências bibliográficas

ABRÚCIO, F. L. O impacto do modelo gerencial na administração pública: um breve estudo sobre a experiência internacional recente. *Cadernos ENAP*, Brasília, ENAP, n. 10, 1997.

_____. Avanços e dilemas do modelo pós-burocrático: a reforma da administração pública à luz da experiência internacional recente. In: BRESSER-PEREIRA, L. C.; SPINK, P. *Reforma do Estado e administração pública gerencial.* Rio de Janeiro: Editora FGV, 1998.

_____. *Os Barões da Federação.* São Paulo: Hucitec, 2002.

AGUILAR, M. J.; ANDER-EGG, E. *Avaliação de serviços e programas sociais.* Rio de Janeiro: Vozes, 1994.

ALMEIDA, S. et al. *Da avaliação de programas sociais à constituição de políticas públicas.* Rio de Janeiro: Ed. da UFRJ, 2008.

ALTHUSSER, Louis. *Aparelhos ideológicos de Estado.* Rio de Janeiro: Graal, 1983.

AMARAL, A.; CESAR, M. J. Do feitiço da ajuda à fábrica de consensos. In: MOTA, A. E. *O feitiço da ajuda*: as determinações do Serviço Social na empresa. São Paulo: Cortez, 2008.

ANDERSON, Perry. Balanço do neoliberalismo. In: SADER, Emir; GENTILI, Pablo (Orgs.). *Pós-neoliberalismo.* Rio de Janeiro: Paz e Terra, 1995.

ANTUNES, R. *Adeus ao trabalho?* Ensaio sobre as metamorfoses e a centralidade do mundo do trabalho. São Paulo: Cortez/Ed. da Unicamp, 1995.

_____. *Os sentidos do trabalho*: ensaios sobre a afirmação e negação do trabalho. São Paulo: Boitempo, 1999.

ARON, R. *As etapas do pensamento sociológico.* São Paulo: Martins Fontes, 1990.

ARRETCHE, M. T. S. Tendências no estudo sobre avaliação. In: RICO, E. M. (Org.). *Avaliação de políticas sociais*: uma questão em debate. São Paulo: Cortez, 2006.

BANDEIRA DE MELLO, Celso A. *Curso de direito administrativo*. São Paulo: Malheiros Editores, 2005.

BARBOSA, Rosângela Nair de Carvalho. Gestão: planejamento e administração. *Temporalis*, Porto Alegre, ABEPSS, ano IV, n. 8. 2004.

BASTOS, Celso Ribeiro; MARTINS, Ives Gandra. *Comentários à Constituição do Brasil*: promulgada em 5 de outubro de 1988. v. 7: Arts. 170 a 192. 2. ed. atualiz. São Paulo: Saraiva, 2000.

BATISTA, Paulo Nogueira. *O Consenso de Washington*: a visão neoliberal dos problemas latino-americanos. São Paulo: Consulta Popular, 2001.

BEHRING, Elaine Rosseti. *Brasil em contrarreforma*: desestruturação do Estado e perda de direitos. São Paulo: Cortez, 2003.

_____; BOSCHETTI, Ivanete. *Política social*: fundamentos e história. São Paulo: Cortez, 2006.

BENEVIDES, M. V. *A cidadania ativa*: referendo, plebiscito e iniciativa popular. São Paulo: Ática, 1991.

BENNIS, Warren; NANUS, Burt. *Líderes*: estratégias para assumir a verdadeira liderança. São Paulo: Harbra, 1998.

BENSAÏD, D. Apresentação. In: MARX, K. *Sobre a questão judaica*. São Paulo: Boitempo, 2010.

BNDES. *Privatização no Brasil*: 1990-1994/1995-2002. Disponível em: <www.bndes.gov.br/SiteBNDES/export/sites/default/bndes_pt/.../Priv_Gov.PDF>. Acesso em: 12 jan. 2016.

BORDENAVE, Juan. *O que é participação*. São Paulo: Brasiliense, 1983.

BORGES, A. Democracia VS. Eficiência: a teoria da escolha pública. *Lua Nova*, São Paulo, CEDEC, n. 53, 2001.

BOSCHETTI, I. Avaliação de políticas, programas e projetos sociais. In: CFESS/ABEPSS: *Serviço Social*: direitos sociais e competências profissionais. Brasília: CFESS/ABEPSS, 2009.

BRASIL. Ministério da Administração e Reforma do Estado (MARE). *Plano Diretor da Reforma do Aparelho do Estado* (PDRAE). Brasília: MARE, 1995.

_____. *Constituição da República Federativa do Brasil*. Rio de Janeiro: DP&A, 2004.

_____. Ministério da Educação. Documento elaborado pela Comissão de Especialistas de Ensino em Serviço Social/MEC. *Temporalis*, Brasília, ABEPSS, ano VII, n. 14, 2007.

BRAVERMAN, H. *Trabalho e capital monopolista*. Rio de Janeiro: Zahar Editores, 1977.

BRAVO, Maria Inês Souza; CORREIA, Maria Valéria Costa. Desafios do controle social na atualidade. *Serviço Social & Sociedade*, São Paulo, n. 109, p. 126-150, jan./mar. 2012.

BRAZ, M.; TEIXEIRA, J. B. O projeto ético-político do Serviço Social. In: CFESS/ABEPSS. *Serviço Social*: direitos sociais e competências profissionais. Brasília: CFESS/ABEPSS, 2009.

BRESSER-PEREIRA, Luiz Carlos. *Crise econômica e reforma do Estado no Brasil*. São Paulo: Editora 34, 1996.

_____. *Reforma do Estado dos anos 90*: lógica e mecanismos de controle. Brasília: MARE, 1997.

_____. Da administração pública burocrática à gerencial. In: BRESSER-PEREIRA, L. C.; SPINK, P. (Orgs.). *Reforma do Estado e administração pública gerencial*. Rio de Janeiro: Editora FGV, 1998b.

_____. Gestão do setor público: estratégia e estrutura para um novo Estado. In: _____; SPINK, P. *Reforma do Estado e administração pública gerencial*. Rio de Janeiro: Editora FGV, 2003.

_____. *A construção política do Brasil*: sociedade, economia e Estado desde a Independência. São Paulo: Editora 34, 2014.

BULLA, Leonia Capaverde; LEAL, Maria Laci Moura. A participação da sociedade civil no Conselho Municipal de Assistência Social: o desafio de uma representação democrática. *Virtual Textos e Contextos*, ano III, n. 3, dez. 2004.

CANÇADO, Airton Cardoso; PEREIRA, José Roberto; TENÓRIO, Fernando G. *Gestão Social*: epistemologia de um paradigma. Curitiba: Editora CRV, 2013.

_____; PINHEIRO Lauro Santos. Gestão social: uma análise comparada da produção científica nos ENAPEGS 2007-2013. *RIGS*, revista interdisciplinar de gestão social, v. 3, n. 3, 2014.

CARDOSO, F. H. *Autoritarismo e democratização*. Rio de Janeiro: Paz e Terra, 1975.

CARDOSO DE MELLO, J. M. *O capitalismo tardio*. 9. ed. São Paulo: Brasiliense, 1998.

CARVALHO, Rosângela Nair. Gestão: planejamento e administração. *Temporalis*, Porto Alegre, ABEPSS, ano IV, n. 8, 2004.

CENTRO LATINOAMERICANO DE ADMINISTRACIÓN PARA EL DESARROLLO (CLAD). *Una nueva gestión pública para América Latina*, 1998. Disponível em: <http://www.clad.org.ve/gespub.html>.

CESAR, M. J. Serviço Social e reestruturação industrial: requisições, competências e condições de trabalho profissional. In: MOTA, A. E. (Org.). *A nova fábrica de consensos*. São Paulo: Cortez, 1998.

CHASIN, J. *A miséria brasileira*. Santo André: Ad Hominem, 2000.

CLARK, Victor. *History of manufactures in the United States*. Washington, DC: Carnegie Institution of Washington, 1916.

CORIAT, Benjamin. *Pensar pelo avesso*. Rio de Janeiro: Ed. da UFRJ/Revan, 1994.

COSTA, Frederico Lustosa da. *Reforma do Estado e contexto brasileiro*: crítica do paradigma gerencialista. Rio de Janeiro: Editora FGV, 2010.

COUTINHO, C. N. *A democracia como valor universal*. São Paulo: Livraria Editora Ciências Humanas, 1980.

_____. Pluralismo: dimensões teóricas e políticas. *Cadernos ABESS*, São Paulo: Cortez, n. 4, 1991.

_____. *Democracia e socialismo*: questões de princípio & contexto brasileiro. São Paulo: Cortez, 1992.

_____. Notas sobre cidadania e modernidade. *Praia Vermelha*, revista do Programa de Pós-Graduação da Escola de Serviço Social/UFRJ, Rio de Janeiro, UFRJ, 1997.

_____. *Cultura e sociedade no Brasil*: ensaios sobre ideias e formas. São Paulo: Expressão Popular, 2011.

CRUZ LIMA, Suzana C. Coletivo de trabalho. In: VIEIRA, Fernando de Oliveira; MENDES, Ana Magnólia; MERLO, Álvaro Roberto Crespo (Orgs.). *Dicionário crítico de gestão e psicodinâmica do trabalho*. Curitiba: Juruá, 2013.

DEJOURS, Christophe. Avaliação do trabalho submetida à prova do real. In: SZNELWAR, Laerte Idal; MASCIA, Fausto Leopoldo (Orgs.). Trabalho, tecnologia e organização. *Cadernos de TTO 2*, São Paulo, Ed. Blucher, 2008.

_____. *Da psicologia à psicodinâmica do trabalho*. In: LANCMAN, Selma; SZNELWAR, Laerte Idal (Orgs.). Rio de Janeiro/Brasília: Ed. da Fiocruz/Paralelo 15, 2011.

DINIZ, E. *Globalização, reformas econômicas, e elites empresariais*. Rio de Janeiro: Editora Fundação Getúlio Vargas, 2000.

DOBB, Maurice. Réplica. In: SWEEZY, Paul et al. *Do feudalismo ao capitalismo*. Lisboa: Martins Fontes, 1977.

DOS SANTOS, Theotonio. *Imperialismo y dependencia*. Caracas: Fundación Biblioteca Ayacucho, 2011.

_____. *Do terror à esperança*. São Paulo: Ideias & Letras, 2004.

DURIGUETTO, M. L.; SOUZA FILHO, R. Democratização, política econômica e política social: determinações fundamentais para o debate dos espaços conselhistas. MOTA, A. E.; AMARAL, A. (Orgs.). *Serviço Social brasileiro nos anos 2000*: cenários, pelejas e desafios. Recife: Ed. da UFPE, 2014.

ENGELS, Frederich. *Do socialismo utópico ao socialismo científico*. São Paulo: Alfa-Ômega, 1977.

EVANS, P. Estado como problema e solução. *Lua Nova*, São Paulo, CEDEC, 1993.

FAYOL, Henri. *Administração industrial e geral*. São Paulo: Atlas, 1990.

GESTÃO DEMOCRÁTICA E SERVIÇO SOCIAL

FEDELE, M. *As administrações públicas*. Ijuí: Ed. da Unijuí, 1999.

FERLIE, E. et al. *A nova administração pública em ação*. Brasília: ENAP, 1999.

FERNANDES, F. *A revolução burguesa no Brasil*. Rio de Janeiro: Zahar Editores, 1981.

FIGUEIREDO, M. F.; FIGUEIREDO, A. M. C. Avaliação política e avaliação de políticas: um quadro de referências teóricas. *Análise e Conjuntura*, Belo Horizonte, 1986.

FIORI, J. L. Ajuste, transição e governabilidade: o enigma brasileiro. In: _____; TAVARES, M. C. *(Des)Ajuste global e modernização conservadora*. Rio de Janeiro: Paz e Terra, 1993

_____. *Os moedeiros falsos*. 5. ed. Petrópolis: Vozes, 1998.

_____. *Em busca do dissenso perdido*. Rio de Janeiro: Insight, 1995.

_____. *Brasil no espaço*. 2. ed. Petrópolis: Vozes, 2001a.

FOLLET, Mary Parker. O dar ordens. In: GRAHAM, Pauline (Org.). *Mary Parker Follet*: profeta do gerenciamento. Rio de Janeiro: Qualitymark, 1997.

FORD, Henry. *Minha vida, minha obra*. São Paulo: Monteiro Lobato, 1925.

_____. *Caminhos da prosperidade*. Rio de Janeiro: Freitas Bastos, 1964.

FORGEAUD, André. *La rationalisation*. Paris: Payot, 1929.

FRIGOTTO, Gaudêncio; CIAVATTA, Maria. *A formação do cidadão produtivo*: a cultura de mercado no ensino médio técnico. Brasília: INEP, 2006.

FURTADO, Celso. *O Brasil pós-"Milagre"*. São Paulo: Paz e Terra, 1981.

GAETANI, F. O ensino da administração pública no Brasil em um momento de inflexão. *Revista do Serviço Público*, Brasília, ENAP, ano 50, n. 4, 1999.

GANTT, Henry. *Organizing for work*. New York: Harcourt, Brace and Howe, 1919.

_____. *Industrial leadership*. New Haven: Yale University Press, 1916.

GAULEJAC, Vincent de. *Gestão como doença social*: ideologia, poder gerencialista e fragmentação social. Aparecida: Ideias & Letras, 2007.

GIACOMONI, J. *Orçamento público*. São Paulo: Atlas, 2010.

GILBRETH, Frank B. *Motion study*: a method for increasing the efficiency of the workman. Whitefish, MT: Kissenger Publishing, 2008.

GOBETTI, S. W.; AMADO, A. M. Ajuste fiscal no Brasil: algumas considerações de caráter pós-keynesiano. *Revista de Economia Política*, v. 31, n. 1, p. 139-159, 2011.

GONÇALVES, R. Governo Lula e o nacionaldesenvolvimentismo às avessas. *Revista Sociedade Brasileira de Economia Política*, São Paulo. n. 31, p. 5-30, fev. 2012.

_____; FILGUEIRAS, L. *A economia política do governo Lula*. Rio de Janeiro: Contraponto, 2007.

GONÇALVES, R.; POMAR, V. *O Brasil endividado*. São Paulo: Editora Fundação Perseu Abramo, 2000.

GOUNET, Thomas. *Fordismo e toyotismo na civilização do automóvel*. São Paulo: Boitempo, 2002.

GRAMSCI, A. *Maquiavel, a política e o Estado moderno*. Rio de Janeiro: Civilização Brasileira, 1968.

_____. *Cadernos do cárcere*. Rio de Janeiro: Civilização Brasileira, 2000. v. 3.

_____. *Cadernos do cárcere*. Rio de Janeiro: Civilização Brasileira, 2002. v. 5.

GRAU, N. C. *Repensando o público através da sociedade*: novas formas de gestão pública e representação social. Rio de Janeiro: Revan, 1998.

GUERRA, Y. *Instrumentalidade do Serviço Social*. São Paulo: Cortez, 1995.

GUERREIRO RAMOS, Alberto. *Uma introdução ao histórico da organização racional do trabalho*. Rio de Janeiro: Departamento de Imprensa Nacional, 1949.

GULICK, Lhuter. The functions of administrations with special reference to the work of Henri Fayol and Note on the theory of organization. In: _____; URWICK, Lindall (Orgs.). *Papers on the science of administration*. New York: Columbia University, Institute of Public Administration, 1937.

GURGEL, Claudio. Educação em tempo de saudosismo autoritário. A ditadura e sua gestão: novos mitos 40 anos depois. *Movimento*, Niterói, EdUFF, n. 1, p. 95-107, maio 2006.

_____. *A gerência do pensamento*: gestão contemporânea e consciência neoliberal. São Paulo: Cortez, 2003.

_____. Elementos fundamentais de sociologia do trabalho. In: _____; RODRIGUEZ, Martius. *Administração*: elementos essenciais para a gestão das organizações. São Paulo: Atlas, 2014a. cap. 1.

_____. Processo decisório. In: GURGEL, Claudio; RODRIGUEZ, Martius. *Administração* — elementos essenciais para a gestão das organizações. São Paulo: Atlas, 2014.

_____. Braverman, o Estado e a "administração consensual". *Cadernos EBAPE*, Rio de Janeiro, FGV, v. XII, n. 4, 2014. Disponível em: <www.spell.org.br/documentos/ver/33556>.

_____. O papel da ideologia nas teorias organizacionais. In: PADILHA, Valquíria (Org.). *Antimanual de gestão*. São Paulo: Editora Ideias & Letras, 2015. cap. 1.

_____. Teorias organizacionais e materialismo histórico. *Organização & Sociedade*, Salvador, v. 22, n. 73, p. 199-221, abr./jun. 2015.

_____; JUSTEN, Agatha. Controle Social e políticas públicas: a experiência dos Conselhos Gestores. *Revista de Administração Pública*, Rio de Janeiro, v. 47, n. 2, 2013.

HABERMAS, J. *Teoría de la acción comunicativa*. Madrid: Taurus, 1988. t. II.

HARVEY, David. *Condição pós-moderna*. Rio de Janeiro: Loyola, 1994.

_____. *Os limites do capital*. São Paulo: Boitempo, 2013.

HEGEL, G. W. F. *Fenomenologia do Espírito*. Parte I. Petrópolis: Vozes, 1992.

_____. *Princípios da Filosofia do Direito*. São Paulo: Martins Fontes, 1997.

_____. *A ciência da lógica*. São Paulo: Barcarola, 2011.

HOBSBAWM, Eric. *A era dos extremos*. São Paulo: Companhia das Letras, 1995.

HOLLOWAY, J. *Fundamentos teóricos para una crítica marxista de la administración pública*. México, DF: Ediciones INAP, 1982.

HUBERMAN, Leo. *A história da riqueza do homem*. Rio de Janeiro: Zahar, 1970.

HUERTA, F. *O método PES*: entrevista com Carlos Matus. São Paulo: FUNDAP, 1996.

IAMAMOTO, M. V. *O Serviço Social na contemporaneidade*. 2. ed. São Paulo: Cortez, 1999.

_____. *Seviço Social em tempo de capital fetiche*. São Paulo: Cortez, 2007.

IASI, Mauro L. *Ensaios sobre consciência e emancipação*. São Paulo: Expressão Popular, 2011.

IPEA. Estatísticas. *O Globo*, Rio de Janeiro, 28 mar. 2004, caderno Especial.

JANUZZI, P. M. Avaliação de programas sociais no Brasil: repensando práticas e metodologia das pesquisas avaliativas. *Revista Planejamento e Política Públicas*, 2011.

JURAN, Joseph. *Planejando para a qualidade*. São Paulo: Pioneira, 1990.

KEYNES, John M. *Teoria geral do emprego, do juro e do dinheiro*. Rio de Janeiro: Fundo de Cultura, 1964.

_____. *Teoria geral do emprego, do juro e da moeda*. Rio de Janeiro: Fundo de Cultura, 1950.

KLIKSBERG, B. *O desafio da exclusão*: para uma gestão social eficiente. São Paulo: FUNDAP, 1997.

KONDRATIEV, N. D. The long waves in economic life. *The Review of Economics and Statistics*, v. II, n. 4, Spring 1979.

LAGEMANN, E.; BORDIN, L. C. V. A tributação nos países do NAFTA (EUA, México e Canadá). *Revista Indicadores FEE*, v. 23, n. 2, p. 306-374, 1995.

LANDES, David. *The unbound Prometheu*. Cambridge: Cambridge University Press, 1969.

LAPASSADE, George. *Grupos, organizações e instituições*. Rio de Janeiro: Francisco Alves, 1989.

LAWRENCE, Paul; LORSCH, Jay. *As empresas e o ambiente*: diferenciação e integração administrativas. Petrópolis: Vozes, 1973.

LENIN, V. I. O Estado e a revolução. In: _____. *Obras escolhidas*. São Paulo: Alfa-Ômega, 1980. v. 2.

LIKERT, Rensis. *Novos padrões de administração*. São Paulo: Livraria Editora Pioneira, 1971.

LIMA, J. C. Resenha — Matus C. Teoria do jogo social. *Ciência & Saúde Coletiva*, Rio de Janeiro, v. 15, n. 5, 2010.

LIMA JÚNIOR, O. B. As reformas administrativas no Brasil: modelos, sucessos e fracassos. *Revista do Serviço Público*, Brasília, ENAP, ano 49, n. 2, 1998.

LOSURDO, Domênico. *Democracia ou Bonapartismo*. São Paulo: Ed. da Unesp, 2004.

LÖWY, M. *Método dialético e teoria política*. Rio de Janeiro: Paz e Terra, 1989.

_____. *A jaula de aço*: Marx, Weber e o marxismo weberiano. São Paulo: Boitempo, 2014.

LUKÁCS, G. O que é o marxismo ortodoxo? In: _____. *História e consciência de classe*. Porto: Publicações Escorpião, 1974.

_____. *Socialismo e democratização*. Rio de Janeiro: Ed. da UFRJ, 2008.

MAGALHÃES, José Paulo de Almeida (Org.). *Os anos Lula*: contribuições para um balanço Crítico 2003-2010. Rio de Janeiro: Garamond, 2010.

MANDEL, Ernest. *A crise do capital, os fatos e sua interpretação marxista*. São Paulo: Ensaio, 1990.

_____. *O capitalismo tardio*. São Paulo: Abril Cultural, 1982.

MARINI, Ruy. Dialética da dependência. In: TRASPADINI, R.; STEDILE, J. P. (Orgs.). *Ruy Mauro Marini*: vida e obra. São Paulo: Expressão Popular, 2005.

MARKOVIC, Mihailo. Autogestão. In: BOTTOMORE, Tom. *Dicionário do pensamento marxista*. Rio de Janeiro: Jorge Zahar, 1988.

MARTINS, L. Reforma da administração pública e cultura política no Brasil: uma visão geral. *Cadernos ENAP*, Brasília, Escola Nacional de Administração Pública, 1997.

MARX, K. Glosas críticas marginais ao artigo *"O Rei da Prússia e a Reforma Social"*. De um prussiano, 2016. Disponível em: <http://www.dominiopublico.gov.br/download/texto/ma000012.pdf>.

_____. *Crítica do Programa de Gotha*. São Paulo: Boitempo, 2012.

_____. *Grundrisse*: manuscritos econômicos de 1857-1858. São Paulo/Rio de Janeiro: Boitempo/Ed. da UFRJ, 2011.

_____. *Crítica à Filosofia do Direito de Hegel*. São Paulo: Boitempo, 2010.

_____. *A ideologia alemã*. São Paulo: Boitempo, 2007.

_____. *O capital*: crítica da economia política. São Paulo: Nova Cultural, 1986a. Livro III, t. I.

MARX, K. *Sobre a questão judaica*. São Paulo: Boitempo, 2010.

_____. *O capital*: crítica da economia política. São Paulo: Nova Cultural, 1996a. Livro I, t. I. (Col. Os Economistas.)

_____. *O capital*: crítica da economia política. São Paulo: Nova Cultural, 1996b. Livro I, t. II. (Col. Os Economistas.)

_____. *Para a crítica da economia política*. São Paulo: Nova Cultural, 1996d. (Col. Os Pensadores.)

_____. Salário, preço e lucro. In: _____. *O capital*: crítica da economia política. São Paulo: Nova Cultural, 1996c. Livro I, t. I. (Col. Os Economistas.)

_____. O que é a Comuna? In: FERNANDES, F. (Org.). *Marx e Engels*: história. São Paulo: Ática, 1984.

_____. *O capital*. São Paulo: Editora Moraes, 1969. cap. VI.

_____. *O capital*. Prefácio à segunda edição inglesa. In: _____. *O capital*. São Paulo: Difel, 1985.

_____. *O capital* — Crítica de la economía política. México, DF: Fondo de Cultura Económica, 2001. Libro III.

_____. *O capital*. Rio de Janeiro: Civilização Brasileira, 1978.

_____. *Crítica à Filosofia de Direito de Hegel*. São Paulo: Boitempo, 2005.

_____. *Teorias da mais-valia*: história crítica do pensamento econômico. São Paulo: Difel, 1985. v. III.

_____. Feuerbach — oposição das concepções materialistas e idealistas. In: _____ *Obras escolhidas*. Lisboa: Edições Avante!, 1982.

_____; ENGELS, Friedrich. *Manifesto Comunista*. São Paulo: Edições Sociais/Alfa-Ômega, 1982. (Textos; v. 3.)

MATUS, C. O Plano como aposta. In: *São Paulo em perspectiva*. 5 (4), 1991.

_____. *Estrategia y plan*. México, DF: Siglo XXI Editores, 1998.

_____. *Política planejamento e governo*. Brasília: IPEA, 1993a. t. I.

_____. *Política planejamento e governo*. Brasília: IPEA, 1993b. t. II.

_____. *Método Altadir de Planificación Popular*. Buenos Aires: Lugar Editorial, [s.d.].

MAXIMIANO, Antonio César. *Introdução à administração*. São Paulo: Atlas, 2000.

MEIRELLES, Hely L. *Direito administrativo brasileiro*. São Paulo: Saraiva, 2015.

MÉSZÁROS, István. Economia, política e tempo disponível: para além do capital. *Margem Esquerda*, São Paulo, Boitempo, n. 1, 2003.

_____. *O poder da ideologia*. São Paulo: Boitempo, 2004.

MÉSZÁROS, István. *Filosofia, ideologia e ciência social*. São Paulo: Boitempo, 2008.

MICHELS, Robert. *Sociologia dos Partidos políticos*. São Paulo: Senzala, [s.d.]

MILL, John Stuart. *Considerações sobre o governo representativo*. Brasília: Ed. da Universidade de Brasília, 1981.

MINTZBERG, Henry et al. The structure of "instrutured" decision process. *Administrative Science Quartely*, v. 21, n. 2, June 1976.

MONTANA, Patrick; CHARNOV, Bruce. *Administração*. São Paulo: Saraiva, 1998.

MONTAÑO, C. *Terceiro setor e questão social*. São Paulo: Cortez, 2002.

MORAES NETO, Benedito. *Marx, Taylor, Ford*. São Paulo: Brasiliense, 1989.

MORGAN, Garret. *Imagens da organização*. São Paulo: Atlas, 2007.

MOTA, Ana Elizabete. Reestruturação do capital, fragmentação do trabalho e Serviço Social. In: _____ (Org.). *A nova fábrica de consensos*. São Paulo: Cortez, 1998.

_____. *O feitiço da ajuda*: as determinações do Serviço Social na empresa. São Paulo: Cortez, 2008.

_____ (Org.). *Desenvolvimentismo e construção hegemonia*: crescimento econômico e reprodução da desigualdade. São Paulo: Cortez, 2012.

_____. Serviço Social brasileiro: profissão e área do Conhecimento. *Katálysis*, Florianópolis, v. 16, número especial, 2013.

_____. Espaços ocupacionais e dimensões políticas da prática do assistente social. *Serviço Social & Sociedade*, São Paulo, n. 120, p. 694-705, out./dez. 2014.

_____; AMARAL, A. Serviço Social Brasileiro: cenários e perspectivas nos anos 2000. In: _____; _____ (Orgs.). *Serviço Social brasileiro nos anos 2000*: cenários, pelejas e desafios. Recife: Ed. da UFPE, 2014.

MOTTA, Paulo Roberto. *A arte e a ciência de ser dirigente*. São Paulo: Record, 1991.

MUNEVAR, D. El déficit fiscal de Estados Unidos y el futuro del dólar. In: FERNÁNDEZ, D. C.; GANDÁSEGUI HIJO, M. *Estados Unidos más allá de la crisis*. México, DF: Siglo XXI, 2012.

NETTO, José Paulo. *Democracia e transição socialista*: escritos de teoria e política. Belo Horizonte: Oficina de Livros, 1990.

_____. *Ditadura e Serviço Social*: uma análise do serviço social no Brasil pós-64. São Paulo: Cortez, 1991.

_____. *Capitalismo monopolista e Serviço Social*. São Paulo: Cortez, 1992.

_____. Razão, ontologia e práxis. *Serviço Social & Sociedade*, São Paulo, n. 44, 1994a.

NETTO, José Paulo. Assistência Social entre a produção e a reprodução social. In: SPOSATI, A. (Coord.). *Assistência social*: polêmicas e perspectivas. São Paulo: Núcleo de Seguridade e Assistência Social da PUC-SP, 1994b.

_____. *Crise do socialismo e ofensiva neoliberal*. São Paulo: Cortez, 1995.

_____. A Construção do Projeto ético-político do Serviço Social frente à crise contemporânea. In: CFESS/ABEPSS. Capacitação em Serviço Social e Política Social: Módulo 1. *Cadernos CEAD/CFESS/ABEPSS/UnB*, Brasília, 1999.

_____. Desigualdade, pobreza e Serviço Social. *Em Pauta*, Rio de Janeiro, Faculdade de Serviço Social/UERJ, n. 19, 2007.

_____. Introdução ao método em teoria social. In: CFESS/ABEPSS: *Serviço Social*: direitos sociais e competências profissionais. Brasília: CFESS/ABEPSS, 2009.

_____. Apresentação: Marx em Paris. In: MARX, K. *Cadernos de Paris e Manuscritos Econômico-Filosóficos de 1844*. São Paulo: Expressão Popular, 2015.

_____; BRAZ, Marcelo. *Economia política* — Uma introdução crítica. São Paulo: Cortez, 2006.

NEWMAN, William. *Ação administrativa*. São Paulo: Atlas, 1970.

NOGUEIRA, M. A. *As possibilidades da política*. São Paulo: Paz e Terra, 1998.

_____. *Um estado para a sociedade civil*. São Paulo: Cortez, 2004.

NUNES, E. *A gramática política do Brasil*. Brasília: ENAP, 1997.

O GLOBO. 22 jun. 2015. Disponível em: <http://oglobo.globo.com/rio/organizacao-social-que-administra-maternidade-da-rombo-de-11-milhao-aos-cofres-da-prefeitura-16516880#ixzz3xGC7998i>. Acesso em: 14 jan. 2016.

ORGANIZAÇÃO DE COOPERAÇÃO PARA O DESENVOLVIMENTO ECONÔMICO (OCDE). *Relatório da OCDE*. Paris: Organização de Cooperação para o Desenvolvimento Econômico, 1986.

OHNO, Taiichi. *O sistema Toyota de produção*: além da produção em larga escala. Porto Alegre: Bookman, 1997.

OLIVA, A. M. *As bases do novo desenvolvimentismo no Brasil*: análise do governo Lula (2003-2010). Tese (Doutorado em Economia) — Universidade Estadual de Campinas, Instituto de Economia, Campinas, 2010.

OLIVEIRA, F. *Crítica à razão dualista*: O ornitorrinco. São Paulo: Boitempo, 2003.

OSÓRIO, J. América Latina: o novo padrão exportador de especialização produtiva — estudo de cinco economias da região. In: _____; FERREIRA, C.; LUCE, M. S. (Orgs.). *Padrão de reprodução do capital*. São Paulo: Boitempo, 2012.

PAÇO-CUNHA, Elcemir. Que fazer da burocracia de estado? Do indiferentismo às reciprocidades. *Revista Administração Pública e Gestão Social*, v. 8, n. 1, jan./mar. 2016.

PARO, V. H. *Gestão democrática da escola pública*. São Paulo: Ática, 2000.

_____. *Administração escolar*: introdução crítica. 9. ed. São Paulo: Cortez, 2006.

PAULA, A. P. P. *Por uma nova gestão pública*. Rio de Janeiro: Fundação Getúlio Vargas, 2005.

PAULA, Ana Paula Paes de. Administração pública brasileira entre o gerencialismo e a gestão social. *RAE*, revista de Administração de Empresas, v. 45, n. 1, 2005.

PERES JR., Miguel Rivera; PEREIRA, José Roberto. Abordagens teóricas da Gestão Social: uma análise de citações exploratórias. *Cadernos EBAPE*, v. 12, n. 2, 2014.

PINHO, José Antônio Gomes. Patrimonialismo, burocracia e gerencialismo: um mix possível? In: SEMINÁRIO SOCIEDADE E A REFORMA DO ESTADO, São Paulo, 26 a 28 de março 1998.

_____. *Gestão social*: uma análise crítica de experiências brasileiras. *Revista do Serviço Público*, Brasília, n. 66, 2015.

_____; SANTOS, Maria Elisabete Pereira. Aporias em torno do conceito de gestão social: dilemas teóricos e políticos. *REGE*, São Paulo, v. 22, n. 2, 2015.

POULANTZAS, Nicos. *O Estado, o poder, o socialismo*. Rio de Janeiro: Graal, 1985.

RAMOS, Alberto Guerreiro. *Administração e contexto brasileiro*. Rio de Janeiro: Editora FGV, 1983.

RAMOS, M. P.; SCHABBACH, L. M. O estado da arte da avaliação de políticas públicas: conceituação e exemplos de avaliação no Brasil. *Revista de Administração Pública*, Rio de Janeiro, v. 46, n. 5, p. 1271-294, set./out. 2012.

REBOUÇAS DE OLIVEIRA, Djalma. *Estratégia empresarial & vantagem competitiva*. São Paulo: Atlas, 2011.

RICO, E. M.; RAICHELIS, R. (Orgs.). *Gestão social uma questão em debate*. São Paulo: EDUC, IEE, 1999.

REZENDE, F. C. *Por que falham as reformas administrativas?* Rio de Janeiro: Fundação Getúlio Vargas, 2004.

ROBBINS, Stephen P. *Administração*: mudanças e perspectivas. São Paulo: Saraiva, 2000.

ROUSSEAU, Jean-Jacques. *Do Contrato Social*. Tradução de Pietro Nassetti. São Paulo: Martin Claret, 2006.

SADER, Emir (Org.). *10 anos de governos pós-neoliberais no Brasil*: Lula e Dilma. São Paulo: Boitempo; Rio de Janeiro: FLACSO Brasil, 2013.

SAPPINGTON, D.; STIGLITZ, J. E. Privatization, information and incentives. *Journal of Policy Analysis and Management*, v. 6, n. 4, 1987.

SANDRONI, Paulo. *Novo dicionário de economia*. São Paulo: Best Seller, 1994.

SANTOS, C. M. *Na prática a teoria é outra?* Rio de Janeiro: Lumen Juris, 2010.

SANTOS, W. G. *Cidadania e justiça*: a política social na ordem brasileira. 2. ed. Rio de Janeiro: Campus, 1987.

SCHMITT, Carl. *A crise da democracia parlamentar*. Tradução de Inês Lobhauer. São Paulo: Scritta, 1996.

SCHUMPETER, Joseph. *A teoria do desenvolvimento econômico*. São Paulo: Abril Cultural, 1982.

_____. *Capitalismo, socialismo e democracia*. Rio de Janeiro: Fundo de Cultura, 1961.

SILVA, A. S. *Entre a razão e o sentido*: Durkheim, Weber e a teoria das ciências sociais. Porto: Afrontamentos, 1988.

SILVA, M. O. S.; YAZBECK, M. C.; GIOVANNI, G. *A política social brasileira no século XXI*: a prevalência dos programas de transferência de renda. São Paulo: Cortez, 2004.

SILVA E SILVA, M. O. Avaliação de políticas e programas sociais: aspectos conceituais. In: _____ (Org.). *Avaliação de políticas e programas sociais*: teoria e prática. São Paulo: Veras Editora, 2001.

SIMONSEN, M. H. *A conta-corrente do governo*: 1970/1988. Rio de Janeiro: Fundação Getúlio Vargas, 1989. (Col. Ensaios Econômicos; n. 136.)

SINGER, Paul Israel. *Introdução à economia solidária*. São Paulo: Fundação Perseu Abramo, 2002.

SMITH, Adam. *Investigación sobre la naturaleza de la riqueza y causas de las naciones*. México, DF: Fondo de Cultura Económica, 1958.

SOARES, L. T. *Ajuste neoliberal e desajuste social na América Latina*. Petrópolis: Vozes, 2001.

_____. *O desastre social*. Rio de Janeiro: Record, 2003.

SOUZA FILHO, R. Sociedade civil: Gramsci e o debate contemporâneo de inspiração habermasiana. *Praia Vermelha*, Programa de Pós-graduação da Escola de Serviço Social da UFRJ, v. 2, n. 4, 2001.

SOUZA FILHO, R. *Gestão pública e democracia*: a burocracia em questão. Rio de Janeiro: Lumen Juris, 2011.

SULBRANDT, J. La evaluación de los programas sociales: una perspectiva crítica de los modelos usuales. In: KLISBERG, B. (Org.). *Pobreza un tema impostegable*. México, DF: Fondo de Cultura Económica, 1993.

SWEEZY, Paul. *Do feudalismo ao capitalismo*. Lisboa: Martins Fontes, 1977.

TANZI, V.; SCHUKNECHT, L. *Public spending in the 20th century*: a global perspective. New York: Cambridge University Press, 2000.

TAVARES, Maria da Conceição. A retomada da hegemonia norte-americana. In: _____; FIORI, J. L. *Poder e dinheiro*: uma economia política da globalização. 6. ed. Petrópolis: Vozes, 1998.

TAYLOR, Frederick. *Administración de talleres.* Buenos Aires: Editorial Argentina de Finanzas y Administración, 1945.

_____. *Princípios da administração científica.* São Paulo: Atlas, 1963.

_____. *Princípios da administração científica.* São Paulo: Atlas, 1980.

TAYLOR, Frederick. A retomada da hegemonia norte-americana. In: TAVARES, M. C.; FIORI, J. L. *Poder e dinheiro*: uma economia política da globalização. 6. ed. Petrópolis: Vozes, 1998.

TEIXEIRA, A. Império contra-ataca: notas sobre os fundamentos da atual dominação norte-americana. *Economia & Sociedade*, Campinas. Ed.da Unicamp, n. 15, 2000.

TEIXEIRA, E. *O local e o global*: limites e desafios da participação cidadã. São Paulo: Cortez, 2002.

TEIXEIRA, F. *Pensando com Marx*: uma leitura crítica e comentada de *O capital*. São Paulo: Ensaio, 1995.

_____; FREDERICO, C. *Marx, Weber e o marxismo weberiano.* São Paulo: Cortez, 2010.

TEIXEIRA, S. F. Assistência na previdência social: uma política marginal. In: SPOSATI, Aldaíza et al. *Os direitos (dos desassistidos) sociais.* São Paulo: Cortez, 1991.

TENÓRIO, Fernando G. *Gestão de ONGs*: principais funções gerenciais. Rio de Janeiro: Editora FGV, 1997.

_____ et al. *Avaliação de Projetos comunitários*: abordagem prática. São Paulo: Loyola, 1995.

_____; SARAVIA, Enrique J. Escorços sobre gestão público e gestão social. In: MARTINS, Paulo Emílio; PIERANTI, Octavio (Orgs.). *Estado e gestão pública*: visões do Brasil contemporâneo. Rio de Janeiro: Editora FGV, 2006.

TOFFLER, Alvin. *A empresa flexível.* Rio de Janeiro: Record, 1985.

TONET, I. O pluralismo metodológico: um falso caminho. *Serviço Social & Sociedade*, São Paulo, n. 48, 1995.

_____. *Democracia ou liberdade?* Maceió: Ed. da UFAL, 2004.

TORRES, Marcelo Douglas de Figueiredo. *Estado, democracia e administração pública no Brasil.* Rio de Janeiro: Editora FGV, 2004.

TRAGTENBERG, Maurício. A teoria da administração é uma ideologia? *Revista de Administração de Empresas*, v. 11, n. 4, p. 7-21, out./dez. 1971.

_____. *Burocracia e ideologia.* São Paulo: Ática, 1992.

_____. Apresentação. In: _____. *Max Weber*: textos selecionados. São Paulo: Nova Cultural, 1997. (Col. Os Economistas.)

TRAGTENBERG, Maurício. Uma prática de participação: as coletivizações na Espanha (1936-1939). In: _____. *Teoria e ação libertária*. São Paulo: Ed. da Unesp, 2011.

VARGAS, T. O governo Lula e a administração pública federal: análise crítica. Dissertação (Mestrado em Serviço Social) — Universidade Federal de Juiz de Fora, Juiz de Fora, 2012.

WALLERSTEIN, Immanuel. *La crisis del capitalismo*. México, DF: Los libros de contrahistorias, 2005.

WEBER, M. *Parlamentarismo e governo numa Alemanha reconstruída*: uma contribuição à crítica política do funcionalismo e da política partidária. Tradução de Maurício Tragtenberg. São Paulo: Abril Cultural, 1980. (Col. Os Pensadores.)

_____. *Economia e Sociedade*. Brasília: Ed. da UnB, 1999a. v. I.

_____. *Economia e sociedade*. Brasília: Ed. da UnB, 1999b. v. II.

_____. A objetividade do conhecimento nas ciências sociais. In: COHN, G. (Org.). *Max Weber*: Sociologia. São Paulo: Ática, 1982.

WERNECK VIANNA, M. L. T. *A americanização (perversa) da seguridade social no Brasil*: estratégias de bem-estar e políticas públicas. Rio de Janeiro: Revan, UCAM, IUPERJ, 1998.

WILLIAMSON, John; KUCZYNSKI, Pedro-Paulo. *Depois do Consenso de Washington*: crescimento e reforma na América Latina. São Paulo: Saraiva, 2003.

WOOD, Ellen. *Democracia contra capitalismo*: a renovação do materialismo histórico. São Paulo: Boitempo, 2011.

ŽIŽEK, Slavoz. *Menos que nada*. São Paulo: Boitempo, 2013.

GRÁFICA PAYM
Tel. [11] 4392-3344
paym@graficapaym.com.br